妈妈，我们去哪儿

于秀 著

新时代出版社
New Times Press

图书在版编目（CIP）数据

妈妈，我们去哪儿/于秀著．－－北京：新时代出版社，
2015.7

ISBN 978-7-5042-2423-1

Ⅰ．①妈… Ⅱ．①于… Ⅲ．①家庭教育 Ⅳ．①G78

中国版本图书馆CIP数据核字(2015)第160192号

※

新时代出版社 出版发行

（北京市海淀区紫竹院南路23号 邮政编码100048）

北京嘉恒彩色印刷有限公司印刷

新华书店经售

*

开本16开 印张14 字数260千字

2015年7月第1版第1次印刷 定价32.00元

（本书如有印装错误，我社负责调换）

国防书店：(010) 88540777 发行邮购：(010) 88540776

发行传真：(010) 88540755 发行业务：(010) 88540717

拼妈到底拼的是什么

在2015年的春天完成我的新书——《妈妈，我们去哪儿》，对我来说真的是一件很幸福的事情，不仅仅因为这本书是我酝酿了很多年的著作，还因为我这么多年做妈妈的感受终于得到了与小伙伴分享的机会。

我在书里跟妈妈们分享我的幸福，一个是因为我真的觉得妈妈的幸福很重要，一个是因为我就是这样一路修炼过来的。在跟孩子的相处中，我也经历过迷茫无助的阶段，不知道孩子需要的幸福是什么，我以为他是幸福的，可是事实他并不快乐。

我在迷茫中思考，苦苦地寻找着答案。我们的孩子，他要的并不多。妈妈给他的支持，他会用最好的表现来回报你，妈妈对他的接纳，让他学会接纳整个世界，这样的孩子走到哪里都很受尊重和欢迎，给家庭带来了荣耀，妈妈其实为孩子做的并不多，可是，孩子却用整个生命的奇迹来回报我们，除了感恩我们还能说些什么？

这几年在我们身边开始流行"拼妈"，孩子上学拼妈妈的数学底子，孩子学钢琴拼妈妈的手指灵不灵活，就连孩子学围棋都要拼妈妈的智商，很多妈妈在这场大比拼中拼得失去了自己，拼的忘记了当初要这个孩子是为了什么，拼的开始怀疑自己，从智商到能力，从外表到物质。

但要说最难受的还是孩子，大人拼妈，妈妈拼娃，因为各种拼，孩子在这其中没少受罪，人家娃学什么咱们不能落下，人家娃会背单词，咱们回家也得恶补，看着妈妈和娃就在这种非理性的比拼中渐渐迷失了自己，我觉得真的是一种愈演愈烈的不良现象，这里面没有赢家，只会把妈妈和孩子带到迷途之中。

所以，我一直想问妈妈们拼娃到底拼的是什么？拼妈拼的到底又是什么？可是没有一位妈妈告诉过我。有的妈妈会说，我也不知道拼的是什么，反正大家都在拼，你要不拼，说明你不行，你的娃也不行。

　　可我想说的是，证明你的娃和你很行真的很重要吗？难道你的娃来到这个世界上只是为了让别人看他行不行吗，这对一个孩子来说公平吗？

　　我特别想说的是，妈妈们要是真的必须拼妈拼娃，咱们就拼幸福感吧！美国一位心理学家说过，幸福感是人类在这个世界上生存的终极目标，是一个人检验自己的生活是否有价值的唯一标准。你在社会上行走、奔波、得到和失去，其实都不重要，重要的是你的付出可以让你体验到幸福，让你感受到快乐，这样的生活才是有价值的。

　　妈妈养育自己的孩子，倾其所有只是为了让孩子更加幸福。孩子努力成长，经历各种改变，只是为了成为那个让自己满意的人，难道这不也是一种幸福吗？既然我们如此渴望的是让自己幸福的能力，那就让我们为了幸福去努力修炼好了。既然每一位妈妈都不希望自己落在幸福的路上，就让我们为了幸福去比拼好了。

　　比起别的各种拼，拼幸福会让我们走的更快，得到的更多、更实惠，因为只要你感觉幸福了，生活的品质就一定会高了，只要你找到快乐，孩子的成长一定会让你感到满意了。而对于妈妈来说，她最大的幸福又何尝不是孩子的幸福呢？

　　所以，如果你是一位想要拼幸福的妈妈，看本书是一个可以速成的选择，从语言到行为，从思维到方法，妈妈的幸福就在这些修炼中徐徐展开，这实际上就是五堂幸福的课程，通往幸福的路径，妈妈们每往前走一步都是提升、成长，在这个过程中你并不孤单，秀姐会一路陪伴你，陪着你和孩子一路前行，为了生命的幸福修炼、分享，为了生活的美好，找寻快乐的能量，妈妈们，出发吧！

2015年2月28日

秀姐完稿于北京亚运村

目 录

Part 01

幸福妈妈的**语言修炼**

学会用语言激励孩子

生活中我们常常见到这样的妈妈，她对孩子是十二分的负责任，孩子的衣食住行她样样包办，周末也从来没时间休息，因为要带孩子去课外班学习，自从有了孩子，她再也没有了自己的生活，把全部的精力和时间都给了孩子，也把全部的爱都放在孩子身上，可她的孩子并不快乐，甚至对这个妈妈也颇有怨言和不满，不管这个孩子是3岁还是13岁，他和妈妈的关系都不是很融洽，甚至会很紧张。

每当这时妈妈就会很委屈，为此屡有抱怨，抱怨孩子不懂事、不理解她的苦心，抱怨孩子不心疼她，不知道感恩，甚至有的妈妈会为此对孩子倍感失望。很多妈妈在跟孩子的相处中控制不了自己的情绪，经常跟孩子发生冲突，就是因为她们的心里有这样的负面能量，有时候很容易就通过她们的行为表现出来，而这种与孩子的冲突行为又很容易对孩子心理和行为造成伤害。

有的妈妈会发现，在她与孩子的相处中，这种模式会成为一种恶性循环，她越积极孩子就越消极，孩子越消极妈妈就越不满，双方都在这种不满中积累了很多负能量，一旦遇上一定的时机就会爆发，这时候孩子和妈妈都会感到很受伤。

我一直说想让孩子积极起来其实很简单，妈妈有一个最有力的武器和手段，就会让孩子积极起来、兴奋起来，愿意配合妈妈的所有安排，这个武器只要妈妈想用、会用就会起到立竿见影的效果，这就是妈妈的语言修炼之一——学会用语言激励孩子的技巧。

1. 语言是有能量的载体

说到语言的修炼可能很多妈妈都会不以为然，甚至觉得没什么可修炼的。可是妈妈们知道吗，语言是人的行为中最具有能量的一项技能，因为至今为止在人类的所有的技能中，语言是最难掌握的技能之一。

这不仅因为它有很多种，因为每个不同的种族都有他自己的语言，更因为语言的能量属性非常突出，积极的语言会让人的行为更加积极，心态更加阳光，而消极的语言则会让人的行为很消极，甚至毁掉人的生存意志。

由于孩子是能量并不够强大的生命体，因此他一方面有强烈的吸纳力，因为他有生命能量不断增大的需求，另一方面他又有对语言能量强烈的敏感度，因此好的语言对孩子来说可以起到非常明显的积极作用，而消极的语言对孩子的伤害也更加明显。

生活中你会发现很多粗心的妈妈对自己的语言控制非常不在意，常常在无意的时候用不适合孩子成长的语言伤害了孩子，而她却并不自知。

2. 7岁的孩子厌学是怎么来的

齐齐是一个7岁的男孩，他刚上小学一年级成绩就很不理想，总是班里的倒数第几名，为此他的妈妈非常着急。有一次他的妈妈带他到我这来咨询，想让我帮她给孩子测试一下，看看孩子是不是智力有问题。

测试完毕我发现孩子的智力没问题，甚至还很聪明，可齐齐妈妈却对这个结果表示怀疑，认为可能出现了误差。在孩子面前齐齐妈妈不断地说，"不可能啊，这孩子这么笨，总考倒数第一，人家都会的题他也不会，他怎么可能聪明，我看他就是笨，就是智商有问题，我对他都没信心了，真没想到我生了这么个笨孩子，丢死人了，人家老师老找我，我都不想要这个孩子了，我都想谁要想要这孩子我送给他都行。"

语言是有能量的这话一点都不假，齐齐妈妈一边说一边敲着孩子的脑袋，对孩子一脸的鄙视，你就眼见刚才还比较正常的孩子，一下子就脸色发白，眼圈发红，眼泪稀里哗啦的流了下来，委屈的样子让人看了特别心疼。

看孩子这个状态我连忙给妈妈使眼色，让她停止，可齐齐妈妈可能真的是太想发泄自己对孩子失望的情绪了，看着孩子哭了，她不仅没有停止说那些极为刻薄的话，反而说得更难听了，齐齐在妈妈的训斥中渐渐停止了哭泣，但却目光呆滞、神色迟钝起来，一个本该活蹦乱跳的小男孩就像一个七旬的老人一样木木的站在那儿，一点孩子的朝气都没有了。

3. 妈妈总说孩子笨会好吗

齐齐妈妈对孩子的态度和做法让我一下子意识到，也许这个天资并不差的孩子正是在妈妈充满了负能量的语言打击下才变的越来越迟钝、木讷的。我问齐齐妈妈，"您在家经常这样对孩子说话吗？或者说您跟孩子一直都是使用这样的方式来交流的吗？"

齐齐妈妈很无辜的说："是啊，我在家也是这么说他的呀，您不知道，这孩子从小就笨，我可没少为他操心，5岁了还不会自己系鞋带，我就说他你怎么那么笨呀，这点儿小事都学不会。在幼儿园里，他因为老实经常被别的小朋友欺负，他回来哭，我就骂他，你就是没出息，别人欺负你你除了哭还能干什么？上小学后，他的成绩很不好，老师一找我我就来气，有时候当着老师的面儿我就说他，我说你脑子进水了，考这点儿分也好意思，猪八戒来学学都比你强，你整天脑子里都想什么呢，学习这么差你将来怎么办，别人吃肉你恐怕连汤都喝不上，你算是给妈妈丢人丢到家了。"

齐齐妈妈一边跟我说着一边很无奈的看着自己的孩子，一副怎么那么倒霉摊上这样一个孩子的样子。我问她，你是从小到大都这么说他的吗？

她说，是呀，就这么说也没起什么作用，我看这孩子是没啥指望了。

我说我相信你这么说孩子也是希望孩子好，替孩子着急，可你观察过没有，每当你这么说完孩子的时候，孩子的问题是得到解决了呢？还是会变得更糟糕了呢？

我的问题让齐齐妈妈沉默了大概有一分钟，然后她说，"唉，我真不瞒您说，虽说我经常这么说他，替他着急，这孩子的表现实际上是一天不如一天，刚开始我认为他就是笨，做事情慢一些，但我发现我越这么说他他的表现就越差，生活上的事一样也做不好，他也懒得学，上学以后，对功课也没兴趣，成绩也越来越差，我没有别的办法只能是天天说他，可我发现他现在已经有些逆反了，有些事明明他会做得更好，他也不好好去做，我现在感觉他已经有些傻了。对我说的话他也非常不喜欢听，有时候我一说他他就会把自己房间的门关上，不想让我看见他，连吃饭也叫不出来。"

一个刚刚7岁的男孩已经逆反倒让妈妈感到绝望的地步，我不得不说，这孩子的逆反的确来得早了一点，因为男孩的青春期逆反一般会在10到12岁的时候到来，然后在15、16岁达到顶峰，可是在这样天天用满是负能量的语言指责与抱怨的妈妈身边，齐齐的逆反好像又来的非常自然。

因为齐齐妈妈的负能量语言有时候的确很难让人承受，尽管齐齐还是个孩子，但他同样拥有自尊心，妈妈的指责和抱怨不仅伤害了孩子的自尊心，甚至几乎摧毁了孩子尚未建立起来的自信，因此你会看到孩子的状态会越来越差，对于孩子来说，他来到这个世界就是来学习的，学会保护自己，以获得安全感。学会技能让自己可以独立，学会与人交往，以获得友谊，学会知识以让自己有生存的技能。

4. 尊重孩子成长的规律才是真爱

在学习的过程中孩子的确充满各种各样的问题，他可能会慢一些，也可能会没有耐心，也可能会犯懒，这就是孩子的特点，因为对他来说学习就是生活，生活就是学习，他不着急长大，生命的成长也有自己的规律，父母需要做的就是给予孩子学习的机会，尊重孩子学习成长的节奏，接纳孩子长大过程中的各种不完美，给孩子渐渐长大的空间和时间。

而这其中什么最重要？曾经有很多妈妈觉得孩子的生活中物质最重要，为了给孩子最富足的生活和最好的享受，她们努力工作，用很多本来可以陪伴孩子的时间换来了不错的物质条件，给孩子衣食无忧的生活。然而妈妈们渐渐会发现虽说孩子的生活已经达到了几乎想要什么都可以满足的水平，可孩子们成长的并不顺利，甚至问题更多，结果更不理想。

还有一些妈妈觉得孩子成长中的付出最重要，因此她们开始不计成本地付出，她们为孩子付出一切，从包办孩子的生活到包办孩子的未来，可是这种付出常常让孩子们无法自由的呼吸，因为它的潜台词是服从，也就是妈妈为你付出了全部，你就要事事都听妈妈的，如果你过于向往自己的想法，妈妈就会感觉你辜负了她对你的付出。

其实在我看来，在孩子的成长中，物质与妈妈的付出都很重要，缺一不可。可孩子的成长是一个极其复杂的过程，他需要的东西很多很多，其中一个很重要的方式就是尊重和接纳、欣赏和激励。可以说在孩子的成长中，物质不是最重要的，因为多少人在物质匮乏的年代照样可以成长为杰出的人才。妈妈的付出很重要，但显然并不是最重要的，尤其是如果妈妈的付出是以牺牲孩子的成长自由为代价，这样的付出就会成为一种以爱的名义进行的绑架。

5. 请让孩子感受到你的接纳

为什么对孩子来说来自妈妈的尊重和接纳、欣赏和激励最重要？因为这是孩子可以人格健康、行为健康、快乐长大的唯一保障。每个人来到这个世界，最强烈的生命需求就是别人的尊重与接纳，哪怕他再不完美、再残缺，他都渴望得到一份完整的尊严，这是生命可以愉快坚持下去的理由。

如果说尊重与接纳可以让生命感到这个世界的善意，那么欣赏和激励则是一个人愿意为生命的改变，为给这个世界带来一些创造力的源动力，尤其是对于正在成长的孩子来说，在尊重与接纳这个基本的生命需求被满足后，他如何拔节生长、如何创造奇迹、甚至如何给父母带来惊喜，基本取决于他所获得的欣赏与激励的水平有多高。

6. 激励和欣赏会创造奇迹

在我从事对中国父母家庭教育的行为和理念研究这么多年来，我发现对孩子的尊重与接纳是中国家庭里做得最不足的方面，而激励与欣赏更是很多中国的孩子很难从父母那里得到的，这其中做得最欠缺的当属孩子的母亲，很多妈妈在孩子身边都充当了充满负能量的角色，抱怨、指责、挑剔、喝斥甚至是蔑视，常常是妈妈在孩子的表现让她们感到不满意时做得最多的行为。

得不到父母的尊重与接纳对孩子来说是一件让他们的生命很难舒展的事情，缺少了欣赏与激励孩子表现得更加倦怠、更加消极、更加被动。因此很多妈妈都会为孩子的学习发愁，因为孩子明显的厌恶学习，很多妈妈为孩子的行为发愁，因为孩子年龄不大却已经逆反的让所有人感到恐惧，很多孩子对活着缺乏激情，浑浑噩噩地混日子成为他们的常态，很多妈妈面对这样的孩子束手无策，不知该怎样唤起孩子对生活和成长的热情，最重要的是很多妈妈不明白孩子变成了这样，其实跟她的行为有直接关系。

像前面的个案里七岁的男孩齐齐，这个从上幼儿园开始就被妈妈整天指责、抱怨的"笨"孩子，在成长的过程中从来没有得到过妈妈的尊重与接纳，更谈不上欣赏与激励了，几年下来，连妈妈也发现，虽然她一直在用指责的方式希望他变得更好，可事实相反，他越变越差，连小学一年级都很难学下来，妈妈总说他笨，他却走得更远，以至于让他妈妈感觉现在的齐齐已经不是笨的问题而是有点傻了。

7. 孩子变"傻"是妈妈的责任

如果从心理学的角度分析，齐齐变傻的推手当属他妈妈，因为在他的成长中，妈妈一直在不断地用语言暗示他，"你很笨，你怎么这么笨，什么也做不好。"这种充满了负面情绪的暗示某种意义上剥夺了齐齐相信自己可以把事情做好的信心。在丧失了相信自己可以的情绪中，齐齐在潜意识中也会认同妈妈的说法，他自己也会在心里暗示自己："是的，妈妈说得对，我的确很笨，什么也做不好，我根本不行。"

于是一个"笨孩子"就在妈妈的这种超级负能量的语言中诞生了，一个自己也认为自己很笨的孩子会在任何事情上都放弃努力的，他会觉得反正我很笨，努力也没有用，这样的想法会让他对任何需要学习的事物都产生抵触情绪，所以，齐齐的学习成绩差，事实上并不是因为他笨，而是因为他从一开始就放弃了。

8. 妈妈的语言有能量

我一直认为语言是有非常大的能量的，尤其是妈妈的语言。因为对于中国的孩子来说，在他青春期以前，大多数时间是跟妈妈在一起的，孩子三岁以前是他的个性模式塑造的最佳时机，六岁以前是他行为模式塑造的关键期，而18岁以前则是他思维和行为习惯形成期。对于很多中国母亲来说，她们当中大多数人会陪着孩子一直到18岁，在这个过程中，她们可能是与孩子接触最多的人，也是与孩子在一起生活时间最长的人，可以说孩子的个性形成和习惯养成与妈妈的养育方法直接相关。

而且现在的孩子真的不像过去，妈妈能够把他们抚育成人就算完成了职责。无论是现在社会，还是时代要求，养育孩子长大成人再也不像以前那样简单，现在的孩子要独立、要成功、要优秀，现在的妈妈们也要将自我的价值实现，因此成为一个可以抚育出优秀的孩子的妈妈也是一件看上去没那么简单的事。

实际上这对妈妈们来说也是一件好事，既然每个人都要通过学习才能成为更优秀的人，做妈妈当然更需要学习。因此，在对很多孩子成长的个案经过调查和研究后，我提出了——想要做个幸福的妈妈，语言修炼是第一位这个观念，这是因为我在很多孩子的成长过程中都发现了这样的问题，妈妈的语言艺术就是孩子的成长艺术，妈妈的语言表达有水平，孩子的表现就有水平，妈妈如果是一个说话特别随便、一出口全是负能量妈妈，好孩子也会变成"傻"孩子。

既然语言是有能量的，妈妈如果会说话，就会把语言变成自己的工具，来帮助自己更好的培育孩子。并且妈妈还可以利用语言的技巧，改善孩子的行为，提升孩子心智，也就是说会说话的妈妈会把孩子调教的更聪明、更阳光、更健康。

9. 妈妈的语言模式决定孩子的行为模式

妈妈的语言模式决定了孩子的行为模式，善于欣赏和激励孩子的妈妈会和孩子相处得更加和谐、更加开心。使孩子的行为模式更加积极。而语言模式消极的妈妈通常与孩子的相处很困难，很不融洽，也让孩子的行为很消极。这一点跟孩子的年龄无关，因为即使是婴儿也不喜欢妈妈对他充满负能量的语言模式。

虽然婴儿听不懂妈妈在说什么，但他会从妈妈说话的语气、神情及眼神中看得出妈妈的表达意味着什么。一个善于用积极的语言欣赏和激励孩子的妈妈，会让婴儿喜欢亲近，性情也变得温和、友善。

想让孩子从自己的语言表达中获得积极的能量，产生积极的行为，妈妈要掌握的激励语言技巧有这样很重要的几点：

①允许孩子去试错

孩子来到这个世界上会有各种各样的瑕疵，既然这个世界没有零缺陷的产品，相信也就不大会有零缺陷的孩子。成长过程中的孩子会有各种不足和缺憾，但只要不是致命的问题，我想这都不会妨碍孩子会变得越来越好。有时候孩子在成长中一个很重要的途径就是他会去试错。

有些时候孩子在尝试一件事对与错的时候，很可能就会把事情做得很糟糕，远离妈妈的期望，这个时候妈妈面对孩子的错误时的态度是一个很重要的关口。就传统而言，大多数妈妈会在这个时候用消极的语言指责，抱怨孩子没有把事情做好，有的妈妈甚至会因此对孩子进行语言上的攻击。

有一次一位妈妈对我抱怨她的孩子，说她正在读小学三年级的孩子写作文的时候，没有按老师的要求去写，按自己的想法写了一篇，结果老师给了零分。妈妈对孩子的这个行为特别生气，惩罚孩子不准吃晚饭，还对孩子一通指责训斥，最后搞得孩子特别萎靡不振，差点儿连学校都不想去了。

我当时就指出了这位妈妈处理这件事的不当之处。第一，孩子没有按老师的要求写作文，也许是因为他没有听清楚老师的要求，也许是因为老师出的题目他不喜欢，他有自己更擅长的题材。这其中肯定是有原因的，妈妈应该了解一下再说。

第二，没有按老师说的去做，老师已经给了零分，这个处罚已经足够让孩子懂得下一次应该怎么做了，这实际上就是孩子的一次试错，对他来说没有坏处，他应该拥有这种尝试的权利。

第三，孩子按自己的想法写了作文，虽说不是老师要求的那种，但是是孩子自己认为不错的一篇作文，这是孩子创造力的体现。也许这才是这件事最重要的一面，妈妈应该抓住这个契机，看到孩子的这种创造性，马上给予孩子欣赏与激励的语言鼓励，与孩子的成绩相比，对孩子自尊心的保护、积极性的激发其实更加重要。

因为只要孩子的自尊心没有受到伤害，他就会保持很积极的态度，孩子的创造力得到了鼓励，他就会迸发出更惊人的潜力，这都是让孩子保持良好的学习兴趣最重要的东西。

如果我是这个孩子的妈妈，我可能就会这样对孩子说，"宝贝，虽说你的作文这次得了零分，但妈妈仍然感到很高兴，因为你写了一篇自己喜欢的作文，这篇作文妈妈看了，发现你很有潜力哦！以后你可以坚持写你自己喜欢的作文，不过最好不要在老师考试的时候写，妈妈希望看到你更多的文章，成为你的文章最铁杆的粉丝，妈妈相信总有一天你可以写出最棒的文章，妈妈真的很为你骄傲。"

我相信我的这段话没有一个孩子会不喜欢，尤其是老师的零分已经给了孩子的一个小挫折，妈妈的鼓励和欣赏会改变孩子的心境，调整孩子的情绪，甚至改善孩子对自己的认知。因为很多孩子会非常在乎老师对自己的评价，有可能老师的处罚已经让这个孩子对自己产生了不好的评价，并且他可能因此而开始感到自卑，妈妈与老师不同的做法会让孩子有不同的感觉，也会对孩子产生不同的后果。

允许孩子犯错误，对孩子出的问题用更积极的态度去处理，用会产生积极效果的语言去跟孩子沟通，就会在孩子认识错误的同时懂得规避再犯类似的错误，这比对孩子一通训斥、指责，甚至是打骂起到的作用更正面，也更容易被孩子接受。

②抓住孩子的闪光点

现在很多妈妈在一起说起孩子的缺点和让她们不满意的地方，都感觉有太多可说的了，可你让她们谈谈孩子的优点和值得欣赏的地方，她们有的需要想半天，有的干脆就说我那孩子有优点吗？

正因为妈妈们太少看到孩子优秀的一面，太少注意把孩子的闪光点挖掘出来，所以，很多孩子的表现才会那么不尽如人意，让很多妈妈不满意。可我不知道妈妈们想过没有，为什么你的孩子会表现得越来越差？为什么原来还不错的孩子在你的不断批评中变得越来越满不在乎？

这实际上是与妈妈的做法有关。一个善于发现并不断放大孩子闪光点的妈妈一定会让孩子的行为及时得到纠正，心灵受到保护，并且调动更强的上进心。

学会用激励的语言来抓住孩子闪光点的妈妈，通常都是那些看问题很积极的妈妈，孩子所做的每一件小事在她看来都可以找出足够让孩子做得更好的正能量来。

宁宁是个只有5岁的小女孩乖巧、懂事，在幼儿园里是老师的小帮手，在家里从穿衣到吃饭，收拾自己的房间，这些事情都可以自己做。遇上事情她会跟妈妈讲道理，说出自己的想法，很少任性发脾气，我问宁宁的妈妈她是怎么做到的，让这么小的孩子就如此好相处？宁宁妈妈笑笑说，"也没什么呀，我无非就是看到她做的不错的地方，就会非常的欣赏和鼓励她。

比如说我收拾房间的时候，她会帮我，我会说，"宁宁真棒，可以帮妈妈做事，怪不得你的房间总是比妈妈的房间干净呢。"从那以后我发现她再也不需要我帮她整理房间了。原来从幼儿园回来我们准备晚饭时，她会一直看动画片，有一次姥姥在收拾餐桌时扭了腰，她主动跑过来帮姥姥，我借这个机会，一再夸她说，"我们家宁宁就是懂事，知道帮助姥姥，如果换了别人，她也会帮助的。"从那以后，我们回家做饭时，她总是会跑过来问，妈妈需要帮忙吗？在确定我们不需要的情况下，她才会去看动画片。

由于我经常夸她喜欢帮助别人，结果她真的很愿意去帮那些需要帮助的人。在幼儿园里，她会帮助老师管理小朋友，在小区里她会帮助那些老年人，推推轮椅、扶一下他们，所以小区里的老人都特别喜欢她。

她两岁以前也是有些任性爱发脾气，我发现，要帮她改掉这些毛病，还是要抓住她表现好的时机，进行引导，有时候我会在她比较听话的时候说，"妈妈发现宁宁乖的时候好可爱，真是个好棒的女孩，妈妈在小的时候也没有像宁宁这样这么让人喜欢，怪不得大家都喜欢我家宁宁呢。"

有时候我和女儿的想法不一致，又不想勉强对方，每当孩子谈出她的想法，不管我是不是能接受，我都会首先肯定她，宁宁的想法很棒哦，看上去不错，我们可以试一试，妈妈好高兴你可以有自己的想法，不过，你也许可以看看妈妈的想法怎么样，你是不是更喜欢？

我知道让这么小的孩子能够跟父母谈出她的想法是一件并不容易的事儿，而且对孩子来说，和父母建立什么样的沟通模式是很重要的，因此，我特别看重女儿的这个习惯，每当她这样做，我就会特别鼓励她，这其实也是一种心理暗示，鼓励的语言会让孩子觉得她做得很好，下一次遇到这样的事她当然还会这么做，好习惯就会这样养成了。

我见过这位妈妈的女儿宁宁，虽说是一个只有5岁的小女孩，但她的表现非常让人惊讶。那是在一次亲子课堂上，三个小时课程所有的孩子都有些坐不住，只有她安安静静的和妈妈坐在一起，中间休息的时候，孩子们都在打打闹闹，她却悄悄地给我送来了一瓶矿泉水，这么小就懂得关心别人的女孩的确让我也很喜欢。

实际上对宁宁妈妈来说，她也没有在孩子身上下太大的功夫，进行太多的说教，她只是发现了孩子自己身上最优秀的部分，并且不断地用语言来把它放大。很多人都说孩子是天使，那是因为孩子身上真的有太多成年人都不具备的美好的品质，有时候这些美好的品质对于孩子来说就是隐隐闪现的火花，妈妈需要有非常细致的观察力，发现它们、抓住它们，用欣赏和激励的语言点燃它们，让它们不仅在孩子身上延续下去，还会形成越来越大的火焰，让这些美好的品质照亮孩子的一生。

很多妈妈都说想让孩子变得听话乖巧很难，其实你看这事儿到底难不难都在你的掌控之中，没有一个孩子是在频繁的指责与抱怨中变得越来越乖巧的，负面的语言只会让孩子的行为越来越差，因为它缺少积极的正能量。

为什么同样都是孩子，有的孩子就很让妈妈省心省力，有的孩子让妈妈就只有操心的份儿，不是孩子太不一样，而是妈妈们的行为差的太多。说得简单点儿就是，妈妈们希望孩子越变越好，一定要把发现孩子行为上的闪光点当做一个契机，也就是孩子可能只做了一件好事，你要夸他会做一辈子的好事，孩子只有一次表现很乖，你要用语言让他感觉这样的他大家都会喜欢，所以，他就不会轻易再任性。

抓住孩子的闪光点，用欣赏的语言激励孩子做得更好，这让妈妈的管理成本变得更低，收益更高，享受的幸福与愉悦更多。

③交流多用开放句式

我曾经在一些孩子和妈妈关系紧张的家庭中做过这样一个调查，这些家庭的孩子最大的16岁，最小的3岁，男孩女孩都有，尽管孩子们的年龄不同，但跟妈妈的关系不太融洽是一样的，这些妈妈有的抱怨孩子不听话，特别调皮，有的指责孩子很不懂事，一点也不体谅父母，也有的妈妈为孩子的学习操心，认为孩子学习不努力，让他们很着急。

我通常会在妈妈们的抱怨接近尾声时问她们，每当孩子出了问题，或者情绪不好闹别扭的时候，你们是怎么和他说话的？

妈妈们大多数会这样说："我就问他们，'你为什么要这样做？''你为什么会这样？''你到底怎么了？'"我说你们这样说，孩子是什么反应？每当这时妈妈们就会苦笑起来：他们会有什么反应，就是死活不吭气呗，有时候你问他十句他也不回应你，基本上这时候没办法跟他们交流。

很多妈妈说到这个时候都一脸无奈，说孩子不跟她们交流，她们也的确拿孩子们没办法了，有时候气急了就只好骂孩子几句，甚至打孩子几下来出气，很多妈妈跟孩子的关系很糟糕其实就是这么来的。

其实在我看来，有问题的不是孩子，而是妈妈的说话方式不够有技巧。孩子出了问题，或者做错了事，本身他就很担心妈妈的指责，在这个时候，他希望妈妈给机会允许他解释或者为自己辩解，可是妈妈们在这时常常是用问句来和他们交流的。在人与人之间的交流中，问句可能是一种最不被人们所喜欢的交流方式，因为不管是因为什么原因，你总被人追问为什么、为什么？总会让人很不舒服，甚至有被指责、被批评的感觉。

因此，在人与人的正常交流中，问句通常是不受欢迎的，也是很不礼貌的，会让人感觉很不平等，很不受尊重。

如果妈妈总在和孩子的交流中使用问句会显得很强势，这毫无疑问会伤到孩子的自尊心。孩子为什么在妈妈不断问他为什么的过程中保持沉默，这其实就是一种对抗情绪，他不想和妈妈交流是因为觉得自己不被尊重，这一点往往和孩子的年龄有关，因为年龄越大的孩子就越在乎自己的自尊，如果他感到妈妈和他的关系很不平等，他就会越来越抗拒和妈妈有正面的沟通，这也是为什么很多妈妈为进入青春期的孩子感到头痛的根本原因。

所以，妈妈想要孩子跟你保持畅通的交流渠道，愉快的互动模式，在跟孩子说话的时候一定要注意尽量少用甚至不用问句。想让你的语言对孩子的行为产生积极的影响，让孩子建立愿意跟你分享他的想法的模式，你一定要跟孩子多用开放式的句式。那么，什么是开放式的句式呢？

开放式的句式主要就是把说话的权利交给孩子，妈妈主要是利用话题，引导孩子说出他自己的看法。比如孩子这次考试没考好，妈妈不要一个劲儿地问他，为什么没考好？孩子会很反感这种问句。妈妈可以这样跟孩子交流，"这次考试成绩不太理想，你觉得是不是因为没有准备好？"或者"这次考试你没有考好，是不是因为有些紧张造成的？

这样开放式的句式首先表达了对孩子的一种尊重，其次会让孩子感觉到妈妈对他的理解，更重要的是它给人的感觉是平等的，而且它传达的是一种开放式的接纳，也就是说妈妈这样对孩子表达，表示她什么样的解释都可以接受，她给了孩子充分解释自己的机会和权力，也给了孩子为自己辩解和讨一个说法的欲望，在这样的交流氛围中，孩子通常不会再沉默，他会很积极的回应妈妈，并且会愿意把考试失利的问题跟妈妈讨论一下，以得到妈妈的帮助和谅解。

而对于妈妈来说，这又是一个让孩子保持积极态度的好机会。我常常说，不管你的孩子有多大，只要他愿意和你保持良好的沟通，你们的关系就没问题。

经常和孩子保持开放句式的交流习惯的妈妈，会让孩子愿意跟她说心里话，喜欢跟她交流自己的生活，因为开放句式其实就是一种接纳孩子想法的方式，很多妈妈管理不好自己的孩子主要是因为她不了解孩子，尤其是孩子年龄越来越大以后，无法跟孩子做到心贴心的沟通，常常让妈妈们感到很无奈。

如果你跟孩子的关系真的到了这一步，那么我必须提醒你，你应该检讨自己在跟孩子说话的时候，是不是总是用问句？是不是总是在要求孩子回答你的问题，而不是给他一个让他愿意主动跟你交流想法的开放式的机会。

所以跟孩子讲话多用开放式的句式真的是一个特别有效的技巧，它不仅表达了你对孩子的尊重，还传达了你跟孩子之间平等的关系，而且，这是一种有期待的交流，孩子会懂得你对他的期待。对于大多数孩子来说，遇上了问题或有了想法他其实也很想与人交流或者分享，如果妈妈给了他这个机会，妈妈当然会成为他最好的交流对象。

所以我从来不相信孩子长大了自然就不愿意和妈妈说心里话的说法，只要妈妈懂得接纳孩子的想法，给孩子说话的机会，保持用开放式的句式与孩子沟通，孩子永远会喜欢和妈妈说心里话的。

④从小就建立积极的语言模式

跟很多问题家庭里的问题孩子接触多了，我发现很多问题孩子的行为问题，实际上来自于妈妈跟他相处时的语言模式。也就是说大多数孩子的行为问题是在妈妈的不断指责、抱怨中产生的。

超超是个8岁的男孩，刚上小学二年级，妈妈带他到我这儿来的时候，一脸的焦虑和无奈。妈妈说她现在已经快让这孩子给搞得要崩溃了。因为老师天天找她说超超不仅学习不行，课堂纪律也很差，怀疑他有多动症，老师一再要求超超妈妈带孩子去医院做一下检查，如果孩子真的有多动症，要尽快治疗，老师说这孩子不管在纪律上还是在学习成绩上都在拖班级的后腿，再这样下去老师希望他转学或者换一个班，因为老师真的拿他没辙了。

　　相信老师天天这样找超超的妈妈，做妈妈的当然很抓狂，在怎么批评教育孩子，甚至跟孩子动手的情况下也没让孩子有所转变的处境下，超超妈妈带他找到了我，希望通过测试看看孩子到底是不是有多动症。看到孩子后，没几分钟，我就确定孩子根本不是什么多动症，他只是有点调皮，有点过于活泼，甚至有些过于任性。

　　而这些毛病本来也许并不突出，但在妈妈的语言模式下，孩子的行为呈现非常逆反的状态。比如一见到我，他妈妈让孩子叫我老师，孩子躲在一边不肯吭气，妈妈马上说，"这孩子就是这样，见了谁也不肯叫，特别没有礼貌，真够讨厌的。"

　　孩子坐下后，两条腿不老实地动来动去，本来嘛，两个大人说话对孩子来说的确挺无聊的，超超妈妈又开始说孩子，"超超你老实点儿，没看妈妈正跟老师说话呢，你的腿就不能安静一会儿，这么皮，你烦不烦呢，讨厌！"

　　看得出妈妈的话让超超有些尴尬，毕竟当着我这个陌生人的面，他的行为稍稍收敛了一下，但是没出两分钟，他已经把妈妈桌上的杯子碰倒了，这时候他的妈妈已经再也不能忍受了似的开始大发脾气，"你这孩子，让我说你什么好，我看你就是多动症，你瞧瞧你有多讨厌，我的话你怎么就不听呢，你为什么就不能让我省省心，你看看人家的孩子，再看看你，你再这么不听话，我也不管你了，你爱找谁去找谁去，你这个孩子真让我受够了。"

　　看着超超妈妈让孩子气得情绪有些失控，我连忙安抚她，我说："这么大的男孩子皮一点是正常的，我们俩在说话，他感觉无聊所以就想用一些小动作来让我们关注他，这也是孩子的一种表达特点，你不必这么在意。"

　　我原以为妈妈大发雷霆超超会感到很紧张，或者行为上有所改善，但让我惊讶的是，妈妈发脾气时，超超好像根本就置身度外，他一会儿看看妈妈，一会儿看看我，一会儿又看看他的鞋，脸上始终没有表情，既没有感到羞愧，也没有感到歉意，更没有觉得自己做得不对，妈妈的情绪失控对他来说就好像是一场出门意外碰上的暴风雨，很快就会过去，而暴风雨过去以后一切照旧。

　　果然，妈妈发完脾气后情绪好一些，我们俩又开始交谈，超超照样坐在那里两脚乱动，身子扭来扭去，没有一刻安静的时候，而他的妈妈显然已经放弃了再去管他的念头。

看着有些绝望的超超妈妈我问她，她是不是从小就跟超超是这样的语言模式，她说，"是呀，我从小就没少管他，为了培养他的好习惯，我发现他做的不好的地方就赶快说他，希望他能改，一开始还起点作用，慢慢我就发现，我的话越来越不灵了，而且，他越大就好像越不喜欢我说的话，有时候明明他可以改的事儿他也故意不改，就是为了气我。"

"尤其是上了学以后，他在学校里调皮，老师总告状，我气急了就骂他，可是他真的让我很失望，我到现在也不知道自己错在了哪儿，为什么他就是不听话，越说表现越差，越让人讨厌。"

超超妈妈说着眼泪流了下来，看得出她真的被儿子伤透了心。可是超超真的是一个有问题的孩子吗？他的问题真的很难解决吗？在我看来，答案还真不一定。

为什么妈妈越要管他他的行为就愈加失控，这其中没有别的解释，只能从妈妈与孩子沟通的语言模式上找原因。孩子在跟妈妈的相处中，妈妈的话失去了功效，基本上对孩子的行为起不到任何矫正的作用。这其中有两个原因，一个原因是孩子根本不信任妈妈，他不相信妈妈说的话是对的，再一个原因就是他不喜欢妈妈说话的方式，语句、语气还有神态都不喜欢，这些其实都是构成了妈妈的语言模式不可缺少的部分。

在我的了解中，真正因为不信任妈妈而不喜欢听妈妈的话的孩子并不多，而为什么会有那么多孩子在与妈妈的沟通中存在障碍呢？这实际上的确是妈妈与孩子之间从小建立的语言模式有关。

其实从孩子的行为中就可以看得出，妈妈的语言模式是不是适合自己的孩子。一个孩子从小到大，他的行为模式都是积极的，不管他做错什么事，只要妈妈给他指出来，他多会很自觉地去修正，并且注意不会再犯同样的错误，妈妈会发现他每一天都有进步，不管他是幼儿还是中学生，他的生活态度是积极的，心里是愉悦的，情绪是稳定的，很少发脾气，嚎啕大哭，也很少情绪低落，萎靡不振，他看上去一直是很健康的，这样的孩子一定是在妈妈良好的语言模式下不断成长的。

相反，那些容易情绪失控、行为上有各种各样小毛病，妈妈越管理表现就越差的孩子，常常是在妈妈不适合的语言模式下成长起来的。这样的妈妈对孩子讲话的最大问题就是消极，凡事以指责、训斥为主，如果在指责后孩子的状况还没有改变，妈妈就开始抱怨加翻旧账，孩子今天的错误会引起妈妈对他N年前错误的指控，如果这样的语言还没有效果，妈妈就会开始表达自己的失望甚至绝望的情绪。

　　我常常会对这样的妈妈说，事情再糟妈妈也绝不可以当着孩子的面就表现得很绝望，一个是孩子还小，他的确不会明白事情有多严重，妈妈的状态会吓到他。再一个不管孩子多大，只要他有自尊心他就有可能改变，妈妈过早表达自己对孩子的绝望，岂不是让孩子自己也过早对改变失去了信心，妈妈都绝望了孩子会不绝望吗？

　　这样的语言模式对妈妈来说，就是让她的孩子无法变得越来越好的最直接的原因。有时候语言模式其实就是一种说话的习惯，你习惯了用尊重孩子、接纳孩子、欣赏孩子的习惯与孩子相处，你就会收获一个行为与习惯都不错的孩子。而如果你从来不在乎自己与孩子交流时给孩子带来的是积极的影响还是消极的作用，你就会发现尽管你希望获得一个好孩子的愿望很强烈，但你仍然会失望，因为孩子可能刚好正往你不喜欢的那个反方向发展。

　　像前面所说的超超和他妈妈，妈妈希望孩子安静、听话一些，但她的语言模式永远是消极的，你不能这样，你别那样，你这样不好，你那样很讨厌，妈妈已经形成了一种语言习惯，她很自然就说出来了，但她却从来没有考虑过孩子的感受，一个总在被管束、被指责这不对、那不好的孩子，怎么可能会有积极的行为？

　　超超毕竟还是一个小孩子，因此他对妈妈的话虽然很不喜欢但也不会有更大的反抗，他只能用自己的方式来应对妈妈的不满，那就是我行我素，你再生气跟我没关系，这实际上也是孩子对自己的一种本能的保护。我说过孩子再小也有自尊心，当妈妈的语言不断让他的自尊心受伤害的时候，他只能用这样一种看上去熟视无睹的行为来掩饰自己内心的不愉快。

　　最重要的是妈妈消极的语言模式造成了孩子消极面对的行为模式，超超为什么变得让老师和妈妈都感到没办法改变他，就是因为他在妈妈的这种语言模式中也形成了自己的行为模式，这种行为模式使他在做任何事情上都表现得很消极，他在班级里处处惹事儿，不遵守纪律，是因为他觉得反正老师也不喜欢我，我改变也没用。他在妈妈身边不听话，老让妈妈着急，也是因为他觉得，反正我怎么做妈妈也不会高兴，我怎么改变妈妈也会觉得我很讨厌，索性我就这样了，看你们能把我怎么样。

超超的这种心理态势实际上就是由他的行为模式决定的，因此这样的孩子会让人觉得很累，因为你怎么想带动他做出改变都会感觉很难。

有的妈妈说，孩子小的时候什么也不懂，跟他说话还要那么注意吗？我想说的是孩子越小越需要尊重，因为这会形成他的行为习惯，一个从小就被尊重，可以有自己的想法，从父母那儿不是总获得指责和训斥，而是得到了更多的肯定和欣赏的孩子，一定会比天天挨批评的孩子表现得更加优秀，而且会对自己更有自信。

妈妈的语言模式决定了孩子成长的方向，妈妈积极的语言模式就像阳光，孩子每天沐浴在阳光里，当然就会成长的健康、结实，充满了向上空伸展的力量。

所以，想让你的孩子在阳光下健康长大，成为可造之才，还是让他成为背阴地里的小树苗，羸弱的艰难成长，有时候都在妈妈的选择之中。很多妈妈都认为孩子那么弱小，他们是那么需要被保护。其实，孩子真的不像你想象得那样弱小，你所具有的生命能量他都有，你所拥有的智慧他也都有，只是他需要被激发，需要被发现，需要你给他变得越来越强大的机会。

在这个过程中，再也没有像语言这么有力的工具了，因此妈妈们要学会利用这个最有效的工具，对孩子少一些指责抱怨，多一些鼓励欣赏，有利于孩子行为的积极改变的话要多说，会对孩子的行为产生负能量的话不说或者少说，跟孩子沟通时要先考虑后果，把你想要达到的目的想好了，再对孩子开口。这样会让妈妈和孩子的交流更积极、更有效。

还有很重要的就是你跟孩子说什么并不重要，重要的是怎么说，用什么样的语句，什么样的语式，甚至什么样的语气都很重要。孩子的心灵因为幼小，所以很敏感，有时妈妈的话没有经过思考就脱口而出，很容易对孩子造成伤害，不但对孩子的行为起不到改善作用反而会影响孩子的行为模式的形成。聪明的妈妈一定要懂得善用语言这个杠杆，撬起孩子潜在的积极向上的能力，妈妈的语言越讲究艺术和技巧，孩子的表现就越会让人满意，这已经是很多个案证明了的事实。

鼓励孩子表达自己

　　在掌握一些用语言激励孩子的技巧后，我们可以启动妈妈的第二项语言修炼，那就是鼓励孩子学会表达自己。很多妈妈会对自己的孩子有这样的感觉，孩子小的时候挺愿意跟妈妈说话聊天的，可随着年龄的增长，渐渐他的表达越来越少。有的孩子进入青春期以后，开始变得非常沉默，有时候朋友聚会，如果他们当中有带着自己15、16岁的孩子的，不管是男孩女孩，基本是一个状态，那就是沉默不语，所以我把他们叫作"沉默少年"。

1. 为什么沉默少年越来越多

　　孩子在这个年龄段的沉默是正常的吗？在我看来完全不正常，因为虽说进入青春期的孩子心理和生理会有巨大变化，会让他们的个性产生一些异常，比如说敏感、脆弱、封闭甚至自我。但从孩子的成长规律来看，青春期的孩子会比他们小的时候更加成熟一些，或者说他们自己觉得有长大了的感觉，但这完全不应该影响他们的自我表达，相反因为成长让他们有了更多自己的想法，他实际上有更强烈的与人分享的需要，这个人可以是老师，也可以是朋友、同学，当然如果是父母就更好了。

但是，我曾经在一些中学生中做过调查，当我问他们有了心里话或者自己的想法时最想跟谁表达？孩子大多选择的是朋友和同学，很少有孩子会把老师列为交流对象，而认为自己的心里话可以跟父母谈的孩子就更为罕见。这一点在男孩子中更为突出，有的女孩承认有时候会跟妈妈有些交流，但交流的程度也完全不可以跟她和同学的深度相比。

我一直认为孩子18岁未成年以前，父母是他们最好的交流对象，尤其是孩子的母亲，因为她们是最值得信任的人，也是最应该关注孩子的人。但遗憾的是有太多的孩子告诉我，妈妈是他们最不想沟通的人，有的孩子会说爸爸虽然管他们少，陪他们也很少，但有想法他们还是更愿意跟爸爸谈，因为孩子们觉得有时候爸爸更能给他们尊重和接纳。

有时候妈妈们也会这样反映，她们觉得虽说在孩子身上她们操心最多，可是孩子们越大越跟她们没话，这让她们感觉很难过，有时候真搞不懂这是怎么回事。

我跟很多孩子交流过这个问题，为什么他们跟朋友有说不完的话，跟妈妈却说的越来越少，孩子的理由大致有这样几个：

①妈妈总说他们不对，否定他们，让他们不喜欢。

②放学回家他们想跟妈妈说话时，妈妈总是让他们赶紧写作业去。

③每当他们有什么奇思妙想想跟妈妈说说时，妈妈就说他们胡思乱想影响学习。

④跟妈妈在一起，他们大多数时间是在听妈妈讲，自己根本没有说话的时间。

⑤有时候他们想给妈妈讲点新鲜事儿，可妈妈总说自己不感兴趣。

⑥人多的时候妈妈总是让他们少说话，不喜欢他们插嘴大人的谈话。

⑦有时候家里有了事情，他们想表达自己的看法时，妈妈总是让他们闭嘴，说他们什么都不懂。

⑧妈妈永远把他们当成小孩子，对他们缺少信任感。

我一直说中国家庭里的孩子不善于表达自己，不是孩子的问题，一定是父母的问题，尤其是妈妈的问题，从孩子们对妈妈的意见中就不难看出，孩子们为什么慢慢的就不愿意跟妈妈说心里话了。

这其中首先是来自妈妈的不接纳，其次是妈妈的不尊重，再其次是妈妈的不信任，在这种环境下如果孩子本来的表达欲望就不强，他就会变得越来越不想说话，尤其是不想和妈妈说话。

2. 孩子不说不代表他不想说

孩子跟妈妈如果疏于表达会造成什么样的后果呢？首先很重要的就是妈妈搞不懂他，我遇到很多妈妈在孩子进入青春期成为"沉默少年"后，很为孩子的沉默抓狂，她们给老师打电话，给孩子的同学和好朋友打电话，偷看孩子的日记，现在是偷看孩子的QQ聊天记录和微信，目的只有一个——就是为了了解孩子，知道孩子在想些什么。

有的妈妈找我来咨询，最希望的事情就是让我跟孩子谈谈，因为孩子什么都不跟她说，她又很想知道孩子的想法，于是只好求助于别人。每当遇上这样的妈妈，我总是会先了解她跟孩子的交流习惯，了解她是否在孩子小的时候就鼓励孩子表达自己，可每当这时妈妈们就会很无奈地笑笑，告诉我她们真的从来没有注意到的这个问题。

虽说客观地讲孩子与孩子之间的语言能力的确存在很大差别，但在孩子的成长过程中，这绝不是最重要的。为什么有的孩子就很愿意跟父母表达他的想法，有的孩子随着年龄的增长会变得越来越沉默呢？这的确跟家庭的环境和氛围直接相关，因此想要你的孩子随时都想跟父母说心里话，分享他的想法，妈妈首先要懂得给孩子一个适合畅所欲言的家庭环境，并且不断鼓励孩子表达他自己。

3. 让孩子更喜欢表达自己

有的妈妈说，我也知道让孩子主动表达自己是一件好事，孩子有什么想法说出来会让妈妈很省心，因为你不需要去猜他在想些什么，而且，善于表达的孩子会第一时间让你了解他，懂得他需要什么，这样的孩子透明度会更高，让妈妈会更放心一些。

问题是孩子怎么样才会养成喜欢主动表达自己的行为习惯?这实际上跟妈妈的许多做法有关，就像孩子的任何行为习惯的养成都是有方法一样，让孩子喜欢说，喜欢和妈妈主动沟通，妈妈们可以试试以下方法：

①无条件地接纳孩子的想法

据我所知，很多孩子不喜欢跟妈妈表达自己想法的一个很重要的原因，就是他的想法不仅得不到妈妈的支持，甚至总是被妈妈否定。很多妈妈是依靠自己的人生经验来判断事物的，当她觉得孩子的想法比较天真或者有些不现实的时候，她通常就会很简单的否定孩子的想法，甚至嘲笑孩子的想法，妈妈的这种做法实际上是很粗暴的，在某种意义上很让孩子的自尊受伤，如果妈妈经常这样简单粗暴的否定孩子的想法，通常孩子会放弃与妈妈的分享。

无条件的接纳孩子的想法就是要求妈妈们给孩子更多的尊严，有时候孩子的想法的确可能很幼稚、很滑稽，甚至很可笑，可孩子的可爱正在这里啊，妈妈千万不要总用大人的标准去评估孩子的想法，更不要因此完全否定孩子。孩子愿意跟你分享他的想法这是多么珍贵的行为，第一说明他信任你，第二说明他有表达自己的欲望，与孩子都说了什么相比，最重要的是他的行为本身，妈妈要做的就是要孩子把这样的行为保持下去，而且越做越好。

想要孩子不管是2岁还是12岁，都很乐意跟妈妈分享他的想法，你要做一个非常懂得接纳孩子想法的妈妈。我建议在这个方面不要设门槛，有时候想法就是想法，它不见得一定会成为现实，孩子的想法大多很奇葩，你只要懂得陪他们高兴就好了。

最可怕的是那种妈妈，有些事孩子还没有来得及跟她说完，她就把头摇得像拨浪鼓，一脸的不屑或怀疑，告诉孩子，这不可能，这是在开玩笑，或者你这样想完全不现实。

相信有很多孩子是被这样的妈妈给否定得一塌湖涂，最后完全失去了跟妈妈分享他的想法的兴趣和信心。有的孩子从此变得开始沉默，这与妈妈对他的不接纳非常有关。

我常常对妈妈们说，孩子不管跟你说什么，只要他肯说就是好事儿，所以妈妈要做的就是频频点头，充满好奇的表情，期待的眼神，鼓励的语气，这些都会让孩子感到跟妈妈分享他的想法是一件很愉快的事情。这种交流气氛会让孩子感到很快乐，因为他会感觉自己的想法被妈妈重视，因此他会觉得很有尊严，也很被关注，这些都是成长中的孩子非常需要的感觉。

　　有自己的想法的孩子通常是经过了思考，妈妈的无条件接纳会让孩子觉得自己的思考很有价值，他会因此而喜欢上思考，喜欢上经过思考而得出自己的看法。这样的孩子通常会非常懂事，属于可以让父母放心的那种孩子。妈妈接纳孩子的想法就是在鼓励孩子学会自己思考，孩子喜欢思考，又愿意把自己的想法跟你分享，你可以通过孩子的想法直接了解他、引导他，这是让孩子顺利成长的最简洁又最有效率的教育，妈妈们何乐而不为呢？

　　②让孩子拥有话语权

　　在旧时期的中国传统家庭中，孩子通常是没有话语权的。在这样的家庭里，因为家长就是权威，就是说了算的人，因此孩子不仅很少有说话的权利，更缺少发表自己意见和看法的机会。因此，很多孩子就在这种压抑和缺少尊重的环境中长大。

　　虽说现在的孩子成长的环境好了很多，物质条件和生活条件也不错，但是，就有些家庭而言仍然没有给孩子可以自由的表达自己的权利，尤其是在一些中小城市的家庭里，由于家长的家庭教育水平问题，如何给孩子说话的机会？如何让孩子乐意跟父母表达自己的想法？还是一些比较突出的问题。

　　让孩子善于表达自己的看法，爱与父母、家人沟通，这实际上也是一种习惯的培养，从小就在家庭里拥有话语权，凡事有发表意见的机会，并得到家长尊重的孩子，会把这个爱表达的行为习惯带到成年，这对他未来的成长是极有好处的。

　　现在的中国家庭富裕了，家长为了培养孩子成才不惜成本，既舍得为孩子花钱又肯投入时间，一心期望孩子成为优秀的人。但很多家长却没有意识到，在他们对孩子的培育中欠缺了一个最根本的东西，那就是对孩子自信心的培养。

　　一个人无论他多么富有才华，多么勤奋努力，缺少自信心的支撑是走不远的，也更谈不上与成功结缘。在孩子自信心的培养中，很重要的方法就是鼓励孩子表达自己，一个无论在什么场合都可以大胆说出自己的想法，喜欢跟别人分享的孩子，一定有很强的自信心。

　　作为孩子的妈妈，要懂得把话语权还给孩子，让孩子在你的身边喜欢说出他的想法，很多家庭里为什么不重视孩子的话语权，很重要的原因就是不尊重孩子的独立存在，不承认孩子应该有自己的想法，有很多妈妈尤其这么认为。

　　在我所接触的不少青春期叛逆、心理压抑、个性抑郁的孩子当中，有很多矛盾是来自他和妈妈的无法沟通造成的。

贝贝是个13岁的女孩，中考前夕正当大家都在紧张复习的时候，她却离家出走了。整整一个星期都没有音信，最后她的父母报警，动用了高科技手段才把她找回来，妈妈带她来找我咨询的时候，她的状态很不好，我给她测试了一下，基本确定这个13岁的女孩已经开始有些抑郁倾向了。

贝贝妈妈说，她为了孩子中考的事儿跟单位请了长假，专门在家照顾孩子，希望她的成绩可以好一点。就成绩而言，贝贝不算是最好的，但属于那种努把力就会考得不错的孩子。

正在学习紧张的时候，贝贝妈妈发现女儿迷上了网络小说，每天把大量的时间用在了这上面，她一气之下把家里的网断了，贝贝为此一个月没有跟妈妈说话。后来贝贝的同学拉她去学打羽毛球，一个星期要学三次，妈妈也认为太耽误时间了，去了几次就不叫贝贝去了，为此孩子也很不高兴。

假期里贝贝本来要回南方的外婆家待上一段时间，可是妈妈为了她的学习一口气给她报了五个课外班，每天早上六点起床，晚上十点才能回家，每天孩子都累的筋疲力尽，看孩子很辛苦妈妈也心疼，可她说没办法，人家都在学，我们不学怎么可以考进好学校。

对于贝贝妈妈的想法我特别理解，她的确是希望孩子的成绩能够更好一些，将来多一些选择，但关键是她的做法不要说孩子接受不了，就是在我这个旁观者看来，也有些很过分。

孩子为什么会离家出走？据贝贝跟我说，她离家出走是对妈妈的反抗，因为平时妈妈太不尊重她了，在家里妈妈的确为她做了很多，从吃到穿都是妈妈在帮她打理，她连自己的被子都不用收拾，妈妈告诉她家里的事她都不需要管，她就只管好自己的学习，让自己的名次再往上冲一冲就可以了。

可是妈妈做了这么多贝贝却并不满意，主要原因在妈妈从来不允许她有自己的想法，妈妈对贝贝最重要的要求就是要她听话、服从，妈妈说什么就去做什么，不需要解释不需要她自己的看法，因为贝贝妈妈说，妈妈不会错的，你只需要听妈妈的就行了。

因为贝贝很喜欢文学，因此有一阵儿她在追网上的小说，因为她的同学都在看，大家在一起都在谈这个小说，她感觉自己没看就缺少了跟同学的谈资。而且，贝贝在看了一些网络小说后，自己已经开始模仿写网络小说了，并且在网上收获了一些粉丝，初获好评，她跟妈妈解释，她并不是在网上胡乱看，而是在寻找学习写作的机会，可是贝贝妈妈却说，"你别找借口了，我还不知道网上净是些乱七八糟的东西，哪有正经的小说，老看这些东西会影响学习的，我不会让你看的。"

家里的网让妈妈给断了，贝贝的写作之路就此止步。后来贝贝去学打羽毛球，因为有一个教练认为贝贝很有天赋，所以贝贝学得很起劲儿，可是贝贝妈妈说打羽毛球太耽误时间，再说女孩子打羽毛球会显得不文静，她喜欢游泳，她给女儿办了游泳卡，希望女儿想要锻炼身体就去游泳，可是贝贝偏偏不喜欢老在水里泡着，她跟妈妈说不喜欢游泳，妈妈说，"你还这么小，哪懂得什么喜欢不喜欢，妈妈说的没错，你多去几次就会喜欢了。"

结果直到游泳卡作废了，贝贝也没去过一次两次，羽毛球当然也没有再学下去。最让女儿生气的事是暑假，本来说好了要回外婆家待一段时间的，因为贝贝从小跟外婆长大，跟外婆的感情很深，可是妈妈突然决定暑假哪儿也不能去了，在没有跟贝贝商量的情况下，一口气给她报了五个提高班，贝贝不想去可妈妈说："钱都交了，你不去不是会很浪费吗？"

贝贝跟妈妈说"她想外婆了，想回外婆家看看"，妈妈说："外婆对你的期望就是希望你中考取得好成绩，进入名校，只要考好了，你不回去看外婆她都会很高兴。我看你说想外婆是假，想回去玩是真，马上就要考试了，你还是放下玩儿的念头吧，听妈妈的没错。"

也许正是妈妈一次又一次对孩子话语权的剥夺，贝贝在自尊心屡屡被伤害的情况下，渐渐变得沉默起来。她开始很少跟妈妈说话，妈妈有什么事情问她，她都一副很抵触的样子，"无所谓了，你看着办吧"，是她和妈妈说得最多的话。

就在暑假快要结束的时候，贝贝走了，她到山里的一家农家乐待了一个星期，直到父母通过卫星定位把她找到。

在我的工作室里，贝贝妈妈不停流眼泪，一再说她为了孩子如何辛苦、如何投入，可我观察贝贝的表情，这个小女孩却一脸无所谓的样子，我惊讶于她的心肠好硬，却也明白一个在妈妈身边永远也得不到尊重与接纳的孩子，那几乎封闭的心灵是很难在很短的时间里打开的。

我开始尝试调节这对母女的关系，我告诉贝贝妈妈，孩子也是一个独立的生命个体，不管他多大的年龄，他都应该在父母身边有话语权，这是他作为一个人所应获得的最起码的保障。

没有话语权的孩子通常都会活得很艰难，他得不到尊重，得不到理解，也得不到支持，他是被忽视的。尽管有的父母认为自己为孩子付出了全部，但如果你没有给孩子表达自己的想法的权利和空间，孩子的精神世界就会很孤独，他会因为没有人接纳他而感到生命没有意义。

这种权利尤其对于青春期的孩子来说很重要，这个时期的孩子大多开始要求人格独立、生活独立，而他的想法有人倾听，他的表达有人尊重，这是他确定自己是否已经长大的一个很重要的途径。

很多中国家长，尤其是妈妈，最大的问题就是对孩子正在长大这事儿有些视而不见，有的孩子已经长得比妈妈还高了，她还总是用对待婴儿的那些方式来和孩子相处。比如贝贝妈妈，她一再否定孩子的想法，不允许孩子按自己的想法去选择事物，无非就是觉得她还小，她还是个孩子，她懂什么呀，我觉得妈妈们这种剥夺孩子自我表达的权利的做法，就是在把孩子"侏儒化"，让孩子自己感觉他是永远长不大的。这样的妈妈在潜意识里都有一种恐惧，那就是怕失去她们的孩子。因为承认孩子的长大，认可孩子的想法，支持孩子们按自己的想法去选择事物，某种意义上就意味着孩子已经可以离开妈妈可以独立生活了，这种结局是有些特别依恋孩子的妈妈所不想承受的。

这也正是有一些妈妈不肯给孩子自我表达的机会，也从来不支持孩子自己的想法，坚持孩子不管怎样也要按自己的意志去服从的很重要的原因。那些青春期叛逆的孩子，和家长的关系紧张得水火不容的孩子，大多是来自这样的家庭，而他们身边也大多是这样的从来不给孩子自我表达的机会的父母。

所以，很多妈妈找我咨询时的第一句话常常是"这孩子，也不知怎么回事，就是不爱说话"，可是就是这个在妈妈面前沉默寡言，在爸爸面前更加沉默的孩子，跟我谈起话来往往头头是道，有的甚至还会滔滔不绝，一点也不像家长描述的那样，"不爱说话"。

这是为什么呢？为什么一个孩子语言环境不同、对象不同，几乎判如两人？实际上很简单，在我这里很放松，因为我很接纳他、理解他、支持他，而且，我不断地鼓励他表达自己，为他对自己的想法的描述感到精彩并不停地表示欣赏和肯定，我给了孩子说话的权利和机会，允许他自由表达自己的看法，孩子的想法有时候也不一定全是正确的，但我从来不着急去否定他，只要他愿意跟你分享，你有什么好担心的，他想做什么你都了解，并且可以掌握，你需要做的只是慢慢引导他，认识到哪是好的想法，哪是他需要改变的想法就足够了。

最重要的是这样的尊重会让孩子感觉很好。现在的孩子物质生活富足，他们啥也不缺，缺的就是感觉，他们缺的就是被父母尊重的感觉，缺的是被别人接纳的感觉，缺的是社会承认他们的感觉，只要感觉到位，一切都会到位。

他们会因为父母的尊重而努力学习，完成父母的期望，他们会因为别人的接纳而变得更加自律，他们会为了社会的承认而发挥潜能，成为与众不同的一代。

而对于妈妈们来说，孩子愿意跟你分享他成长中的困惑，他在你的面前愿意主动跟你交流，而不是问一句答一句，甚至问十句都没一句，这一定是你跟孩子的关系没问题的标志，也是你这个做妈妈的一种成功。这至少证明了一件事情，在你的家庭里你们跟孩子的关系是平等的，你们相互尊重、相互接纳、相互支持甚至相互欣赏，这种家庭氛围是很美好的，不仅会让孩子很开心，也会让孩子的个性与行为都成长得很健康。

在这样的环境中长大的孩子，通常会非常注意尊重别人的话语权，他们将来成为父母以后也会把这种家庭气氛带到他们的家庭之中，这也是他们未来有一个幸福人生的保障。

③善于表达自己是有一个好口才的开始

前不久我在北京某大学参加了一个成人的口才训练班培训，我是被邀请来做这些学员的嘉宾老师的。这些学员中最大的四十几岁，最小的二十几岁，虽然年龄差的挺多，但身份大多相同，基本上是在职场打拼的白领居多，还有一部分是公务员，有的是小微企业的老板，既然是口才训练班，这些学员来当然都是为提高自己的口才能力来的。

在这里我才发现，虽说他们的学历职位各不相同，但都有一个比较一致的问题，那就是这些学员的语言能力普遍比较弱，有的甚至比较差，因为都是成年人，我相信他们一定是因为在职场上遇到了自己的短板，才不惜时间和金钱来学习口才的技巧甚至是口才的能力。

他们当中有很多人刚开始真的是连当众说话这样的事情都做不来，有的人一站起来就面红耳赤，有的人一让他发言就开始口不择言，说了半天大家都不知道他在说什么，虽说人的语言能力是可以通过一定的训练得到提升甚至开发的，但看到这些年纪不小了，个个都背负着生存压力的成年人从头开始学如何说话，我不禁觉得这真的有些勉为其难。

在跟这些学员的交流中我发现，他们当中的很多人都是小时候在家庭里根本没有话语权，很多学员回忆不起他们小时候在家里在父母身边说过什么，因为父母只要他们听话，却从来不喜欢他们在家里多说话，有的孩子还因为曾经在家里爱说话被父母惩罚过。

很多学员都会说，小的时候如果妈妈说了什么，他们想要说说自己的想法时，妈妈就会骂他们，顶嘴，或者说你们懂什么，妈妈怎么说就赶紧怎么做就行了，哪来那么多废话。

有的学员说到这儿大家都一起笑了，因为类似的话好像他们的妈妈都说过，虽说人的口才和说话能力的确有天赋的成分，但后天的环境和家庭的氛围，以及父母的接纳程度，也是决定孩子成年以后是否能够具有很优秀的表达能力的重要条件。

中国孩子的语言能力强不强有时候跟国外的孩子一比就看得很清楚。我在美国学习的时候，我们的那个班级里有来自世界各地的大学生，欧洲的、美国的、东南亚国家的都有，当然中国的也不少。

国外的大学里都是分组学习，然后每个人都要演讲，或者推选一个口才比较优秀的人主讲，虽说中国孩子的英文一点也不逊色，但到了演讲的时候，如果不是老师要求，中国的孩子绝少站到台上去主讲，因为他们普遍不怕笔试，却对公开演讲有些胆怯。

多次以后，不少国外的孩子开始不愿意和中国孩子一个小组讨论课题，因为，他们总是不喜欢站到台上去，不喜欢大胆表自己的想法，上课的时候过于沉闷，一点也不活跃，这样在那些美国或欧洲的同学看来，他们有些过于不自信。他们很不喜欢和不自信的同学在一起，他们认为这会拖他们小组的后腿，影响他们的成绩。

有一次，我到北京的一个夏令营讲课，这是一个国际夏令营，有来自日本、韩国和新加坡以及美国、加拿大的小朋友。这些大多是小学生，还有一部分是中学生。在请孩子们分享他们的想法的环节上，国外的小朋友大多很大方，表达力很强，虽然日本和韩国的孩子表现得稍弱一些，但也基本上不怯场，能够比较流畅自然地表达自己的想法。

但中国的孩子有两种，一种是非常忸怩，大家用掌声鼓励他说他也不想站起来说的那种，另一种是早已经在老师的帮助下写好了稿子，走上台去念一下，当时只有中国的孩子是带着稿子上台介绍自己的想法的，我问她为什么还要带个稿子上来，女孩红着脸说怕忘了词老师批评她。

真是不比不知道，一比吓一跳，随着中国的富裕，中国的孩子无论是在生活条件上还是在身体条件上，都已经不会输给国外的小伙伴了，但同样的年龄，他们之间表达能力差异还是很大的。为什么中国的孩子在什么都不差的情况下，自我的表达能力和水平有所欠缺，我认为有一个很重要的因素就是来自家庭环境。

因为中国的父母大多没有意识到孩子的表达能力是需要从小就培养的，大多数家长从根本上就不重视孩子的自我表达，甚至很忽视孩子表达能力的训练，大多数孩子在家庭里属于被动服从的处境，家里没有他说话的位置，因此，很多孩子实际上是在成长过程中失去了让自己的表达能力得到训练的机会，这样的孩子常常是走向社会，进入职场以后，才会发现自己在表达能力方面的缺陷，甚至已经成为他们想要走向成功的瓶颈。

表达能力对一个人的一生有多重要？在我看来，这基本上是一个人的成功所必备的条件之一，一个人的成功可能需要很多因素，但能言善辩、口才非凡，这是最起码的要素。

刚刚在中国创造了网络商业奇迹的阿里巴巴创始人马云，其貌不扬，身材矮小，家世平凡，也非名校出身，但他目前却成了中国最富有的人之一，纵观他成功的经历，可能最让人印象深刻的就是他极具感染力的表达能力了。正是在马云口若悬河的号召下，他的团队从最艰难的时刻起步，经过十几年的打拼，终于把阿里巴巴的股票卖到了纽约华尔街，马云也一下从一个穷小子变为华人首富。

可以说马云的成功，他了不起的口才是助他一臂之力的重要因素。现在的家长普遍希望自己的孩子将来拥有一个成功的人生，我建议你先从训练孩子的口才开始，给孩子表达自己的机会，鼓励孩子勇敢地说出自己的想法，在家庭里建立畅所欲言的氛围，让孩子喜欢在家里说话，喜欢跟你聊天，这样的行为一旦养成习惯，特别有利于你和孩子建立亲密和谐的亲子关系。

有时做妈妈的更要重视孩子表达能力的培养，有的妈妈在这方面缺乏足够的耐心，特别是在孩子小的时候，因为孩子的语言能力不健全，有些事情可能说得不够清楚，没耐心的妈妈就会不耐烦，嫌孩子说话啰嗦、耽误时间，很简单粗暴地就打断孩子的话，让孩子闭嘴。其实在我的了解中，很多孩子在生活中变得不爱说话，大多是妈妈对孩子的表达处理不当，慢慢的，孩子失去了表达的自信和欲望。

想要孩子的口才从小就得到锻炼，不需要他长大了，成年以后还要去参加什么口才训练班，妈妈一定要重视孩子说话能力的锻炼，有时间多陪孩子谈谈心，有意识地引导孩子说出自己的想法，因为语言表达也确实是人的一种能力，有的人可能天生能力强一些，有的人可能弱一些，但后天的训练和应用会起到很大的改善作用。

都说家庭是孩子的第一课堂，孩子的很多能力实际上是在家庭里得到锻炼和开发的，想要孩子养成善于表达自己的想法，有什么问题及时跟父母沟通，养成爱说话、爱跟大家聊天的行为习惯，妈妈一定要重视孩子语言能力的培养，这也是妈妈语言修炼中很重要的一个环节。

与孩子交流时的肢体语言

　　妈妈语言修炼的第三个技巧是注意与孩子交流时肢体语言的运用。什么叫作肢体语言？实际上很简单，就是你与孩子交流的表情、动作和眼神，很多妈妈会说，跟孩子说个话，说就是了，这些很重要吗？

　　说真的，妈妈们，这些很重要。我曾经在很多场合见过一些妈妈跟孩子说话时的状态，有的妈妈是一副心不在焉的样子，孩子说孩子的，她有一搭无一搭地听着，一点表情都没有。有的妈妈一边听孩子说话一边干着家务活，眼睛从来没有注视着孩子，惹得孩子不断地说，"妈妈，我在跟你说话呢，你听不听啊，妈妈你要看着我，要不我就不说了。"

　　其实这样的错误我也犯过，我儿子小的时候，很爱跟我聊天，我对他的接纳度一直很高，也非常鼓励他表达自己，但是我很忙，经常出差讲课，有时候出差回来，家里好多事儿等着我去做，儿子好久没见到我，也非常希望和我聊聊天，我只好一边做事一边和他聊天。

　　可有时候我发现孩子跟我说着说着就不说了，一脸不开心地扭头走了，一次两次我还没注意，可经常这样我就感到很奇怪，问儿子，你为什么话没说完就不说了？

儿子有些委屈地对我说，我是想跟你说说话，可是你的心根本就没在这儿，你连看我都不看我一眼，我不知道你在想什么，我看不到你的眼睛，我就不想说了。

说实在的，是儿子的话提醒了我，都说眼睛是心灵的窗户，一个人与你交谈的时候，用眼睛注视着他的眼睛，这是最起码的礼貌，也是让人有兴趣把话说下去的前提，但是我们这些做妈妈的却在孩子跟我们交流的时候，不注意这一点，在不经意中就有可能伤害到了孩子与我们交流的积极性和自尊心。

我在很多公众场合，看到一些孩子跟妈妈说话却不被妈妈在意的场景，每当这时，孩子们都会大喊，"妈妈，我在跟你说话呢，妈妈，你看着我。"现在我明白，这其实是孩子在寻求妈妈的关注，寻求妈妈重视他的一种表达方式。但这也仅限于低龄的孩子，等孩子大一点，妈妈的这种行为习惯如果还没有得到改变的话，他会放弃和妈妈的语言交流，一个沉默的孩子就这样形成了。

如果妈妈不想自己的孩子长大以后关闭与你交流的功能，你一定要注意掌握一些孩子与你说话时的技巧，这其中很重要的就是你的肢体语言表达。肢体语言有时候虽然无声，但它却可能比你说了什么更重要，因为语言有时候可能有被忽视过去的可能，但肢体语言却不容易被视而不见。好的、恰当的肢体语言会对孩子的情绪产生积极正面的影响，而不合适的肢体语言则会影响孩子的表达欲望。

在这里跟妈妈们分享几个非常适合与孩子语言交流时运用的肢体语言：

1. 交流时专注孩子的眼神

我们平时在跟朋友或客户交流时，会有一个深刻的感受，那就是如果说话的时候，双方的眼神不在一起交汇，那不是跟朋友产生了矛盾相互不开心，就是对与客户的交往不够重视有些敷衍，因为眼睛是心灵的窗户，它隐藏不了什么，也勉强不了什么，你喜不喜欢一个人，其实不需要说，你看他的眼神就能够明白几分。

所以妈妈在跟孩子交流的时候，你可以不说话，但一定要看着孩子的眼睛，这不仅是一种礼貌，更是一种尊重，最重要的是对孩子的一种专注。孩子的世界不像大人那样丰富多彩，而且，大多数孩子因为生命的弱小，他的气场不够足，因此他特别渴望父母的重视与专注。

尤其是他在给妈妈表达自己的想法时，他可能比较忐忑，也可能不够自信，甚至还有点怀疑自己，如果妈妈这时连看都不看他一眼，就会给孩子造成心理暗示：第一，妈妈根本没时间听你说话。第二，你说的不够好。第三，妈妈有比你更重要的事在忙。第四，妈妈根本不在乎你。第五，妈妈不喜欢你。

这些想法不一定是正确的，但都有可能是孩子在那个时刻涌上心头的想法。因为你的眼睛传递给他的信息量就是这样的。为什么有的孩子会在这个时候委屈的离去，再也不想跟妈妈说话，就是因为他从妈妈的肢体语言中读到的都是这样的负面信息，这些负能量很快会让他的自尊心感到很受伤，甚至会打击他的积极性，因此，他为了保护自己，就会减少与妈妈的沟通，慢慢的他就会觉得没有什么想跟妈妈说的，时间一长，凡事他都不会选择妈妈作为一个首先的沟通对象，养成这样的习惯，妈妈再去抱怨孩子什么也不想跟她说时往往就已经晚了。

所以，妈妈们一定不要不在意自己在与孩子说话时的眼神，这也是一种跟孩子沟通中很重要的肢体语言，这种肢体语言运用好了，会对你和孩子的良好沟通习惯的建立非常有帮助，但如果你太随意，根本不注意，或者觉得不重要，就很容易挫伤了孩子的自尊心，而你却茫然不知。

其实这种肢体语言很简单，它就是一种专注的凝视，一种认真的倾听，包括一种鼓励和欣赏，充满期待和好奇的眼神，这种眼神会在某种程度上告诉孩子这样的信息：第一，你说得很棒！第二，妈妈很喜欢听！第三，你继续说！第四，你会说得更好！第五，妈妈好喜欢你！

其实只是转换了一种眼神，你的孩子就可以得到如此之多的正能量，而且，这种正能量是通过你的行动传递给孩子的，它很真实，也很有感染力，它会比语言更有力量，没有一个孩子不喜欢这样的眼神，也没有一个孩子会拒绝这样的肢体语言，这是妈妈最重要的智慧之一。

人与人之间进行语言交流时，就应该是相互看着对方的眼睛，这是最基本的社交礼貌，但是对中国人来说这方面就不够注意，以至于我碰到很多外国友人问我这个问题，他们说你们中国人为什么说话的时候总是不喜欢看着对方的眼睛，他们是不喜欢我们吗？还是对我们有什么不信任？每当这时我都竭尽全力的解释，不是这样的，他们很友好，这是因为习惯不同造成的误会。

所以说，妈妈们一定要从小就帮孩子养成跟别人语言交流时要看着对方的眼睛的好习惯，这不光是一种尊重别人的行为，也是对自己的尊重，更是一种良好的风度与教养，在孩子走向社会前就养成好习惯。

所以，妈妈在与孩子交流时最不可缺少的肢体语言就是专注的眼神，如果你以前根本没有注意到跟孩子说话还需要肢体语言的配合，那么从现在开始，请注意你肢体语言的运用。你可以观察一下，这种肢体语言在你和孩子的沟通中起到了多大的作用，在我看来，与孩子在交流中妈妈那种专注的眼神，会让孩子更喜欢和你说话，和你聊天，和你无话不谈。这对你们之间建立和谐美好的相处关系起到了事半功倍的效果。

2. 与孩子交流时妈妈接纳的微笑

据说笑容是人类独有的一种表情，而在这种人类独有的表情中，有一种是每个人都愿意在记忆里珍藏的，这可能就是来自妈妈的微笑了。是的，妈妈的这种微笑不仅具有强烈的感染力，让每个人想起来都会很开心，更重要的是妈妈的微笑意味着一种接纳，一种包容，如果说在妈妈与孩子的语言交流中，还有一种很重要的肢体语言必不可少，那就是妈妈脸上的微笑。

我为什么要强调妈妈脸上的微笑很重要呢？那就是因为现在的妈妈要她们给孩子一个满意的笑脸并不是一件太容易的事。学龄前的孩子妈妈会因为他们顽皮，不听话而不开心，因此，与孩子在一起时你会发现妈妈笑容很少。

开始上学的孩子，行为上开始渐渐懂事，可妈妈仍然很难有笑容，因为妈妈担心孩子的学习，担心孩子的考试成绩，总觉得孩子不够努力，不够用功，妈妈为孩子未来的竞争力感到担忧，因此，她们与孩子在一起仍然多的是要求，是挑剔，少的是笑容。

但是在我看来，作为妈妈，如果你不把笑容还给你的孩子，那你的孩子也将不会有笑容，难道你希望你的孩子不快乐吗？你希望你的孩子成年以后在面对他的孩子时也成为一个缺少笑容的家长吗？

实际上笑容就是一种接纳的情绪，当你喜欢某个人，当你接受某个人的时候，你脸上会主动为他绽开笑容，有时候这都是下意识的动作。为什么有些妈妈在跟孩子说话时很少有笑容，我认为还是一个接纳的程度问题，有的妈妈承认孩子考得不错，最近也挺听话的情况下，她会很自然的对孩子有笑容。可如果孩子最近的学习比较差，行为又让她不太满意，她就会从心里比较抵触孩子，当然也就很难对孩子有笑脸了。

对于这样的妈妈我总是建议她们不要在孩子的问题上过于功利，孩子的成长是一个漫长的过程，他会在这个过程中不断变化，妈妈们要做的就是不管孩子如何变化，都应该接纳他、包容他，因为只有这样，才会和孩子保持良好的关系，我曾经说过，在孩子的成长中，父母与他保持很好的关系比给他多少教育都重要。

因为孩子的成长需要引导，而你跟他保持好关系就有机会和他进行密切的沟通，孩子今天不懂事儿，明天不懂事儿，只要他还能够接受父母的引导，他总有一天会懂事。所以，我一直认为想要把孩子教育好，不是看一时一事的事儿，它一定是一个坚持的过程，也是一个随着孩子的不断变化，父母的教育策略不断调整的过程。

我不相信一个整天板着脸，跟孩子很少有微笑的妈妈会教育出好孩子。因为这样的妈妈通常会和孩子的关系很紧张。有时候这和孩子的年龄关系不大，只不过孩子的年龄越大就会越在乎这个而已。

尤其是进入青春期的孩子，本来他就比较敏感，很在乎周围人及父母的看法，而这个时期又是他学业压力很大，行为变化比较明显的时期，如果这个时候他整天看不到妈妈的笑脸，在和妈妈交流的时候也看不到妈妈的微笑，我相信这样的孩子大多行为上会出现很大的变化。他或者会去学抽烟，或者会早恋，或者会去结交不好的朋友，他会去做妈妈最不喜欢他做的事儿，因为妈妈对他的不接纳有可能让他有些自暴自弃。

所以有很多妈妈都会发现，有时候青春期的孩子变化特别大，有的妈妈会说好像是一夜间孩子就变得让她不敢相信这孩子真的是她的孩子。每当这时我都会告诉妈妈们，孩子绝对不会是一夜间变成这样的，孩子变得如此叛逆，其背后真正的原因，一定是来自父母对他的不接纳，或者是不理解。就我所接触的那些叛逆的问题孩子而言，他们当中几乎所有的人跟父母的关系都很紧张，甚至剑拔弩张，水火不容，在很多孩子的回忆中，妈妈的笑容是很少的，甚至是绝无仅有的，有的孩子说，妈妈对他们不满意，除了批评就是处罚，这让他们自己也觉得自己不是什么好孩子，也就由此破罐破摔了。

妈妈的笑容是有力量的，那是一股向上的力量，是牵着孩子的手向上走的力量。因为妈妈的笑容对孩子来说意味着接纳、包容、肯定、欣赏和鼓励，这些都是想让一个孩子有向上走的力量所不可缺少的元素。而且，在孩子人生中的那紧要的几步，这股力量更是不可忽视，一个天天会看到妈妈笑容的孩子，就像每天沐浴在阳光中，他不仅会成长的很健康，还会很快乐。

很多妈妈为了孩子而辛苦工作，努力打拼，她们的目标往往就是希望孩子快乐。其实孩子的快乐有时很简单，他们真的不需要太多物质，一个专注的眼神，一个接纳的微笑，已经足够可以把快乐还给孩子。

如果说昨天你还是一个跟孩子在一起吝惜笑容的妈妈，我建议你从今天开始，注意你在跟孩子交流时的表情，请尽量微笑，注意，微笑就可以了，把你的嘴角打开向上翘，微微的笑着看着你的孩子，不管他跟你说什么，这不重要，重要的是他愿意跟你说就可以了，如果你这么做了，再请观察一下你的孩子，他是不是很开心，他是不是很受鼓励，他是不是觉得你是世界上最好的妈妈，我相信他的表现一定会越来越好，因为他喜欢妈妈的微笑，他也知道妈妈希望他成为更好的孩子。

这样的孩子不会轻易就去做让妈妈很伤心的事，妈妈的接纳让他的心很柔软，其实就是一个微笑而已，你作为妈妈就得到了这么多，你要相信这对孩子来说是很珍贵的东西，妈妈的微笑会提升孩子的表达能力，会让他更加愿意和妈妈说心里话。

而对于青春期的孩子来说，本身他们内心是很孤独的，由于生理和心理的巨大变化，他们总是觉得没有人能够理解他们，总是觉得不被人们接纳，这也是他们有时候会有极端行为背后真正的原因。有的孩子实际上就是想通过诸如离家出走、抽烟、早恋等，类似的事情来获得父母的重视与关注。

如果妈妈在这时与孩子的关系是那种无话不谈好朋友式的关系，孩子的孤独与烦恼她都能够知道并且理解，这在很大程度上会让孩子的情绪有一个出口，至少他知道妈妈是理解他、接纳他的，像这样的孩子一般不会有极端的行为，他会平安顺利的度过青春期。有的人曾经把孩子的青春期称为孩子人生的风暴期，现在看来也并不夸张。就这个时期对孩子的影响而言，的确是像一场"风暴"，有的孩子会被这场风暴改变了命运，有的孩子会被改变了人生轨迹，更多的孩子被改变的可能主要是个性和行为特征。

而在我对很多家庭问题个案的观察中，那种妈妈懂得在这个时候照顾孩子心理需求，更加理解孩子，每天都会跟孩子有很好的沟通的家庭中，孩子出问题的很少。很多孩子都会在这个时期过去以后变得更加的懂事，更加知道努力，体谅父母，懂得长大的意义和价值，也就是说同样是青春期，孩子呈现出不同的成长结果，这其中完全跟父母的做法有关，更重要的是跟妈妈的做法直接相关。

微笑对每一位妈妈来说都不是一件困难的事情，只是有的妈妈并没有意识到这其中蕴含的能量，有很多妈妈发现孩子出了问题，她带着孩子到处寻求帮助，希望外来的力量改变她的孩子，每当这时我都会跟她说，真正的力量就在妈妈身上，只要妈妈意识到自己的问题，学会改变自己，把孩子所需要的东西还给孩子，孩子就会有所改变，很多时候孩子的问题就是妈妈的问题或者爸爸的问题，只要父母懂得改变自己，孩子的问题就会迎刃而解。

让一个孩子的行为变得越来越好很简单的方法就是，在他跟妈妈说话的时候妈妈用温柔而接纳的微笑眼神注视着他，这时候妈妈不需要表达，孩子也会懂得他怎么做妈妈的微笑就会一直陪伴着他。

3. 妈妈与孩子交流时开放的身体语言

身体语言又叫作微表情，它是以肢体动作以及身体的姿态结合而来的，能够传达出心理活动的一种无声语言。别看它是无声的，甚至有时候因为动作微小不易被人察觉，它传递给人的信息量却并不少，尤其是在孩子与妈妈之间的语言交流中，它起着很重要的作用。

妈妈在和孩子交流的时候，尽量不要使用这以下种微表情：

①双手抱在胸前呈交叉姿态

这种身体动作常常是人们在社交场合不建议使用的微表情，因为双手交叉抱在胸前，会给人拒绝交流沟通的感觉，对别人缺乏尊重，也缺乏亲和力，给人的感觉很不舒服。如果妈妈在跟孩子说话的时候用这种肢体动作，首先是对孩子的不尊重，其次会让孩子感觉妈妈有些盛气凌人，影响孩子对妈妈的感觉，也影响与孩子沟通的效果。

②跷着二郎腿，晃来晃去

妈妈的不良坐姿对孩子的影响也很不好，尤其是孩子跟你说话的时候，妈妈的身体动作过于随意和散漫，不仅影响孩子跟你的交流效果，甚至会让孩子也养成这样的习惯，这样的身体语言会让孩子感觉你根本不重视与他的交流，甚至忽视他的存在，这会影响孩子与妈妈表达他的想法的欲望。

③在房间里忙来忙去，让孩子对着你的背影说话

我自己就曾经是这样的妈妈，一边手里忙着自己的事儿，一边听着孩子跟我说话，把背影留给孩子。有时候你会发现在这种情况下，孩子常常话还没说完就扭头走了，叫也叫不回来。因为人的背影就像一堵墙，什么反应也看不到，谁也不会愿意总对着一堵墙说话，尤其是孩子，他跟你说话的时候喜欢看着你的眼睛，看着你的脸，这样他会找到可以鼓励他继续说下去的表情，他需要跟你有眼神的交汇，有表情的交流，这样的沟通才有效。

④孩子向你前倾着身体，而妈妈却仰躺在沙发上

除非你的身体有恙，否则请不要用这样的身体语言跟孩子交流，这会让孩子感觉妈妈懒得听他说的话，或者妈妈对跟他的倾听不感兴趣，这会挫伤孩子跟你交流的积极性，影响他与妈妈沟通习惯的养成。

孩子要养成一个好习惯，需要很漫长的过程，但让他把这个好习惯破坏掉却只需要几分钟，因为负面行为的影响有时候更有力量。我有时候去朋友家做客，发现一个普遍问题，那就是你跟他说话时，他的眼睛永远不看着你，然后他们有的坐着、有的躺着、有的身体扭扭歪歪。第一，根本不懂得跟长辈说话需要站起来，这样才有礼貌。第二，他不懂得跟人说话要注视着别人的眼睛。这让他们给人的感觉很不舒服，觉得这些孩子不仅缺少家教礼貌，还缺少大大方方的风度。

关键是有的妈妈看到这种情况会感到不好意思，赶紧说孩子。但有的妈妈就无所谓，你就是指出她这个问题，她也一笑了之，认为不是什么大不了的事儿。

我一直认为孩子的问题一定不能只说孩子，这一定是父母的问题或者妈妈的问题。因为中国家庭里孩子通常跟妈妈在一起的时间最多，行为上受妈妈的影响也就最深，所以，如果妈妈们跟他们交流时没有好习惯，孩子也一定不会懂得如何与人礼貌得体的交流。

那么妈妈在与孩子交流时什么样的身体语言才是对孩子有利的呢？首先妈妈的有利于孩子接纳的身体语言是开放式，妈妈的肢体动作和身体姿态都处于放松的状态，让孩子感觉妈妈的姿态是柔软的、温暖的。其次，如果是母子在一起坐着交流，妈妈应该身体稍微前倾，微笑着看着孩子，眼睛注视着孩子，头部稍微侧一下，让孩子感觉你在认真地聆听他，非常专注地在和他交流。这样的微表情传达给孩子的信息是非常积极的，它至少让孩子懂得妈妈很重视与他的这种交流，在这个时刻他是妈妈的唯一，妈妈有足够的耐心和热情与他在一起沟通聊天，这对孩子的心灵是一种非常好的抚慰，也会促使孩子养成愿意和妈妈说心里话的好习惯。

如果妈妈和孩子是在郊游或者运动时交流，那妈妈的微表情可以更丰富一些，多运用一些肢体动作与孩子在交流时拉近距离。比如妈妈可以跟孩子一边走一边说话，用手臂揽着孩子的肩膀，这种肢体语言适合小学以上的孩子，妈妈经常和孩子有这样的肢体语言交流，会和孩子建立特别好的关系，大家就像好朋友一样，打破了家长和孩子的界限，特别有利于建立妈妈和孩子相互尊重相互平等的关系。

尤其对于青春期的孩子来说，妈妈的这种身体语言会让他消除孤独感，养成跟家人亲近的习惯，很多在青春期出现极端行为的孩子，大多是因为内心的孤独感无法释放，又和父母、家人很疏远，慢慢出现行为问题导致的。

而我在调查中发现，那些一直跟孩子保持高频率肢体语言互动的家庭，往往不会出现有极端行为的孩子，肢体语言一方面可以安抚孩子的内心，另一方面可以给孩子最好的接纳感，这应该是妈妈最重要的育儿智慧之一。

如果是学龄以下的孩子，妈妈在跟他们说话时，首先一定要蹲下来，保持和孩子的眼睛在一个水平线的高度，然后妈妈可以拉着他们的手，耐心地听他们说话，这样有助于孩子很有自信的表达自己。这种微表情会让孩子感觉到很有安全感，而且妈妈拉着他们的手实际就是在鼓励他们勇敢地说出自己的想法。对于低龄的孩子来说，这是一种特别有利他们健康成长的身体语言。

还有两种肢体语言是无论孩子多大都非常适合的，那就是对孩子的拥抱和亲吻。妈妈的怀抱对孩子来说绝对意味着一种接纳和包容，妈妈的亲吻对孩子来说是一种爱的支持和肯定。我特别赞成妈妈在和孩子交流的过程中，寻找恰当的时机拥抱一下孩子，或者在交流结束的时候亲吻一下孩子，谢谢宝贝和你分享他的心里话。用这种充满热情的肢体语言告诉孩子，妈妈很喜欢和他说话聊天，希望他把这种好习惯坚持下去，妈妈会永远期待这样的时刻。

经常跟孩子使用这样的微表情，会让孩子的感情更丰富，更加懂得爱的意义，也让孩子与妈妈的关系更亲密。我曾经在亲子课堂上遇到这样一个18岁的男孩，他迷恋网游，不爱上学，有时间就在网吧待着打游戏，和他的妈妈更是形同陌路，妈妈为此很着急，却不知该怎么办。在亲子课堂上，我让他分享自己对妈妈的看法时，男孩流着泪说，妈妈已经有十年没有拥抱过他了，这让他觉得妈妈根本就不爱他，他也因此很少跟妈妈说心里话，慢慢的母子的关系就疏远到谁也不想理谁的地步。

妈妈听了儿子的话也很惭愧，可她解释说总觉得孩子大了就不应该再搂搂抱抱的，怕孩子不好意思的。其实这位妈妈的误区在很多妈妈的行为中都有，很多妈妈很少跟孩子有肢体语言的表达，就是因为有各种各样的顾虑，在我看来妈妈的肢体语言对孩子来说是一种必不可少的情感交流，因为肢体的相互接触是一种零距离的情感释放，你可以拥抱你的孩子，不管他多大，说明你们之间不存在情感交流障碍，你们是相爱的，是相互接受的。

妈妈们可以观察一下，当你和孩子闹了别扭，发生了矛盾的时候，孩子首先不接受的就是你的怀抱，即便你想拥抱他，他也会拒绝或挣脱你的怀抱，也就是说你和孩子的肢体语言是否畅通，有时候也是一种你们关系是否和谐的晴雨表。

愿意和妈妈经常有肢体语言互动交流的孩子，一定跟妈妈的相处很和谐，你们的关系基本没有障碍，孩子愿意向你开放他的身体，他一定也喜欢对你敞开他的心灵。而对于妈妈来说，经常拥抱亲吻你的孩子，证明你跟孩子之间是没有距离的，我一直认为好孩子是爱出来的不是教出来的，每一个孩子来到人间都是天使，虽然他会长大成为一个成年人，但只要他能够把他的心灵保持的像天使一样，善良、懂事，懂得关注他人，帮助别人，成为一个好人，这就证明妈妈的爱是有效的。

肢体语言看上去简单，却是一种能量巨大的载体，运用得好，它可以在妈妈与孩子的密切交流中起到锦上添花的作用。如果妈妈们忽视了或者根本不重视肢体语言在和孩子交流中的使用，那就会使妈妈和孩子的语言交流少了一个特别好的帮手，使这种交流产生的正能量大打折扣。所以，学会在与孩子的语言交流中运用微表情，也就是肢体语言的技巧，是妈妈们一定要注意的事情。

倾听的习惯

　　幸福妈妈语言修炼的第四个技巧就是倾听的习惯。

　　在孩子和妈妈的语言交流中还有一个很重要的环节，那就是来自妈妈的倾听。现代妈妈很少有以前的那种家庭妇女，整天围着孩子、家务转。很多妈妈都是职场的精英骨干，在社会上有一份自己的事业，因此对于家庭和孩子来说有些时候就难免疏于照顾。在解决很多亲子矛盾的时候，我总是强调妈妈和孩子建立亲密交流沟通习惯的重要性，可有的妈妈就会抱怨说，每天上班那么忙，工作压力很大，回到家里又有一大堆家务等着要去做，有时候实在没时间也没心情跟孩子好好说话，大多数时候都是跟孩子敷衍几句让他赶快去写作业，妈妈好可以腾出时间来做自己的事情。

1. 倾听的习惯很重要

　　孩子小的妈妈常常有这样的认知，孩子还小他还什么也听不懂，说也说不明白，跟他的交流不重要，只要让他吃饱喝足玩高兴了就足够了。其实，我说过虽然刚刚呱呱坠地的婴儿的确什么也听不懂，但妈妈跟他的语言交流也是很重要的。因为这是一种情感交流，妈妈跟婴儿说话，会发现他也有反应，你说赞美他的话时他会很开心，而如果你训斥他，他也会情绪低落，容易哭闹。

这就证明了一件事，妈妈跟孩子的语言交流跟他的年龄无关，只跟妈妈的认知有关。而且最重要的是，我为什么一直说孩子越小妈妈越要跟孩子进行语言的沟通交流，因为这是一种习惯的培养，这是妈妈和孩子相处模式的建立。

很多家庭问题个案证明，每个孩子在成长中都会有和妈妈产生矛盾和冲突的时候，如果妈妈和孩子之间从小没有建立好的沟通模式，也就是他们没有通过交流沟通解决矛盾的习惯，他们就会选择或者是冷战，或者是大吵大闹。这样产生大量负面情绪的行为表达诉求，这种方式的结局常常是很消极的，妈妈和孩子都会受伤害，如果经常这样，妈妈和孩子的相处就会变得很艰难，关系会变得很糟糕。

那些成年以后经常有行为问题的孩子大多来自这样的家庭，因为他不知道可以用更好的方式解决问题，因而他会把这种习惯带到他成年以后的家庭中去，给他的家人和孩子带来伤害。

但是，如果妈妈在孩子很小的时候就与孩子建立好的相处模式，比如他们要经常在一起沟通交流，妈妈很鼓励孩子说出自己的心里话，不管孩子跟妈妈分享什么样的想法，妈妈都会接纳和肯定他，在妈妈和孩子的相处中，语言交流是他们最重要的行为习惯，并且一直坚持到孩子成年以后。

这就是妈妈和孩子之间一种最佳的维护和谐关系的方式。由于习惯的培养不是一蹴而就的，它需要在漫长的岁月里不断养成。所以，对于妈妈们来说，这种习惯的养成开始得越早越好，很多孩子跟妈妈说心里话的习惯就是在婴幼儿时代养成的，由于妈妈很注意维护孩子的这种好习惯，坚持跟孩子分享这些珍贵的时间，于是孩子即便长大成人，有了自己的生活和世界，妈妈也是他最好的朋友，因为他们可以做到无话不谈。

2. 和孩子的倾听从没间断

我和孩子之间的关系就是这样，我的孩子现在已经研究生毕业了，真的成了一个大小伙子，有了女朋友，但是迄今为止我们还是最好的朋友。我们之间无话不谈，从他对生活的选择，到他对爱情的看法，从他对工作的态度，到他对人生的看法，我们经常在一起一聊就是一个下午，跟儿子在一起谈心我总觉得时间过得太快，因为我们总是有说不完的话。

因为交流的很多，因此我很了解自己的孩子。他一个人在国外读了五年书，我从来不担心他，他的为人处事和对学业的态度我都很清楚，所以我很少过问他的事情，有时候打电话就是谈谈生活，谈谈身体，我相信他会把自己的事情处理得好好的，结果他的表现真的不错，最后以国际学生第一名的成绩研究生毕业，受到了外籍老师很高的评价。

最重要的是他还找到了女朋友，交到了很多关系特"铁"的好同学、好朋友，人际关系处理得也非常好。儿子性格开朗阳光，特别善谈，口才不错，很招人喜欢，而这一切我认为都来自我从小对他的培养。

我儿子小的时候是有点内向，不太爱说话，但我觉得这种个性特征非常不利于他将来的成长和发展，因此，在他的幼儿时代我就开始有意识地引导他跟我沟通，鼓励他多表达自己，每当他说出自己的想法我都会亲吻和拥抱他，并且不断鼓励他跟大家用语言交流。

后来他上小学以后，我同样保持这样的习惯，不管工作多忙，我一定会每天找一个时间跟他聊聊天，听他说话，就这样我们之间无话不说的沟通习惯保持到现在。由于跟孩子的交流很畅通，很多妈妈都为之抓狂的孩子青春期的叛逆，在我儿子身上基本没有看到，他的初高中时代都过渡的非常平稳，我们之间的关系一直很和谐美好，有的妈妈会觉得男孩子长大了就会跟妈妈感情疏远了，我跟孩子之间也没有这样的感觉，反而我觉得儿子长大点以后，他对妈妈的感情更亲密、更有责任感了，因为他觉得自己应该有一些承担了。

3. 与孩子的语言沟通模式要从小保持

很多朋友羡慕我跟我儿子的这种亲密关系，也有一些妈妈会问我，怎样做才让孩子如此懂事，知道体贴妈妈，我跟大家分享的方法很简单，最重要的就是保持和孩子很好的语言沟通。我们之间任何事情都是通过沟通交流，彼此尊重和信任、欣赏和肯定，孩子有任何想法都可以跟我说，如果是我不能接受的，我也不会马上告诉他，我会先接纳他的想法，等他的这种情绪过去，再慢慢给他提建议。

实际上从长远来看，孩子的很多选择还是听从了我的建议，但是我们从来没有因为想法不一样而发生过冲突和矛盾。这就是因为不管我是否支持他的想法，我都会在他跟我说的时候，先表示接纳，如果他一开口你就拒绝，经常这样孩子就不再愿意和你说他的想法了，而对于妈妈来说你整天都不知道你的孩子在想些什么的时候，就是你最应该担心的时候了。

实际上儿子这种喜欢跟我交流的习惯就是在他很小的时候我给他养成的，每天他从幼儿园或学校回来的时候我都会问他，今天过得怎么样？有什么开心的事儿？有什么不开心的事?今天都做了什么？小朋友或者同学们怎么样？

用这种方式让他喜欢跟我说话，让他养成有什么心里话都跟妈妈讲的习惯，而这种习惯一旦养成便会陪伴他终生。他愿意跟妈妈交流，就会喜欢跟别人交流，有什么想法都表达出来，善于言谈，对他将来的职业生涯和人际交往也会很有帮助。

4. 妈妈再忙也要养成倾听的习惯

由于我也是个职业女性，平时不仅要写书，还要讲课，做心理咨询，时间往往很紧张，在这种情况下，我怎么做到每天都和孩子有足够的时间进行语言沟通的呢？这就是我要跟妈妈们分享的妈妈语言修炼的第四个技巧，建立倾听的习惯。

实际上在孩子与妈妈的语言沟通中，倾听是最重要的一个环节。因为每个人都渴望倾诉，因此，善于倾听的人就显得更加珍贵。我特别赞成妈妈首先成为孩子最好的倾听者，因为你善于倾听，孩子就会愿意倾诉。

在我跟孩子的语言交流中，我大多数时间是在扮演倾听者的角色，孩子绘声绘色的讲着，我兴致盎然的听着，十几年就是这么过来的，我发现妈妈长于倾听，孩子一定善于表达，那个不爱说话的孩子身边一定有个爱唠叨的妈妈。

尤其对于职场妈妈来说，如果你真的很忙，很少有时间跟孩子好好交流，那你就学会倾听吧，因为，只要孩子肯跟你说，你就会了解他在想什么，而且，孩子的要求有时候很低，只要你有时间听他说话他就会很开心。其实孩子的生活很简单，他的世界很单一，他也许真的没有什么重要的事情跟你讲，他想跟你说说话只不过是在寻求来自妈妈的感情慰藉，希望得到妈妈的关注，这是他与你的一种感情交流方式，有时候真的是做到倾听就够了。

我儿子上初中的时候，那时我很忙，经常到外地出差讲课，孩子可能几天看不到我，虽然我会每天都给他打一个电话，但是我知道这对于孩子来说并不能解决什么问题。记得有一次，我深夜从外地飞回北京，到家就十二点多了，可是儿子还没有睡，他一直在等着我。

放下行李，我拥抱了他一下后，他开始坐在沙发上跟我聊天，当时我又累又困，真想马上去休息，可儿子一直在跟我说话，我知道他几天没见我了，他想跟我说说话，我只好坚持着，满脸微笑的听他说，儿子一直在跟我说他喜欢看的电视剧《我爱我家》里的情节，看他说的津津有味，我只好强打着精神饶有兴致地听他说。

那一次的倾听我印象深刻，因为我真的觉得妈妈对孩子的倾听很重要，因为那是对孩子热情的一种尊重，孩子跟你说的什么并不重要，他享受的是过程，他也会为妈妈很喜欢倾听他而变得很有自信心，很上进，不会轻易做让妈妈失望的事。

5. 孩子不爱说话和妈妈没有倾听有关

在我所接触的一些问题孩子中，他们身边大多缺少一位善于倾听的妈妈，虽然这些妈妈都认为自己为孩子付出了很多，但是她们有的过于唠叨，不管孩子在想些什么，她们只管说自己的，孩子基本在妈妈面前缺少说话的权利和机会，让孩子很烦的同时也失去了和妈妈有良好的沟通的兴趣。有的妈妈只喜欢孩子跟自己说自己愿意听的，比如孩子学习上的事儿，如果孩子想说点别的，妈妈就会很烦并催孩子赶快写作业去，别来烦她。

很多孩子大了以后就不再喜欢跟妈妈沟通，绝对不是孩子的事儿，在我看来是妈妈没有或者根本就不懂得扮演一个称职的倾听者的角色，这绝对不能怨孩子没养成好习惯。妈妈要跟孩子保持无障碍的沟通，和谐亲密的关系，建立倾听的习惯是必需的。

6. 建立倾听习惯的方法

在我看来，建立倾听的习惯对妈妈来说也是一种训练，需要特别的设计和规划，如果你真的是一位很忙碌的职场妈妈，有这样几个方法，有助于你建立倾听习惯，可以试一试：

固定的倾听时间：在你跟孩子之间规定一个固定的倾听时间，一旦你跟孩子约定好这个时间，就要遵守承诺，不管你在忙什么，都必须放下，去跟孩子说说话，主要倾听一下孩子。很多妈妈会说，真的很忙，很难找一个固定的时间，对于这样的妈妈我也要提醒你，事业很重要，但你的孩子更重要，他是你的另一份事业，别的事也许可以等待，但这份没有做好，还有别的机会。但孩子这份事业是唯一的，而且，他没有补偿期，很多时间过去就是过去了，孩子会长大，他不会永远等着妈妈有时间来倾听他，很多时候，妈妈有时间可以倾听他的话了，他却已经没有说的兴趣了，所以在孩子的问题上，妈妈们要学会做取舍。

建议妈妈和孩子之间可以确定这样几个时间作为你们固定的倾听时间：

A.晚餐时间

晚餐应该是一家人团聚，一天当中最放松的时刻，这个时候妈妈可能会准备一些美食，让辛苦一天的家人和孩子美餐一顿。其实对于生活早已小康的中国人来说，饭桌上能吃到什么真的已经不重要了，重要的是家人在那一刻的情感交流和沟通。

孩子和妈妈一天都没见面了，他一定有很多话想要跟妈妈说，因此妈妈一定要在这时给孩子多一些说话的机会，引导孩子说说他这一天是怎么过的，都遇上了哪些有趣的事情，有没有不开心，这可能也是孩子一天当中最放松的时刻，妈妈的倾听会让他有交流的兴趣。

而且，孩子在学校或者是幼儿园一天了，他一定有很多心里话想跟妈妈说，对于大人来说这可能就是平常的一天，但对于孩子来说，因为他们每天都在成长，他的每一天都是不一样的，妈妈一定要在这个时刻多关注孩子，倾听他的想法，这样你才会发现孩子真的是每天都有变化，每天他都会带给你惊喜，让你感到开心。

所以，爸爸妈妈再忙也应该回家陪孩子一起吃晚餐，如果爸爸真的没时间，那么妈妈一定要做到让孩子在晚餐餐桌上看到你。妈妈的出现，不仅会让孩子感到安心，也会让孩子感到他是被重视的。

子豪是我曾经辅导过的一个问题男孩，他15岁时已经跟妈妈水火不容，青春期的叛逆让他的行为屡屡突破底线，他抽烟、酗酒、找女孩，成年人做的事他都做了，最后辍学在家，天天以玩游戏度日。

他的妈妈是一个事业型的女性，工作很忙，从小就疏于对孩子的关照。所以，子豪从小到大都是跟保姆在一起长大的。由于他妈妈应酬很多，经常不回家吃晚餐，他的父亲常年在国外做生意，这个家庭很富有，也很成功，可就是缺少幸福感。

子豪说他从小到大几乎很少在晚餐餐桌上看到妈妈，爸爸就更不用说了。由于学习不太好，因此，妈妈难得在家里吃晚饭，但每次在晚餐餐桌上看到儿子都会大发雷霆，抱怨和指责儿子不好好学习，就知道混日子、没出息。妈妈几乎从来不会倾听孩子的心里话，也很少与孩子有交流的时间。因此，子豪非常反感妈妈总是对他发脾气，妈妈的指责反而让他的行为更加没有底线。

后来他妈妈发现孩子的问题越来越严重，再不关注这个孩子有可能就毁了。子豪的妈妈把企业卖掉，开始回家专心照顾儿子，可这时子豪和妈妈的关系已经非常不好了，只要妈妈在家吃晚餐，子豪就躲在自己的房间不出来，他宁愿在房间里吃方便面，也不愿意跟妈妈在一个餐桌上吃晚餐。

子豪的妈妈后来带着儿子来到北京找到了我，经过一段时间的心理和行为的辅导后，子豪的妈妈深深地认识到，自己在孩子成长的过程中所亏欠孩子的东西。子豪在妈妈的行为有所转变后，也迅速有了变化，开始变得懂得尊重妈妈、体谅妈妈了，不长时间就像换了一个人似的。

我常常说，实际上让孩子改变很容易，关键是家长要改变，父母要改变。所以，很多家庭不重视晚餐时间，这是非常不科学的。从心理上讲，这是每个人一天当中最放松的时间段，很容易倾听别人或者倾诉。从生活上讲，这也是一家人忙碌了一天最轻松的节点，大家在一起品品美食、聊聊天，非常有助于家人之间增进感情、加深理解。

所以，聪明的妈妈一定要重视晚餐时间，这不仅让你的孩子吃饱，更重要的是让你的孩子的精神需求得到满足。在这个时间里，你不需要说很多话，你只需要安静的去倾听，听听孩子的想法，听听孩子的见识，听听你的孩子是不是在一天天地长大、懂事。

每天能够在晚餐时间倾听孩子的妈妈，毫无疑问可以收获一个善于表达和思考、有自己的想法和见地的聪明孩子。最关键的是，妈妈的倾听也会让孩子学会倾听妈妈，他会在倾听中了解妈妈的心，理解妈妈对他的爱有多深沉、多执着。

而一个善于倾听的孩子将来走上社会，谁都会喜欢，倾听的本领是领导力当中最重要的一个能力，擅长倾听的人往往都会很杰出，这是很多成功的人告诉我们的秘诀。

你瞧，妈妈只是做了一个很好的倾听者，就可能给孩子带来非常好的品质。因此，欧洲人常说，你看一个孩子的未来怎样，有时候在餐桌上就决定了。

晚餐的时间是妈妈很好的倾听时间，但是妈妈们一定要切记，不要把晚餐桌变成让孩子望而生畏的地方，把这个时间变成让孩子讨厌的时间。

有的妈妈善于在这个时间指责孩子，因为一天没见到孩子了，好容易在餐桌上看到孩子，什么学习问题、行为问题，对孩子一通狂批，不仅让孩子胃口变差，更会让孩子的情绪变得很糟糕，孩子小一点他可能只好委屈的听着，但青春期的孩子就会反抗，他可能会离你而去，也可能从此再也不想出现在餐桌上。

而我前面说的那个问题少年子豪，就是因为妈妈见到他就指责他，导致他从此不再跟妈妈同时出现在餐桌上。妈妈因为老也看不到他，导致他后来发展到抽烟、酗酒、追女孩这些不该未成年人做的事，他的妈妈都不知道，直到后来他家的保姆看不下去了，觉得这个孩子再不管就会出大问题才告诉了子豪的妈妈，他妈妈才知道儿子已经到了很危险的边缘。

所以，孩子有问题妈妈一定要管，但是要分场合、时间、地点，那种不分青红皂白，对孩子想说就说、想骂就骂的妈妈看上去很负责，但真的很不聪明，有时候时间长和不对，对孩子的影响可能会起反作用，这是妈妈们一定要注意的。

晚餐时间就是一个分享时间，妈妈和孩子分享彼此的想法，学会相互倾听。但尽量不要谈让孩子和父母都不开心的事儿，要知道你工作一天很累，孩子学习一天也很累，在晚餐时间妈妈应该跟孩子和家人谈点轻松的话题，让大家紧张一天的心情都得到放松，这个时间应该成为妈妈和孩子之间固定的倾听时间，如果爸爸能够参与那当然更完美，让孩子不仅在餐桌上获得身体成长的营养，更获得心灵的支持，良好习惯的养成，这样的妈妈当然是很赞的妈妈。

B.接孩子放学的时间

现在很多城市家庭都有了私家车，很多妈妈每天重要的任务就是要开车接送孩子上学放学，有的孩子学校挺远的，那么妈妈跟孩子在车上的时间就比较充足，其实妈妈和孩子在车上的时间是一个很好的倾听时间。一方面妈妈因为要专心开车不可以说太多话，一方面车内空间狭小私密，比较适合和孩子的亲密交流。

但在我看来，妈妈和孩子在车上的倾听时间最好是在放学的时候比较合适。因为早晨上学时一个原因是时间往往比较紧张，孩子因为起得早可能还不太清醒，他也可能没有说话的兴致。另一个原因是孩子上学时的情绪很重要，早晨的情绪好，很开心，他在学校里一天的心情可能都是好的，而早晨因为什么事情情绪低落，不开心，孩子在学校里也不会有好心情。

因此，妈妈在早晨送孩子上学的路上尽量不要跟孩子讨论那些敏感的话题，比如孩子的成绩又下降了，这次考得不好了，在学校里表现不行了等等，这些消极的话题会让孩子很反感，也很受挫，如果孩子真的有这些问题，在车里这点时间也解决不了，妈妈指责批评也只会让他的心情变糟糕，如果孩子的心情不好，他在学校里的学习也打不起精神来，那不是很耽误事儿吗？

要想不影响孩子的情绪，聪明的妈妈就不要在送孩子上学的早晨，跟孩子讨论他的成绩问题、行为问题，跟孩子说点有趣的事情，逗他开开心。或者在车上放一点孩子喜欢的音乐，哪怕什么都不说都会让孩子很开心，这样孩子下车和你说再见的时候，一定是满脸笑容，走进学校时的心情也是晴朗的，这样孩子在学校里待上一天，你都会很放心，不用担心他表现不好。

孩子的情绪好，学习的态度就会很积极，学东西的效果就会很好。所以，妈妈一定要注意早晨送孩子上学的这段时间，是给孩子加油打气的时间，千万不要在这段时间里把孩子的积极性给挫伤了。让孩子轻松地走进学校，情绪稳定的开始他一天的学习，这段时间很关键。

最适合妈妈倾听的时间其实就在妈妈接孩子回家的路上，这时候妈妈结束了一天的工作，也有心情倾听孩子。孩子在学校待了一天，也会很想妈妈，而且，孩子在学校里的这一天可能发生了很多有趣的事情，他会很渴望和妈妈交流一下，因为有的孩子特别是大一点的孩子功课负担重，回到家里吃完饭就要进房间写作业，有时候都没时间跟妈妈说话，因此，这段时间就显得特别珍贵。

妈妈可以在车上跟孩子聊聊他一天的心情，这一天他过得怎么样，是否很开心，学到了什么有趣的东西，跟同学们做了些什么事儿，老师都说什么了，这些内容都有可能是孩子有兴趣跟妈妈交流的。

我认为妈妈在这个时间段里主要的责任就是倾听，因此不需要对孩子的话有太多的评价。有的妈妈只喜欢听她感兴趣的话题，比如孩子的成绩了、学习了，孩子跟她聊别的她就表现得很没兴趣，这是在跟孩子的交流中一种特别不好的习惯，会挫伤孩子跟你说话交流的积极性。你想想孩子在学校里已经学了一天了，有可能考了无数次试，一上车妈妈还跟他聊学习的事儿他能不烦吗？

孩子如果烦了，他通常不会说出来，有时候这种情绪可能他们不知该如何表达，但体现在他的行为上，那就是沉默，你怎么引导他他可能都不想说话，或者他可能上车就困，然后就睡着了，有时候他可能就是在用这种方式逃避跟妈妈的交流，这种习惯持续久了，只有一个后果，那就是妈妈很难再听到孩子心里话。

因此，妈妈在这个倾听时间一定要尊重孩子的感觉，他喜欢跟你谈学习，你就认真倾听，有些建议可以等回到家找一个时间再跟孩子讨论。他不想提学习成绩的事儿，那你们就聊点别的，什么电影啊、艺术啊、读过的书啊，这些都是可以跟孩子聊天的内容，孩子也累了一天了，谈一点轻松的事情我想他们一定会喜欢。

很多妈妈可能都有这样的时间，但不是每一位妈妈都会把这个时间利用起来，利用接孩子的时间在车上与孩子进行语言交流，是特别好的倾听方式，妈妈们可以试一下。而且，这个方式适合各个年龄段的孩子，小到幼儿园的小朋友，大到青春期的孩子，都可以与妈妈在这个时间里形成互动，既建立亲密的关系，又养成相互倾诉和倾听的习惯，对很多的职场妈妈来说这是个很好的利用时间的方法。

C.睡前时间

很多家庭都有在孩子睡前阅读的习惯，尤其是低龄的孩子，妈妈习惯在他们上床以后，给他们读书听，这当然是一个非常好的习惯，对培养孩子喜欢求知欲、喜欢学习的行为习惯特别有帮助。

但是，对很多忙碌的职场妈妈来说，有时太忙了，没有时间为孩子做睡前阅读，有时她们下班回到家里，孩子已经睡了，这时妈妈们也不要以为就可以无所作为，因为，你可以在孩子上床以后，跟他依偎在一起聊聊天，时间不需要太长，大概只要15~20分钟就可以，利用孩子的睡前时间来倾听孩子的方式也特别好。

因为孩子在睡前的这段时间里心里往往比较脆弱，尤其是在父母都很忙的家庭里，孩子可能受到的关注远远不够。因此，白天孩子在学校里有同学和老师，情绪可能还不错，但晚上回到家里有时候爸爸妈妈都不在，可能只有保姆在照顾他，或者妈妈在他上床的时候才回来，这个时候他特别需要妈妈的关注，妈妈完全可以利用孩子睡前的短暂时间跟孩子交流一下他一天的心情。

这个时候也是妈妈最好的倾听时间，如果孩子喜欢和你沟通，他会主动地跟你说话，你可以做一个面带笑容、饶有兴致地倾听妈妈。有什么问题明天再说，在这个时间里你的任务就是倾听，妈妈切忌在这个时候指责抱怨孩子，这会让孩子的睡前情绪变得不好，影响他的睡眠。

有段时间，有位妈妈带着她6岁的儿子找我咨询，说孩子晚上的睡眠不好，经常在哭泣中醒来，有时候还会发出尖叫，因为晚上睡不好，早晨孩子不愿意起床，上幼儿园经常迟到，有时候索性就不去了，让妈妈没办法上班，为此妈妈很苦恼。

我问妈妈孩子为什么会经常在晚上哭泣？这位妈妈有点不好意思地说，有段时间她下班晚，每次回家孩子已经要睡觉了，可她有时候因为接到了幼儿园老师投诉她儿子的电话，说孩子在幼儿园表现不好，她就很生气，晚上也不管孩子，经常训斥孩子，说到生气的时候甚至还要打几下，经常这样以后，她发现孩子的睡眠越来越不好，几次在哭泣中醒来，妈妈很后悔，就赶紧带孩子来做心理疏导了。

这位妈妈的做法非常无知。孩子在睡前的情绪一定要保持在平静、愉悦、满足的状态，这样孩子的睡眠质量才能够保证，孩子第二天早晨起来，心情才会是明朗的，情绪才是积极的。所以，妈妈们一定要把握好孩子睡前时间的情绪，在这个时刻要妈妈们保持倾听的状态，正是为了孩子入睡前能有一个好心情。

妈妈完全可以在这个时候鼓励孩子说点他认为有趣的东西，比如他爱玩的游戏，爱听的音乐，喜欢的人，只要孩子肯说妈妈就应该倾听，这种倾听对孩子的心灵是一种抚慰，对孩子的情绪是一种安抚，这应该成为妈妈们固定的倾听时间。尤其是对于青春期的孩子来说，如果妈妈在这个阶段不刻意安排倾听的时间，有意识的与他们交流，他们就会慢慢失去与妈妈说心里话的兴趣。

由于进入青春期的孩子身心的变化都会很大，妈妈如果太粗心，不关注孩子，很可能孩子出现了极端行为你都不知道是怎么一回事。

我曾经就接触到这样一个男孩，他15岁，刚上初三，可他的房间已经成为自己的地盘，房间门上贴着这样一个纸条，"私人属地，他人莫入"，这个男孩的妈妈百般无奈，她说孩子自从上了初中就极少跟父母沟通，爸爸跟孩子相处很少，妈妈的工作也很紧张，孩子经常放学一个人回家独处，等父母回来时他已经准备睡觉了。

有时候妈妈一天没有见到孩子也想回家之后跟他说说话，可一想到孩子要睡了就打消了这个念头。有时甚至妈妈跟孩子一周也说不上十句话。直到有一天孩子在房间门上贴上了那个"通知"，妈妈才意识到问题的严重性。

而就在这时，有一天妈妈在孩子上学以后，进到孩子的房间，突然发现孩子的抽屉里居然放着香烟和避孕套，房间的厕所里发现了刚刚抽完的烟头，妈妈问孩子他是否染上了抽烟的恶习，孩子居然矢口否认，直到妈妈把烟头作为证据拿了出来，孩子才承认他偷偷抽烟已经有几个月了。

这个个案背后真正的原因就是妈妈过于疏忽跟孩子的交流，对青春期的孩子缺少高度的关注，以至于孩子的行为发生了很大的变化，妈妈却并不知道。

所以，特别建议妈妈们利用睡前时间跟孩子交流，一方面可以每天都保持与孩子的沟通，了解孩子的情绪和心理状况，另一方面也可以利用这个机会观察孩子的变化，多了解孩子。尤其是年龄大一点的孩子，看看他的房间里有没有不适合他成长的东西，跟孩子多聊聊他最近在关注什么，妈妈可以在这个时候少说，让孩子多表达，倾听时间就是用来倾听孩子的，孩子越能够敞开心扉，这个时间就越有价值。

利用孩子睡前的时间倾听孩子，妈妈一定切记不要和孩子谈论过于激烈的话题，也不要和孩子讨论过于敏感的话题，比如说他这次考试的成绩，这些话题第一，不利于孩子安然入睡，第二，容易让孩子对妈妈的倾听感到反感，因为这些话题有时候对于孩子来说可能并不是他们愿意在这个时间讨论的。

如果妈妈的确忙得没时间给孩子这个睡前的倾听时间，那么妈妈可以让爸爸来做这件事情。由于爸爸和妈妈的角色不同，有时候他们的倾听也很不同，妈妈可能更着重于细节，而爸爸可能更大气一些，跟孩子交流的东西更宏观一些，如果爸爸妈妈相互配合，在孩子的睡前时间陪伴孩子、倾听孩子，这当然是最完美的方案。

我一直强调，在妈妈与孩子之间不光语言交流是一种习惯的培养，妈妈倾听孩子也是一种习惯的养成。这是一种可以让孩子释放自己，与妈妈交换内心世界和想法非常好的方式，据我所了解的妈妈和孩子的和谐关系中，妈妈善于倾听，孩子善于倾诉，这样的家庭教育很容易培养出优秀的孩子，因为他们首先赢在和谐的关系上。

讲话要有原则性

幸福妈妈的语言修炼第五个技巧就是妈妈跟孩子讲话要有原则性。一说原则性可能很多妈妈就有些奇怪，难道跟孩子讲话还要什么原则性吗？他们什么也不懂，妈妈不是可以想怎么说就怎么说吗？

其实，这正是我要对妈妈提出这个技巧修炼的原因。因为在我多年面对问题孩子、问题家庭的辅导中，发现因为妈妈说话不注意技巧，不管说什么一不注意原则，二不注意方式，有些话脱口而出，有时候言而无信造成孩子行为问题的事情比比皆是，最关键的是有时候妈妈们并没有意识到是自己的语言表达出了问题，有时候无意中伤了孩子她自己并没有意识到。

1. 妈妈一分钟犯了三个错误

我有一次在排队买东西的时候就遇到过这样一位妈妈，她的儿子大概有七八岁的样子，妈妈排在我的后面，儿子刚放学在妈妈身边蹦蹦跳跳很开心，就在这时我发现这位妈妈在一分钟内至少犯了三个语言上的错误，看到儿子跳来跳去有些皮，妈妈说，"你老实点，再不老实就回家写作业去。"看到孩子根本没有听他的，妈妈又说，"儿子，你上楼帮我买点东西好吗？"孩子摇头表示不想去，妈妈又说，"一个人连楼上都不敢去，真是个胆小鬼"，这句话还没说完，妈妈又说了一句，"你看人家那谁谁多棒，你比他差远了。"

妈妈这句话说完后专心排队不再理儿子，再看刚刚那个还挺活泼的小男孩，瞬间没了精神，一脸的悻悻之色，很不开心的样子。要知道这个年龄段的孩子语言表达能力真的有限，有些情绪他根本无法用语言表达出来，他只会用行为来宣泄心中的不满。果然没过一会儿这孩子就把旁边停着的一辆自行车给推倒了，自行车的主人找过来，他的妈妈也顾不上排队买东西了，一边给人家赔礼道歉，一边骂孩子，带着孩子匆匆走了。我相信这孩子回到家日子也不会好过，因为他妈妈看着很生气的样子，回到家是不是会惩罚孩子真是不好说的事儿。

可是你能说孩子皮这事儿只怪孩子吗？如果妈妈不那样说孩子，说话不那么随便，轻易就说伤孩子自尊心的话，这孩子表现能那么差吗？在我看来孩子把人家的自行车推倒这事儿就是在发泄自己的不满情绪，而这种不满的情绪实际上就来自妈妈对他的语言暴力。

2. 妈妈不要轻易对孩子使用语言暴力

所以，如果妈妈跟孩子说话时不尊重孩子，经常打击孩子，无视孩子的尊严，这种语言无疑就是一种暴力，它在某种程度上有时候比对孩子的身体暴力还要严重。身体暴力伤的不过是孩子的身体，而语言暴力伤的却是孩子的自尊和自信。与身体暴力相比，孩子身上的伤痕容易恢复，心灵上的创伤却很难痊愈，有时候甚至是终生的。

我们常说语言是一门技巧，而对于妈妈们来说，如何跟孩子用语言交流就更是一门必须掌握的科学，因为好的语言可以让孩子积极上进，而消极的以及不讲原则的语言则会毁了孩子的未来。

在我看来，妈妈跟孩子语言交流时需要注意的原则有这样几个：

①说话要经过思考，不要脱口而出

在跟一些妈妈交流时，我经常听到她们这样说，有时候孩子成绩下降了，或者表现不好了，妈妈常常忍不住就会发脾气，对孩子说很难听的话，比如"我再也不管你了，你爱找谁找谁去"，"你太让我失望了，我再也不想看到你了"，甚至还有"我不想要你了"，诸如此类的话相信很多妈妈在气头上都说过。

我问过一些妈妈当时为什么要这么说？有的妈妈会说我就是生孩子的气，发泄一下，有的妈妈说孩子把我气坏了，我也不知为什么这样的话就脱口而出了。我问这些妈妈当她们这样说了以后，孩子大多是什么反应？他们有没有变得更好一些，或者更听话一些？

大多数妈妈会说，孩子听了这样的话通常会哭，年龄大一点的孩子会很不在乎，但说起孩子的表现几乎没有一个妈妈认为，她们这么说孩子以后，孩子会变得更好一些，虽然有的妈妈会说孩子可能暂时会听话一些，但很快就会故态复萌，甚至变得还不如原来。

为什么妈妈把话都说到这个份儿上了，孩子的表现仍然让人不满意。这其中很重要的问题就是，妈妈在说这样的话时，根本没有经过大脑的思考，基本上是脱口而出，这样的说话习惯会造成两个后果：一个是因为没有考虑到可以解决什么问题，因此妈妈的话缺乏目的性，对孩子的行为基本起不到太大的矫正作用。另一个则是妈妈们这样说话时没有考虑到会伤害孩子的自尊心，这样的后果就是孩子很受伤，妈妈们却并不知道。

因为孩子的表达能力没有成年人那么强，他遭受妈妈的语言伤害后不太懂得用语言来描述自己的情绪，他就会把这种情绪转化为行为表现出来。这也就是大多数妈妈所看到的，当她对孩子说话很不客气、话说得很过分的时候，孩子的表现并没有因为妈妈生气了而变好，最多只是收敛一下，接下来的表现会更糟糕的原因。

我曾经说过，再小的孩子也有自尊，父母跟他在一起保持好的关系最重要的就是尊重他。而自尊心受伤害的孩子通常会在忍受不了的时候产生极端行为。

前不久，北京的一位妈妈找到派出所的民警报案，说她年仅10岁的儿子离家出走一个星期了，至今没有音信，她和孩子的父亲到处找也没有孩子的下落，没办法只好求助于警察，请他们帮忙给找找看了。

当警察问这位母亲，孩子为什么离家出走时？这位妈妈很不好意思地说，这事儿都怪她自己，那天儿子回来拿着考试卷子让她签字，她一看孩子的成绩很差，当时很生气，一边说孩子，"你考这么差还好意思回家，我都替你害臊，也不知道你是咋上的学，再这样你就别回家了，我不要你了。"一边把孩子就推门外去了。

这位妈妈说当时她这么骂孩子，就是想让孩子受点儿刺激，知道他考这么差妈妈不高兴，以后学习用功一点。把孩子推门外去以后，过了好一会儿这位妈妈才想起来没看到孩子回来，因为是冬天，天气很冷，妈妈想起孩子身上也没穿太厚的衣服，有点心疼孩子了，连忙出门想把孩子叫进来，结果这时发现孩子已经不见了。

妈妈心想孩子可能到邻居家玩去了，可找遍了所有的亲戚和邻居，大家都说没看到孩子，妈妈这时才有点儿着急了，和孩子的爸爸都停下了工作到处找孩子，可是，一个星期过去了孩子仍然杳无音信。

到派出所报案后，这位妈妈哭着对民警说，孩子身上没穿厚衣服，这么冷的天也不知道冻着了没有，孩子身上也没带钱，这么多天，也不知道他怎么过的，饿着了没有，渴着了没有，有没有好心人会帮帮他？可别遇上什么意外。

看着这位妈妈丢了儿子伤心的样子，警察同志不断的安慰她，也抓紧时间部署警力到处寻找这个出走的男孩。大概又过了一个星期，警方终于传来了好消息，那个10岁的男孩被找到了。

孩子的妈妈痛哭流涕的从警察手里接过已经失联半个多月的儿子，把孩子紧紧地搂在怀里，生怕再失去他，但是孩子好像并不像妈妈那样激动，一副无所谓的样子。

这个个案就是一个非常典型的由于妈妈说话过于随便，不讲原则而伤害了孩子的案例，这就是发生在我们身边的真实的故事。那个出走的孩子实际上就是因为无法忍受妈妈对他自尊心的伤害，而做出了极端行为，我到现在都在为这位妈妈感到庆幸，因为她的儿子离开家在大街上流浪的时候，被一位好心人收留，带他到旅馆里住了一段时间，使他免受了很多的流离饥饿之苦，可后来那位好心人离开以后，孩子还是在大街上过了几天流离失所的日子，直到警察把他找到。

孩子终于回到妈妈的身边，结局总算是皆大欢喜。试想一下如果孩子在出走以后遭遇意外，或者被人拐卖到再也找不回来的地方，这位妈妈该如何的肝肠寸断，那时候我不知道她该为自己当时对孩子说的那些话承担多么大的责任？

所以，建议妈妈们在对孩子说话的时候，不管你有多不满，多不好的情绪，都要学会控制好自己的语言表达，不要不管孩子是否受得了，你想怎么说就怎么说，想怎么表达就怎么表达，丝毫不考虑孩子的感受。要知道孩子和你一样，有情感、有自尊，你觉得不高兴的事儿，孩子一样会感觉很不舒服。如果你教育孩子时根本就不考虑孩子的接受度和承受力，只是一味地按着自己的想法和思维习惯去教育孩子，就会对孩子造成适得其反的效果，不仅对孩子的行为表现改善没有帮助，还会对孩子心态造成消极的影响。

有的妈妈会说："我跟孩子说话还要经过思考，这也太累了吧？"可是我不知道妈妈们想过没有，如果你跟孩子说话从来不过大脑，想说什么就说什么，有时候一生气一冲动就说出了过头的话，如果孩子的自尊心受到伤害，他在妈妈这里得不到尊重，他的情绪势必会很糟糕，而糟糕的行为常常是糟糕情绪的转化，而且，这会形成恶性循环，这个时候你不是会更累吗？

最重要的是孩子的自尊如果屡屡被无视，他就会变得自暴自弃，他会觉得反正他怎么表现妈妈也不会满意，妈妈对他永远是脱口而来的指责，这样的孩子不仅会放弃现在，更会放弃未来，基本上他已经成为一个心态和行为都很消极的人，而这样的孩子成年以后即使走向社会，也会生存得很艰难，而且，也很难找到快乐。

所以，聪明的妈妈一定要在跟孩子讲话时注意一下原则。同样的话用怎样的方式去讲，孩子更乐意接受，不会反感，这是妈妈们需要考虑的。我相信你在职场，在朋友之间说话一定不会是脱口而出的方式，因为你懂得这其中的利害关系，也担心会无意中伤害别人，对自己造成不好的影响，为什么到了孩子这儿，你就会认为这不重要呢？这就是因为你可能从来没有把孩子当作一个独立的生命来看待，你总认为孩子是你的附属品，你跟他的关系不需要维护和经营，这种看法显然是非常不科学的。

现代的亲子教育观念里，最重要的一点就是，孩子一定是一个值得被尊重、被接纳的独立于父母之外的生命体，任何人包括他的父母都没有权利剥夺他的尊严与自由。父母和孩子的关系相处和谐的唯一保障便是尊重他、接纳他，让他有自己的情感表达和行为表达的自由，中国的孩子为什么有太多与父母关系不融洽的问题，正是因为中国的爸爸妈妈们在这个方面做得有所欠缺。

也许有的妈妈会说，孩子当然最不喜欢妈妈批评他，难道我为了不让他受伤害，他做得不好也不管吗？妈妈们有这样的想法显然很正常。我的建议是，孩子做得不好妈妈不仅要说还要要求他改正，这是妈妈的责任，也是孩子成长中必需的教育，只有这样孩子才会更好的成长。

但是，妈妈们需要注意说的方式与时间点，试想当初那位险些丢了儿子的妈妈，在发现孩子成绩不理想的时候处理这件事的方式，先让放学回来的孩子安心吃了晚饭，在孩子写完作业准备明天的上学用品时，对孩子说，"宝贝，妈妈看到你今天拿回来的成绩单很不理想，这是什么原因造成的呢？你想不想跟妈妈讨论一下，是这段时间上课的时候没好好听讲，还是最近的功课有点难？妈妈很想知道你成绩下降的原因，妈妈记得你原来这门功课是非常好的，现在成绩降下来了，你自己想过原因在哪儿吗？你想跟妈妈分享一下吗？"

我相信任何孩子都不会拒绝这样的妈妈，他也许会跟妈妈好好探讨一下这次考试没考好背后的原因，对妈妈倾诉一下他内心的想法，以获得妈妈的理解。相对于对孩子的教育效果而言，我相信这样平等的理性沟通更会让孩子心平气和的接受，对孩子的行为有所促动，这样的效果当然会很明显。

建议妈妈们在跟孩子沟通时，讲一点语言的艺术和技巧，凡事需要经过思考，一要考虑这么说会不会达到你想要的效果，二要考虑孩子的感受。说话要有原则，实际上就是为了让妈妈的教育产生更好的效果，因为不同的语言方式造就的孩子大有不同。

②批评的话用积极的方式来说，更适合孩子进步

正在成长的孩子，他的情绪和行为方式每天都在变化，成年人都有可能每天都在做错事情，更何况孩子。而且，孩子出于好奇的天性，他可能比成年人更喜欢尝试，因此他的错误率就会更高，也许你的孩子每天都在闯祸，他的行为让你抓狂，你需要每天都要跟他讨论他的错误，指出他的问题，让他矫正自己的行为。

每天都需要批评自己的孩子是有些妈妈必须面对的事情，可同样是批评，有些妈妈一直在做，对孩子毫不姑息，非常负责，属于有错必纠的那种妈妈，可效果通常并不明显，孩子在被批评完以后，常常好不了一分钟就会将一切都扔在了脑后，行为依然放纵。

那么怎样做会产生积极的效果，让孩子真正有勇气和兴趣去改正，并且效果明显呢？我的秘诀是，妈妈一定要懂得把批评孩子的话用积极的语言表达出来，也就是说孩子虽然做错了事情，但你仍然会先给予他一定的肯定，让他紧张的情绪先放

松下来，再慢慢告诉他，这件事他错在哪儿，造成了什么后果，如果想以后不再发生这样的事情，他应该如何改正自己。

我曾经在一所小学听老师讲过这样一个个案，两个刚入学的小男生因为琐事打了起来，两个孩子都受了一点轻伤，脸部被抓破了，流了点血，老师为了尽快解决问题就把两个孩子的妈妈叫到了办公室，准备帮他们解决此事。

两个妈妈一见到孩子受了伤都很心疼，但其中一位妈妈就表现得很冷静，她见到儿子的第一句话就说，"儿子，你终于成了一位小男人了，敢跟别人打架了，脸上流了血也没有哭，挺勇敢的嘛。"那位老师说，本来这位妈妈的孩子很紧张，怕妈妈骂他跟别人打架，可没想到他妈妈几句话就把他的紧张情绪给化解了，妈妈的态度反而让他感到了羞愧，没等妈妈再说什么孩子就开始跟妈妈道歉认错，"对不起妈妈，我不该跟同学打架，我以后再也不会了，你原谅我吧。"

这时这位妈妈马上说，"不管是谁的原因引起的打架，我认为你都不该这么做，他是你的同学，你们应该是好朋友，这件事儿子你真的做得不对，不管是谁先引起的，你还是先跟你的同学道歉吧，看他能不能原谅你。"

很快这个小男孩就跟同学道了歉，情绪也平静了下来。可是他的同学情绪却并不好，因为他的妈妈一见到他就开始指责他，"你这孩子，怎么这么没能耐，瞧让人家把脸给抓成这样，让你来上学你就打架，这多影响学习啊，我看你就快成坏孩子了，今天打架，明天还不知要做出什么事，我算是管不了你了，谁能管了你，你就去找谁吧，我不想有你这样的儿子，太让我操心了，你就不能消停点。"

老师说，本来就是两个一年级的小男生动了一下手，男孩子攻击性强，有时候有点冲突在所难免，他们处理这样的事情挺多的，觉得把家长找来，双方谈一下就可以解决问题，还可以让两个孩子重归于好，可这位妈妈一见到孩子就训斥，一个是让这位老师很尴尬，另一个是让她的孩子也很别扭。

本来在老师的教育下两个孩子都已经认识到自己的错误，准备向对方道歉，可这个被妈妈一通训的孩子，在妈妈说完他以后不吭气了，任老师怎么开导也不说话，嘴巴撅得老高，就是不肯跟那个孩子道歉。

最后，那位妈妈一看这个情况，让自己的孩子道了歉以后，带着孩子走了。而另一位妈妈则一直在看着自己的儿子生气，看到妈妈如此不高兴，这位始终没有掉眼泪的男孩，开始啜泣起来，没想到他妈妈看到孩子哭了更烦，"你哭有什么用，人家都走了，你哭给谁看，有点出息好不好，你看你哪像一个男孩，人家小女孩也不会像你这样，有本事你别哭啊。"

我问这位老师后来这两个男孩的情况。老师说，那个跟妈妈先离开的男孩，第二天就来上学了，情绪很正常，也很开朗，再也没发生跟同学打架的事情。而那位后来哭着离开学校的男孩，有一个星期没来上课，妈妈给老师打电话说，孩子一直情绪不好，不想来学校。

一个星期以后，那个男孩终于来上学了，但一直闷闷不乐，跟同学也不怎么交流了，明显变得有点孤僻，后来居然又发生了几次跟同学打架的事情，但因为后果不严重，老师也就没有再叫家长。

这个案例我印象深刻，就是因为我发现在孩子的事情上，妈妈的不同处理方式会直接产生不同的后果。尤其是妈妈的语言，因为我们都知道语言是有力量的，不同的表达会给同一件事情带来截然不同的结果。

两个小男生打架，本来的确是一件不太好的事情，处理不好两个孩子都会受伤害。可是那位妈妈就用很积极的语言把整件事变得很明朗，她的语言模式就是，先找到可以肯定孩子的点，而不是一上来就劈头盖脸的指责孩子，让孩子本来就有情绪的内心更加焦灼，很多孩子在犯了错误变得更加逆反的背后，其实就是这种冲突在起作用。

那位很会找到让孩子接受的点的妈妈，就是用这种方式避开了孩子情绪的高峰期，几句话不乏幽默，也不乏褒奖，很容易就让孩子有些激动的情绪平复下来，而在孩子平静下来以后，他才能够主动意识到自己的错误，并且主动提出修正的做法，那个男孩不就主动给同学道歉了吗？

让孩子自己认知自己的错，这要比家长要求他认错积极的多，因为只有他自己主动认识到自己做错了什么，他改正起来才会更积极、更准确，而且，再犯这种错误的概率也会降低。而如果是家长用指责他的方式给他指出错误，又用抱怨的方式让他认识错误，这样的方式很可能给孩子带来更消极的心态。在这样的方式下认识错误的孩子一个是很勉强，另一个则会把责任推给别人，他会认为错的不是他，他只不过是拗不过父母的意志才去承认错误的。

建议妈妈们一定要在孩子出问题的时候，首先控制好自己的情绪，因为消极的行为首先来自于不良情绪。如果妈妈在孩子的错误面前感到很激动，很生气，我认为你这时最完美的表现应该是保持沉默，请相信沉默的力量，它的能量不会比你此刻的语言表达更逊色，重要的是它不会误伤孩子。

想要跟孩子讨论他的错误，你最好是在能够控制住自己的情绪，孩子的情绪也得到一定的平复以后，因为这个时候你们会看到问题的本身，而不是在情绪高峰期只看到了彼此的错误。

想要把孩子的这次错误转化成一个积极的能量，妈妈一定要考虑一下用何种的方式与孩子讨论，孩子才会乐意接受或者积极接受批评。通常没有人会愿意被人批评，孩子也是一样，但在他必须接受批评的时候，妈妈要做的就是把本来有些消极作用的批评用积极的语言表达出来，把积极的能量传递该孩子，这当然需要一些技巧。

实际上想做到这一点也很简单，妈妈只需用心去设计一下就可以，因为不管什么样的错误，它的另一面一定是积极的，哪怕是教训也是好的，因为它可以让孩子避免再出现一些类似的问题。

我有一次在公交车上就遇到这样一位妈妈。那是孩子放学的时间，那个男孩大概也就是读小学二三年级的样子，小小的身体背着大大的书包，一脸的疲惫，上车不久坐在座位上就有点困，可是妈妈却一直在说他，我听了一会儿好像是孩子的数学只考了80分，妈妈很不满意，责怪孩子，"你说你考成这样，将来怎么办，你们班还有比你考的更差的吗？让你少看点电视你就是不听，现在考砸了吧，才上二年级数学就考八十来分，就这个成绩考大学连门儿也没有，看回家你爸怎么收拾你！"

尽管这位妈妈看上去真的很为孩子着急，也很为孩子的学习担心，我相信她绝对是一位负责任的妈妈，不然的话她不会如此心急如焚。可是我想跟这位妈妈探讨的是，她这样的做法真的能帮到孩子吗？孩子真的能够在她的这番教育中奋起直追，把学习搞上去吗？在我看来答案是否定的，因为人的心理机制天生是喜欢被褒奖的，人的行为系统基本上是受心理机制操控的，也就是说人越受表扬和嘉奖，行为表现就越会更加积极，而如果越受指责和批评就越会更加消极和退缩。

这一点从那位小男孩的表情中就不难看出，刚跟着妈妈上车的时候还有点精神，在被妈妈当着一公共汽车的人数落了一顿后，孩子的气色一下就差了很多，精神开始萎靡起来，无精打采的，我相信回到家里这个孩子也不会充满信心的去学习，因为他的精神头儿都在妈妈的指责与抱怨中消耗殆尽，妈妈对他的消极性语言让他考得比较差的这件事更加消极，孩子在这件事当中没有获得一点积极的动力，反而连自信心也即将不复存在。

你说妈妈不想用这件事来激励孩子，那也不公平。很多妈妈在孩子的表现不好或者学习成绩下降时，都爱用这种方式来批评与指责孩子，我特别相信她们的愿望是好的，就是希望孩子能够振作起来，好好努力，争取再考的好一点。但是，她们大多数人都没想到，妈妈的一番话不仅没有起到鼓励孩子，让孩子更加努力、更加自信的改善自己的效果，反而会把孩子的上进心磨灭，一蹶不振，甚至越来越放纵自己。

这道理其实很简单，就是一个妈妈如何表达的问题。妈妈的话对孩子起积极作用还是消极作用，完全在于妈妈说话技巧的掌握上。我一直比较建议妈妈们在指出孩子的错误时，用积极的语言去表达产生的效果可能更积极。

如果那天那位在公共汽车上教育孩子的妈妈这样对孩子表达她的想法："宝贝，这次考试数学你才得了80分，虽说这个分数也还不错，妈妈知道你挺努力的，可能这次考试发挥得不太稳定，但是妈妈总觉得你要是再少看一会儿电视，少玩点游戏，不用说80分，就是考100分对你来说也不是太难的事儿，妈妈太相信你的能力了，包括你爸爸他一直认为你很聪明，不过你如果能够更加努力一些，我觉得你的成绩会更好，你说是吧？"

妈妈如果这样对孩子说话，我相信那个孩子绝对不会因此就精神萎靡，相反我认为他一定会振作起来，好好的跟妈妈谈一下为什么没考好，只要孩子愿意谈这件事，妈妈就成功了一半，因为她可以把对孩子学习的一些看法告诉孩子，引导孩子提高学习兴趣。

像前面所说的那位男孩，他可能只是一次考试没考好而已，但是他的妈妈对他的指责和抱怨会让他天然的讨厌学习，不喜欢学习，因为学习的问题只给他带来了挫败，他会因此而更加放弃学习，因为妈妈的话让他觉得只要学习不好她的一切都没有价值，他会因此而讨厌学习，成为厌学的孩子。

所以，妈妈们想要孩子学习好，喜欢学习，一定要找到问题积极的一面，尽量把消极的事情用积极的语言表达出来。一方面不给孩子造成太大的心理压力，一方面也可以保护孩子的兴趣和欲望，使他不至于因为感到很受挫而产生放弃的行为。

在孩子日常生活的表现中，妈妈也应该善于运用这样的语言技巧，不仅鼓励孩子，更重要的是保护孩子的自尊心，你会发现这样的方法会让孩子变得越来越懂事，他每天都会有进步，超出你的想象。

③跟孩子说话一定要言而有信

妈妈跟孩子说话还有这样几个原则一定要注意，一是不要信口开河，有谱没谱的事都跟孩子说，因为孩子很单纯，他对妈妈往往很信任，因此妈妈的话他会深信不疑，有些话如果妈妈不管是不是事实都跟孩子说，容易给孩子造成信任度上的伤害。二是妈妈说话的诚信度，我曾经跟很多问题孩子交流过，在他们心目中，最不能忍受的是妈妈讲话的诚信度，最不喜欢的就是妈妈说话不算话，随便乱承诺，但是承诺了又不兑现，这是现在不少孩子都为之反感的妈妈的问题。

我也曾经就这个问题跟妈妈们讨论过，很多妈妈对这个问题的看法有些不以为然，有的妈妈说，孩子那么小，偶尔说几句不能兑现的话没关系吧。有的妈妈会说，有时候为了哄孩子听话答应他的事儿难道一定兑现吗，他们懂什么呀！更有一些妈妈对这个问题是这样的认知，孩子是我的，我说什么都是我的自由，我要是答应什么就兑现什么，那成本得多高啊。她觉得自己兑现诺言会成本太高，不知她有没有想过，如果孩子将来走向社会也成为一个言而无信的人，被社会拒绝，这样的成本会不会更高？

就在前不久，西安一位5岁的男孩被妈妈打成重伤，住进了医院，原因竟然是，孩子不高兴妈妈原先承诺他替他穿衣服，后来又妈妈又不愿意这么做了。孩子生气，说了一句，"你怎么说话不算话"妈妈就大为光火，刚开始对孩子拳脚相加，打到最后竟然捅了孩子一刀，致使孩子重伤，据说妈妈打孩子的时候，爸爸就在旁边，但这位爸爸竟然没有想起来制止妈妈的暴力，以至于后果如此严重。

不知道这个只有5岁的孩子身体上的伤害会给他带来什么样的痛楚，但我却知道，孩子心灵上的伤害愈合起来会很难，有可能终生都是他心理上的阴影，可这个阴影正是那位不信守承诺的妈妈给孩子造成的。

"妈妈，你怎么总是说话不算话"，在我的调查中这是很多孩子经常吐槽妈妈的经典语言，而生活中朝令夕改，在跟孩子的交流中，信口承诺，却又从来不在乎是否兑现的妈妈真的绝不在少数。

很多妈妈感觉有时候孩子不仅越大越不听话，而且越大越不信任妈妈，让妈妈管理起来非常难，其中有一个很重要的原因可能就是妈妈不兑现承诺的频率太高了，让孩子失去了信任，自然也失去了服从的兴趣。

而且，随着孩子年龄的增长，他自己的道德判断越来越独立，他会很反感妈妈这种不诚信的行为，因此对妈妈的行为产生自己的价值判断，当他觉得妈妈根本不值得去服从时，他当然会放弃对妈妈的信任，其实妈妈失信于孩子的行为，正是妈妈自己的行为造成的。

所以妈妈想要说服自己的孩子服从自己，必须在孩子面前保持足够好的信任度，也就是说你必须用讲诚信的行为让孩子感受到到你的品质，知道你是一个言必有信、行必有果的妈妈。这样的妈妈不需要太多的说教，孩子就会保持对你的信任，进而乐意服从你的安排和引导。

很多妈妈会发现有些孩子容易犯说话不算话的错误，有些孩子谎言随口就来，撒谎成为习惯。实际上孩子的这些问题大多是受到家长的影响，有的孩子是直接受妈妈的影响，因为妈妈经常说话不算话，让孩子感觉这样的行为很正常，有的妈妈经常当着孩子的面就说谎，也给孩子的行为做了非常不好的示范。

所以，当你的孩子也开始言而无信，或者随口说谎时，妈妈一定不要以为是孩子自己的问题，应该先检讨一下自己的行为里，是不是存在着这样的问题？对于这样的行为有的妈妈其实并不是故意的，她只是没有意识到这是一种错误的行为习惯，并且因为经常这样而习以为常。

我经常说好的行为是一种习惯，而不好的行为经常发生，也会成为一种习惯，因此，妈妈们想要在这方面有所改善，一定注意不要让这样的语言行为成为一种习惯。有的妈妈会说孩子还小，他可能并不太懂得什么叫言而无信，我想跟妈妈们分享的是，再小的孩子也会对妈妈的承诺有所期待，当妈妈言而无信，对自己的承诺不重视，或者很容易就不兑现的时候，最失望的就是孩子，最受伤害的是孩子的心灵，而且这种伤害会很持久，影响孩子的身心和行为的成长。

其实妈妈们想要做到言而有信并不难，最重要的就是不要轻易承诺。在答应孩子的要求或许诺孩子之前，要做一些充分的考虑，第一，你是不是能做到？第二，做到这些你需要什么样的成本？把这些考虑清楚，你再承诺孩子就应该没问题。最要不得的就是这样的妈妈，为了哄孩子听话就乱承诺，做到做不到的都答应孩子，等孩子要求她兑现时，她却发现有些事情根本就无法兑现，或者她觉得根本就没有必要兑现，妈妈可以用自己的权威让孩子接受承诺无法兑现的现实，但是妈妈失去的却是孩子的信任与爱戴。在我所接触的问题孩子中，十有八九的孩子会对妈妈的言而无信有所抱怨和指责，有时候这也是一个孩子迅速变得很不听话和叛逆的重要原因。

所以，妈妈要重视对孩子的承诺，既然答应了孩子就应该去兑现，实在不能兑现也应该跟孩子进行良好的沟通，以获得孩子的理解和谅解，千万不要让孩子感觉你既是一个言而无信的妈妈，又是一个根本不在乎孩子感受的妈妈，这样的妈妈通常会让孩子很失望。

④跟孩子说话不要带口头语，注意措辞

妈妈在跟孩子说话时还有一个很重要的原则，就是不要带口头语，不要说措辞不文明的话。我在给一些妈妈做亲子教育辅导的时候就发现，有些妈妈说话特爱带口头语，比如说孩子，她经常左一个讨厌右一个讨厌，有的妈妈喜欢说孩子烦人，这也烦人那也烦人。有的时候，他们的孩子就在眼前，我就观察这些孩子，在妈妈这么说他们的时候个个都无精打采的，大一点的孩子会很尴尬，很快就离妈妈远远的，怎么叫也不愿意回到妈妈身边。

有时候我发现这些妈妈其实也不是故意想要让孩子难堪，她们就是习惯了这样表达，那些充满了负能量的语气词有时候不过就是她们的口头语。每当这种时候我都会提醒她们不要这么说话，尤其是不要当着孩子的面这样说，会给孩子造成伤害，有的妈妈会赶紧注意矫正自己，有的妈妈就不以为然，她会说，我这就是口头语，没什么大不了的。

虽然是口头语，但因为并不是带有积极能量的语言，而且有时候都是一些不满情绪的宣泄，不但会非常影响孩子的心理健康，也会对孩子的行为造成影响，我有一个调查，平时说孩子爱用口头语的妈妈，她的孩子也习惯用口头语来表达，而由于口头语常常是一些不太文明的措辞，因而会让孩子的行为变得很有问题。

还有一些妈妈在跟孩子说话的时候不注意措辞，有时候说不适合孩子听的话，有时候会说脏话，这样的妈妈常常会发现她的孩子小小年纪也会说脏话，妈妈会因此而责怪孩子，甚至责打孩子，希望孩子改掉这样的坏毛病。这其实真的不能都怪孩子，我一直说孩子最初的行为习惯基本都来自于模仿，尤其是他小的时候，不具备什么判断力，因此他跟谁接触的最多，行为上就会模仿的最多。如果，他总跟妈妈在一起，妈妈又有这样不好的行为习惯，他就很自然的也会这样表现。

对于大多数妈妈来说，她说脏话也好，措辞不当也好，爱说口头语也好，都不过是一种习惯，有时候她自己可能都没有什么感觉，有时候当她的孩子也出现这样的问题时，她都不一定意识得到是自己的问题。我在亲子课堂上就遇上了不少这样的妈妈，当我给她指出孩子的行为问题，可能首先就来自于她的行为影响时，她们往往才意识到自己的行为有多么的不恰当。

想要你的孩子别染上这样不好的行为习惯，妈妈一定要先从给自己的行为上入手，跟孩子说话时注意措辞文明，尽量不要说或少说口头语，这是跟孩子说话是最起码的原则，也是妈妈跟孩子交流中需要特别注意的问题。

⑤跟孩子说话要注意时间、地点、场合

有一次，我参加一个朋友组织的饭局，在一个很高级的酒店，吃的是西餐，很有情调的地方。席间有一位妈妈带了一个大概五岁的男孩，开始大人们在聊天，孩子还能坐得住，一会儿孩子吃饱了就开始有点皮，把刀叉弄得乱响，不一会儿又把喝红酒的高脚杯打翻在餐台上，看到雪白的桌布被红酒染得乱七八糟的，那位妈妈终于忍不住了，当着一桌子的客人就开始指责孩子，而且声音还很大。

有的朋友看不过去就劝这位妈妈算了，孩子还不懂事，可这位妈妈正在气头上，丝毫不管别人脸上的尴尬，一直在大声教育孩子，说的孩子哇哇哭起来她还在不停地说。最后，这场本来很有情致的聚会只得不欢而散，看到孩子最后委屈地跟在妈妈身后精神萎靡的离去，连个再见也不肯跟我们说，我觉得这位妈妈的现场教育好像并不成功。

我相信妈妈的初衷是好的，因为这孩子的确有点闹，有点没有礼貌，可是妈妈这场教育来的却有点不合时宜。首先是场合不对，在大家聚会的餐桌上教育孩子，只会让身边的人感到很不舒服，有些尴尬。其次，是地点不对，在很有情调、优雅的西餐厅里，朋友在面对美食，品位红酒时，妈妈在旁边不停地指责孩子，让孩子哇哇乱哭，这事儿怎么看也够破坏兴致的。

最重要的是时间，大家都很忙，聚一次不容易，可是妈妈在这个时间段里调教孩子，而且还很严厉，不仅让朋友们很不开心，也影响了这次聚会的质量，这也正是那天大家匆匆不欢而散的原因之一。

所以，妈妈跟孩子说话一定要注意时间、场合、地点，这是一个很重要的原则，千万不可忽视。还有的妈妈习惯在公共场合说孩子，或者当着朋友的面指责孩子，这些都是特别不好的语言习惯，会极大地伤害孩子的自尊心，我相信孩子一定有错的地方，但妈妈在指责教育孩子的时候，一定要注意给孩子的自尊心留点空间，给孩子留点面子，有些事可以回家去说，有些事可以只有孩子一个人的时候再说。这样不仅会对你的教育效果有帮助，还让孩子懂得你对他的尊重，反过来孩子也一定会尊重妈妈对他的意见，接受妈妈对他的看法。

还有一些妈妈习惯在孩子吃饭的时候批评孩子，跟孩子讨论他的分数，责怪孩子的学习成绩下降。妈妈也许觉得正好趁孩子吃饭的时候好好说说他，但对于孩子来说，如果妈妈在这个时候让他情绪紧张，心情不愉快，甚至有些郁闷，他就很难有很好的食欲，有的时候被妈妈说着说着他可能就吃不下去了，还有一些孩子胆子比较小，不敢不吃了，开始一边吃饭一边委屈地掉眼泪，这样的孩子不仅会导致消化系统不好，长期这样孩子会因此而厌食或者营养不良。

孩子如果经常吃不好饭就会大大地影响长身体，而营养不足也会影响孩子的智力发育。所以，孩子吃饭的时候，妈妈尽量不要跟孩子讨论让他情绪紧张的事情，即便孩子的确表现不佳，妈妈也应该在孩子离开餐桌以后，找一个恰当的时间和孩子交流，那种动不动就在餐桌上指责孩子，抱怨孩子的妈妈，看似是为了孩子的教育着急，其实，不仅行为不当，也起不到什么有效的作用。

有的妈妈习惯在睡前教育孩子，孩子已经准备上床睡觉了，她开始跟孩子谈话，从孩子的学习到孩子的未来，从孩子的行为到孩子的问题，有的时候越说越激动，还会训斥孩子，我就遇到过这样的妈妈，每天都让孩子委屈地流着泪上床睡觉，这样的孩子每每都让我感到很心疼，这样的妈妈每每都让我感觉真是太不智慧了。

孩子睡前一定要保持心情的愉悦，情绪的稳定，至少是平静，这样孩子的睡眠质量才能够有保证。孩子会很快入睡，孩子也是人，他们只有晚上有好的睡眠，白天才会有更多的精神来学习，他们的大脑才会活跃，可我不知道有的妈妈是不懂这个道理，还是根本不在乎孩子的睡眠质量，偏偏要把教育孩子的时间安排在孩子入睡前，这样当然是很不恰当的。

我赞成妈妈在孩子入睡前陪伴孩子，跟孩子有一些交流，但仅限于跟孩子谈一些让他心情愉悦的事情，让孩子保持睡前时间的情绪稳定是特别重要的常识，这个时候谈让孩子情绪紧张或激动的话题，会非常影响孩子的睡眠质量，甚至会让孩子经常做恶梦，这是妈妈们一定要避免的行为。

妈妈跟孩子说话看似简单，其实，有很多需要注意的原则，这些原则看上去不重要，但对于孩子的成长来说，却是一种保护。孩子是一种很弱小的生命，他的心灵跟他的身体一样需要用心呵护，我提出妈妈在跟孩子语言交流时需要注意一定的原则，要把握一个底线，实际上就是在为孩子们的心灵设一道防线，不要让妈妈们有意无意的语言行为伤害到他们。

我相信没有任何一位妈妈愿意伤害到自己的孩子，只是有时候她们真的对自己的行为缺乏认知，注意到跟孩子讲话的一些原则，可以最大程度让妈妈与孩子的交流有一定的理性在里面，这样也会让妈妈与孩子的语言交流更有品质，产生更理想的效果。

学会跟孩子说甜言蜜语

　　学会跟孩子说甜言蜜语也是妈妈语言修炼当中最重要的一个技巧，我之所以把这个称为技巧，是因为这其中真的蕴涵很多方法和艺术。我曾经了解过很多国家的妈妈她们跟孩子交流的特点，相比较而言，西方国家的妈妈们好像更擅长对孩子的情感语言表达，而中国的妈妈在这方面好像就更含蓄一些。

　　虽然要论付出和忘我的精神，中国妈妈绝对更胜一筹，世界上再也没有像中国母亲这样可以为孩子付出一切的群体了。但对于孩子们来说，妈妈的爱他们可以通过很多事情感受到，比如妈妈会为他们承担一切，大到买房买车，小到洗内裤袜子，不管他们是8岁还是18岁，妈妈都会为他们这么做。

1. 为什么中国的孩子幸福感差

　　可往往中国的孩子并不快乐，或者说是幸福感并不强，这其中很重要的原因其实就是人首先是精神的动物，他有除了物质需求以外更强烈的精神需求。对于孩子来说，妈妈的情感表达、妈妈对他心理需求的满足，远远要比仅仅是物质上的满足带来的快乐更让他感到开心。

我觉得对于现在的中国孩子来说，相比精神上的需求，他们物质上的享受的确越来越好，而心理需求并没有被极大的满足，甚至并没有受到更多的关注。这是因为这一代孩子的父母，大多是在物质匮乏的年代里成长的，因此当他们有能力给自己的孩子带来更多的物质时，他们往往把关注力都放在了为孩子创造更好的物质生活方面了，这也是为什么现在生活富裕了，很多孩子反而会有更多的精神与行为问题背后的真实原因。

孩子的成长真的是一个很复杂的过程，物质实际上就是一个保障，真正要孩子健康的成长，重视他精神上的需求，懂得满足他心理上的需要，时时刻刻让他感受到父母的尊重和爱，这才是最重要的。

2. 妈妈的爱在哪里

那么怎样让我们的孩子知道父母是爱他的呢？有的妈妈会说，我穿一百元一双的鞋子，给他买一千元一双的名牌运动鞋，这还不是爱吗？有的妈妈还说，他每天饭来张口衣来伸手，我把一切都替他做了，这不是爱吗？还有的妈妈说，不管他提什么要求我都答应，一切都顺着他，只要他高兴就行，这难道不是爱吗？

我想跟妈妈们分享的是，也许你所为他做的一切都是出于爱，但你可能还是忽视了一种可以用来让你的孩子感受到你的爱的方式，这种爱成本很低，产生的效能却会很高，经常用这种方式来爱孩子，会让孩子的情商越来越高，身心成长的很健康，拥有一个健全的人格，这种爱的方式其实就是我所说的，妈妈要学会跟孩子经常说甜言蜜语。我常说好孩子是爱出来的，不是骂出来的，这种爱当中很重要的成分就是爱的语言表达，妈妈的所谓甜言蜜语实际上就是一种爱的语言，据我了解，由于中国妈妈普遍比较含蓄，善于在生活中经常对孩子用爱的语言表达的妈妈并不多，即便有这样的妈妈，她这样的习惯也常常仅限于在孩子小的时候。

3. 妈妈的语言要随着孩子的长大而变化

我一直认为中国的孩子在3岁以前跟妈妈的关系是处于蜜月期，因为这时他对妈妈是最依恋的，妈妈跟他也是最甜蜜的，再含蓄不爱表达的妈妈，也会在这个时期经常把"宝贝，妈妈爱你"，这样爱的语言挂在嘴边。

孩子3岁以后8岁以前跟妈妈的关系开始有所变化，这时妈妈的抚养责任基本完成，开始了对孩子的教育过程。孩子跟妈妈的关系也开始进入过渡期。这个时候，孩子开始有自主意识，独立的意识开始觉醒，他开始寻求与妈妈的距离，以找到他自己的存在感。为此，他开始有自己的想法，有自己的要求，可对于孩子的这种变化，很多妈妈并没有意识到，或者意识到了她们并不舍得放手，不肯承认这种现实。于是，妈妈跟孩子的矛盾就产生了，亲子关系开始变得不和谐，甚至发生冲突。

很多妈妈在这个时期已经很少跟孩子有爱的语言交流，一方面她们会因为孩子的不服从对孩子产生抱怨情绪，一方面她们会觉得孩子不再有这方面的需要了，她会关注孩子的学习成绩、生活问题、技能问题，而对于孩子的精神状态大多数妈妈会忽视，而那些在成长中出了问题的孩子，则大多数来自这样的家庭。

孩子8岁到18岁是孩子的成长期，也是他跟妈妈关系的疏离期。这个时候的孩子开始真正长大，有自己的追求和生活目标，他开始真正意义上的独立思考，开始学会自己做决定，自己承担一些事情。这个时候，他跟妈妈之间实际上更重要的是一种心理联结，情感支撑，如果他在过渡期跟妈妈有很好的感情互动，有密切的爱的交流，这个时候，孩子虽然在关系上会与妈妈越来越疏离，但情感上会没有问题，甚至随着他自己的长大懂事，开始承担责任，他会更加理解与体谅妈妈。

但如果孩子在过渡期就与妈妈缺少爱的交流，感情的互动，那么到了疏离期，他会习惯这种疏离，并且很享受这种与妈妈的关系渐行渐远的生活，这样的孩子会越走越远，妈妈最后基本上只剩下可以看到他的背影了。

4. 跟妈妈疏离的孩子情商低

由于跟妈妈的感情疏离，这样的孩子一般不会有很高的情商。他不但会成为一个孤独的人，还不太会处理与他人的关系，对自己的感情关系也不太会把握，他可能会是一个很有爱的人，却从来不知道如何把自己的爱表达出去，让别人知道。最遗憾的会是他和妈妈的关系，实际上他们很爱对方，但行为上却通常会让彼此产生误解，妈妈根本不爱我，或者孩子根本不爱妈妈，有时候这并不是真相，可他们往往不知道。

我曾经跟很多妈妈强调爱的语言表达的重要性，尤其是在孩子小的时候，如果妈妈经常会对孩子说甜言蜜语，经常让孩子感受到妈妈爱的表达，孩子就会养成这样的习惯，懂得爱是需要表达的，明白爱是要说出口的这个道理。

5. 为孩子少做点多说点

很多妈妈都会把为孩子多做事情，当作对孩子的爱的表达。我建议妈妈们从现在开始，把这个习惯改一改，为孩子少做点事情，多说点爱的语言，当作与孩子的相处的方式。因为你的孩子只要不是婴儿，他真的很多事情都可以自己去做，你把所有的事情都替他做了，只会让他失去独立的能力和意识，这对孩子来说不是一件好事。但是，如果你是一位经常对孩子进行爱的语言表达的妈妈，你会让孩子的身心都很愉悦，他的个性会发展得很健康，而个性健康的孩子行为上都不会有太大的问题。

有的妈妈会说，我也很想对孩子说一些甜言蜜语，进行爱的语言表达，可有时真的不知道该怎么说，在这里我总结了一些孩子喜欢听，妈妈说起来也很容易的爱的语言跟妈妈们分享，学会了跟孩子说这样的甜言蜜语，成为一个孩子喜欢的好妈妈真的不难：

①宝贝，妈妈好爱你！

②亲爱的，你好棒！

③这才是妈妈的好女儿！

④儿子，妈妈真为你骄傲！

⑤宝贝，妈妈看到你好开心！

⑥亲爱的宝贝，做个好梦！

⑦宝贝，你的一切妈妈都喜欢！

⑧宝贝，你的头发看上去真不错！

⑨宝贝，你穿这条裙子漂亮极了！

⑩亲爱的，谢谢你帮助妈妈！

⑪宝贝，你的努力，妈妈看到了，棒极了！

⑫亲爱的，你尽力了，妈妈很开心！

⑬宝贝，妈妈好想你！

⑭亲爱的宝贝，今天真是愉快的一天！

这些爱的表达虽说是用在不同的场景中，但都是在表示对孩子的欣赏和鼓励，是妈妈随时可以用的爱的语言表达。我之所以把这样的语言看作为一种甜言蜜语，是因为这样的话都会让孩子的心情更加愉快，行为更加积极，情绪也更加明朗，这实际上就是一种奖赏，妈妈养成每天都会跟孩子说甜言蜜语的习惯，就是在每天让你的孩子都会获得奖赏，一个每天都在妈妈的奖赏中成长的孩子，有谁还会怀疑他的优秀，他只会比你想象的更加优质。

6. 肉麻的话不跟孩子说跟谁说

有的妈妈可能会说，这样说也有点太肉麻了吧，可这正是爱的语言的特点。如果它没有一点让人会起鸡皮的感觉，又怎么会让孩子感动呢？实际上这就是一个习惯问题，如果平时很少这样表达，偶尔为之当然很不习惯。但如果你把这种行为日常化，你不用刻意去这样做，很多时候这只是你很自然的情感表达，孩子就会感觉很自然，你也就习惯了这样的表达方式。

我跟我的孩子之间就一直坚持这样的爱的语言表达，在他很小的时候，我就经常对他说，宝贝，妈妈爱你！宝贝，你真棒！慢慢他长大了，出国读书了，我仍然坚持每天在电话里或者短信和微信里对他说，宝贝，妈妈爱你！亲亲你！有时候他考了不错的成绩，我也会对他说，宝贝，你是最棒的！宝贝，你是妈妈的骄傲！

这么多年来，我的爱的语言表达从来没有间断，这让我的孩子成了一个特别阳光、开朗、健谈的人。他在国外读了五年书，不仅锻炼的生活很独立，学业一流，成绩非常好，跟妈妈的感情交流也从来没有间断过，我们之间虽然都很独立，但我相信孩子的感情跟妈妈是相通的，这让我从来不担心他会出现什么问题，因为他知道他不应该让信任他、爱他的妈妈为他担心。

7. 爱的语言会让孩子更善良

我觉得让一个孩子善良、品行良好、为人处世积极而又大气、懂得为他人考虑，这些优秀的品质不是教育出来的，而是爱出来的。一个在爱的语言"浸泡"长大的孩子，只会更加懂得爱别人。所以，妈妈们一定不要小看甜言蜜语的力量，这是一种爱的力量。我们常说爱是阳光，孩子就像刚刚萌芽的小生命，你给予他的阳光越充足，他就会长得越强壮，相反，如果孩子的生活中过于缺少爱，甚至几乎找不到爱，他就会成长的很困难，他的生命力也不会很强大。

很多妈妈都在孩子渐渐长大的时候，有这样的感觉，那就是觉得孩子开始离她们越来越远，不仅生活上越来越有自己的主意，感情上也开始与妈妈疏离，有的孩子由于跟妈妈沟通不畅，相处的不和谐，让妈妈在感情上很有失落感。

8. 妈妈与孩子爱的语言表达也有关键期

每当遇上这样的母亲和孩子我总是在帮助她们的同时，也为她们感到遗憾，因为妈妈跟孩子的情感培养也是有时间段的，过去了那个关键期，后天的弥补往往不会有太理想的效果。最好的做法就是在孩子小的时候，让他经常跟妈妈有情感的交流，而爱的语言则是这种情感交流中最重要的一个环节。

每一位妈妈都不希望自己的孩子长大以后跟自己感情疏离，每一位妈妈都会为孩子长大后，总是只能看到他的背影而感到伤感和无奈，想让孩子的情感离妈妈更近一些，让孩子即使长大也依恋妈妈，牵挂妈妈，妈妈就要懂得从小培养与孩子的情感纽带，而爱的语言表达是必不可少的一部分，这不也正是妈妈的幸福所在吗？

9. 用现代的通讯手段让爱的语言永远畅通

有的职场妈妈也许很忙，经常出差，不能总陪在孩子的身边，但这也一定不可以成为你忽视对孩子说甜言蜜语的理由。现在的通讯手段很多，只要你是一位有这个意识和习惯的妈妈，通过电话、微信、微博，甚至视频聊天，你就一定可以每天都让你的孩子得到妈妈的爱的语言的奖赏。跟孩子养成这种模式的沟通习惯，你就会发现你的孩子很好管理。所以，在很多妈妈都跟我抱怨孩子越大越不听话的时候，我总是会问她们，你们有多久没跟孩子说甜言蜜语了？你跟你的孩子之间有爱的语言表达吗？你告诉过你的孩子，你很爱他吗？

我之所以认为这个问题很重要，就是因为我发现目前太多妈妈和孩子的关系紧张的个案，其背后真实原因却是孩子与妈妈的感情疏离。中国妈妈甘愿为孩子做一切，却很少有爱的语言表达的行为模式，显然已经不适应目前孩子的精神需求，这是中国的妈妈们亟待改变的方面，也是妈妈们的语言修炼很重要的部分。

对孩子多进行低声教育

　　低声教育是妈妈们在和孩子进行语言交流时的又一个很重要的技巧。在中国的传统文化中就有这样的说法，叫作"有理不在声高"，其实就是在告诉人们，真正你认为有道理的事情不需要大声叫嚷、吵吵闹闹的去解决，有时候低沉而坚定的声音，反而会让人望而生畏，以理服人。

　　这个方法用在孩子与妈妈的语言交流中也是一个非常有效而又实用的技巧。曾经在很多场合看到一些妈妈，孩子做错了事，或者表现得比较调皮，妈妈就冲着他们大叫大嚷，一副气急败坏的样子，可往往这样的妈妈孩子们并不怕，有的孩子也许会在妈妈的大声训斥下行为稍微收敛一下，但很快他就会表现得比刚才更顽皮，让妈妈更加无奈。

　　孩子为什么会这样？道理很简单，他知道妈妈看似大声地训斥，其实妈妈并没有真正的生气，因为大多数人在生气的时候会变得很沉默，所以有句话叫作"沉默是金"，可见沉默比大声嚷嚷更有力量和价值。

1. 低声教育有力量

妈妈的低声教育实际上就是一种沉默后的延伸，它比沉默更积极一些，因为它也是一种沟通方式。与妈妈的大叫大嚷相比，妈妈把声音的分贝降下来，用更安静和更理性的声音与孩子沟通，不仅对孩子是一种威慑，也是一种安抚，更是一种权威，这种声音会让孩子感觉妈妈是对的，他必须服从，否则妈妈也帮不了他。

这是很多个案证明了的事实，习惯对孩子的错误高声叫嚷训斥的妈妈，对孩子的行为产生的矫正效果，常常没有擅长低声教育的妈妈有效。有的妈妈会发现孩子在听到她的高声训斥后会好一点，但不会维持很长时间。但如果妈妈看到孩子的错误不是马上发火，而是沉默一会儿，然后很正式的与孩子进行低声交谈，孩子的行为大多会得到有效的改正，有的孩子甚至再也不会犯类似的错误。

妈妈注意在孩子犯了错误时使用低声教育的方法，因为妈妈可以用很安静、分贝很低的声音跟孩子交流，首先说明妈妈的情绪处于理性状态，其次说明妈妈很尊重孩子的自尊，如果在公共场合，这说明妈妈很给孩子留面子，这会让孩子的心理不至于那么逆反，最重要的是如果妈妈能够控制自己的情绪，孩子就不会情绪失控，因此，他会很容易就听明白妈妈的话，知道妈妈希望他怎么去做。

低声教育之所以对孩子的行为矫正更为有效，就是因为它更有力量，对孩子产生更大的震撼力。而且，如果妈妈习惯对孩子进行低声教育，从来不大叫大嚷，孩子也会养成用这样的方式跟妈妈交流，这很自然的就会成为他的一种生活习惯。

2. 妈妈大叫孩子也会大叫

我见过这样的妈妈，她管孩子的方式就是大叫，孩子做错事，她会大叫，孩子不洗澡，她会大叫，孩子让她烦了，她也会大叫，而孩子会在妈妈大叫的那一分钟之内，变得收敛一些，很快就又表现得让妈妈受不了，然后，妈妈再大叫，这样的循环不断的在孩子和妈妈之间进行着，孩子才五六岁，妈妈已经感觉无能无力了。

最可怕的是，这个孩子也开始和妈妈一样，遇上问题喜欢大叫，表达自己的不满也是大叫，这是个女孩，我好像已经看到了她做了妈妈的样子。所以，妈妈的低声教育不仅仅是一种让孩子接受的交流方式，更重要的它还是一种影响孩子未来与人交流模式的选择。

3. 低声教育让中国人更受尊重

我特别倡导妈妈们跟孩子之间采用低声教育的方法，还有一个很重要的原因，就是我们中国人走到哪儿都备受诟病——高声喧哗的困扰。这几年随着中国人走出国门的机会越来越多，周游世界，国际旅行已经不再是一件稀罕事儿，有钱了的中国人到处都表现得财大气粗，肯花钱的大方劲儿让很多国家的人都高看一眼，可唯独在素质上得不到国际上的肯定。

很多国际媒体都认为中国人的整体素质不高，文化教养跟他们的钱包不成比例，这其中有一个让所有国家的人都为之望而生畏的问题，就是中国人无论走到哪儿都很扰民，因为他们太爱大声聊天了，而且，不管场合、地点、时间，只要有机会便会大声地交谈、寒暄、高声喧哗，从来不顾忌周围人的感受，这种交流模式几乎成了中国人的招牌。

除了中国人热情、不保守、爱聊天这些天性中的东西，我认为很多人不分场合、地点这么做，最主要的还是缺乏教养。因为，他们习惯了在什么地方都大声说话，高声交谈，因此，他们并不认为自己这么做有什么不合适，这其实就是一种认知的问题。

4. 低声教育有方法

我特别希望我们的妈妈们能够从现在开始就与孩子们多多使用低声教育的方式与孩子交流。一方面能够让孩子更好的接受批评的方式，另一方面，让我们的孩子们养成低声说话、低声与人交流的习惯，这样的孩子走出国门会更受他人尊重，也会表现得更尊重他人，成为更加有教养和风度的中国人。

妈妈的低声教育是更有力量的语言形式，那么妈妈在什么时候对跟孩子进行低声教育比较有效呢？

①公众场合

如果孩子在公众场合表现不佳，妈妈也不能视而不见。在这个时候，你完全可以微笑着把孩子叫到身边，用只有你们两个人才可以听得到的声音，告诉孩子应该怎么做，妈妈切记这不是你指责孩子的时候，如果你一味地抱怨他，孩子只会表现得更不好，你只要微笑着告诉他怎么做大家才更会欢迎他就好了。

②孩子犯了错的第二天或一周时

如果孩子知道他错了，妈妈完全不必马上就跟他谈为什么错了，因为这个时候你和孩子的情绪都不稳定，你的意见孩子不一定会心悦诚服的接受，你也可以让孩子先考虑一下自己的问题，然后在第二天或一周后与孩子低声交流，这个时候你和孩子的情绪都已基本恢复正常，因此，你的低声教育的效果会更有力量，对孩子的说服力会更大，对孩子的行为矫正有很直接的帮助。

③你想让孩子接受你的建议时

很多妈妈想让孩子听从自己的建议，她们常常以为自己越大声孩子就会越服从，实际上孩子对这种方式并不敏感，但如果妈妈用很安静但却很坚定的声音告诉他，有些事他必须这么去做的时候，他反而会很快的做出反应，这就是一种低声效应。

④孩子情绪激动时

孩子受了委屈或者被批评，常常会情绪很激动，又哭又闹，妈妈切忌在这种时候指责孩子，更不要又叫又嚷，让孩子安静。要知道如果你安静，孩子很快就会安静下来，而如果你吵吵嚷嚷，孩子的情绪只会更加烦躁、失控。不管孩子的哭闹有没有理由，你现在要做的就是让孩子尽快安静下来，你需要做的就是对他进行低声安抚，你可以拥抱着他，用很低的声音告诉他，不管是什么样的事情他都需要先安静下来，不管是什么样的要求都要在他安静下来以后，才能沟通。

这个时候妈妈的低声安抚对孩子来说就是一种情感上的接纳，它会让孩子的理性尽快回归。实际上很多问题只要孩子安静下来就不难解决了，有的妈妈总是对孩子的哭闹感到束手无策，有时候被孩子哭烦了就冲着孩子大叫大嚷，事实证明这种做法根本解决不了问题，只会更加伤害到孩子。

所以，当孩子情绪失控的时候，妈妈的低声安抚是最有效的改善手段，也是最快能够让孩子尽快安静下来的很温柔的方式。

如果你是一位既希望自己的孩子成为优秀的人，又特别渴望与孩子保持温暖和谐的关系，希望体验更多做妈妈的幸福感的母亲，那我建议你一定要在自己的语言能力上做一些这样的修炼，这不仅可以提升你与孩子相处时的愉悦感，还会让你成为一位最受欢迎的妈妈。我常说，语言是有力量的工具，它会让你成为一个气场强大的妈妈，这样的妈妈养育大的孩子一样会气场强大，你可以试试哦！

Part 02

幸福妈妈的**行为修炼**

改掉不利于孩子成长的不良习惯

　　现在很多妈妈最头疼的就是孩子的行为习惯问题。每次在亲子课上，妈妈提问最多的是孩子的行为习惯问题，可见孩子的行为习惯已让很多妈妈感到棘手。

　　可是不知道妈妈们考虑过没有，孩子很多不良的行为习惯是如何养成的，他们是受谁的影响才变成这样的？这个问题，我问过很多妈妈，有的妈妈会说，是孩子的父亲不好，坏习惯影响到了孩子，有的妈妈会说，孩子在外面受到了影响，回到家里就改不过来了。

　　每当这时我就会问这位妈妈，你有没有考虑一下你自己，在哪些方面有一些不适合孩子成长的不好习惯，有没有想过孩子的某些行为是不是也受了妈妈的影响？每当这时妈妈们就会面露尴尬，讪讪不语。

　　晶晶是一个8岁的女孩，刚上小学二年级。最近，老师发现她早晨经常迟到，上课的时候爱睡觉，学习成绩下降很快，老师找来了晶晶的妈妈了解情况，结果才了解到，最近，因为晶晶的妈妈在追韩剧，每天都看电视到深夜，因为妈妈睡得很晚，晶晶也跟着妈妈一直到看完电视剧才睡，所以，睡眠严重不足，不仅早晨起不来，平时上课也没精神。

听老师说孩子学习成绩下降的很快，晶晶妈妈很后悔，她非常明白是自己不好的行为习惯影响到了孩子。实际上在生活中这样的妈妈又何止是晶晶妈妈一个啊，据我了解，现在的妈妈当中，存在着下列不利于孩子成长的行为习惯。

1. 生活习惯

①晚睡，熬夜

刚刚在媒体上看到一个消息，一位才27岁的女警花因为癌症不幸去世。临终前她写下了这样的遗言，希望现在的年轻人不要再熬夜，不要每天都很晚睡，她分析自己这么年轻就罹患绝症的原因之一，就是太爱熬夜，有时是为了工作，有时候却只是为了贪玩儿而任性。

关于人总是熬夜晚睡是否是容易患癌症的问题，近年来不断见诸于报端。不管它的科学依据是否充分，在我看来，就近期媒体曝出的罹患癌症的人群中十有八九是有熬夜的习惯。

2011年，复旦大学青年教师于娟因患乳腺癌去世，年仅33岁，在发现癌症的几年里，于娟陆续的写下了七十多篇癌症日记，其中也提到长期熬夜加班等于慢性自杀。与前面刚刚离去的27岁警花不同，33岁的于娟是一位妈妈，她离开的时候，她的孩子才刚刚学会叫妈妈，所以盛年早逝的于娟对于离开这个世界有百般的不舍，她在自己的癌症日记里写道，"我愿意像一个乞丐——或者干脆就是一个乞丐匍匐在国泰路边，只要能活着看着我的爸妈带土豆（于娟的儿子）经过。"她的癌症日记后来被整理成为一本书出版发行，书名就叫作《此生未完成》。这些听来令人唏嘘的人生故事，如果它的主角是一位妈妈，我不知道妈妈们看了有怎样的感想。

女人一旦做了妈妈就不再那么自由了，因为你的肩膀上从此有了责任，你不可能再像以前一样可以只为自己活着，你的孩子是你的另一个生命，你们不但要生死与共，还要一起成长。如果妈妈中途退场，最痛苦的可能不是你，而是你的孩子，因为如果妈妈不在了，漫漫长夜孩子只能自己陪伴自己，自己照顾自己，当然孩子会照常长大，可这其中又会有多少孤单，多少辛酸，只有孩子知道。

所以，女人一旦做了妈妈，就一定不可以继续任性，因为你的任性可能带给孩子的都是未知的命运。据我了解，现在的妈妈们平均的睡眠时间，都在晚上12点以后，有的还会更晚。有的妈妈甚至为了加班完成工作，还会通宵不睡，从工作的角度来讲，这样的妈妈是蛮拼的，但是从妈妈层面上看，这样的妈妈实际上有些不太智慧。

无论从哪个角度说，晚睡的习惯都对健康没有好处，更何况那些晚睡的妈妈身边通常都会有一个爱晚睡的孩子。我曾经跟一位小学班主任聊天，她告诉我在学校里那些到了下午上课的时候就无精打采、昏昏欲睡的孩子，她问了一下，平均每天睡觉的时间都在晚上十一点以后，对于这些早上平均都要五六点钟起床的孩子来说，这样的睡眠时间显然是远远不够的。

老师问这些孩子为什么会这么晚睡，孩子大多数会说，因为妈妈也是这么晚睡，老师又问，妈妈为什么会这么晚睡？孩子们七嘴八舌，有的说妈妈看电视看到很晚，有的说妈妈上网玩游戏玩到很晚，也有的说妈妈会跟朋友聊天聊到很晚，当然也有一些孩子认为妈妈是在公司加班回来的很晚才会晚睡，尽管妈妈们睡得很晚的理由各种各样，但对孩子们来说，让他们每天晚睡的理由只有一个，那就是，妈妈也睡得很晚。

对于这一点我深有感触。由于我的工作性质决定了我经常需要熬夜写作，有一段时间我发现我房间里的灯亮到多晚，我儿子房间的灯就亮到多晚，而我是工作，他却是天天写完作业就玩游戏玩到很晚。最主要的是我晚上写作，白天可以休息，可孩子那时正读初中，白天功课紧张，晚上总睡得太晚怎么可以？我开始做孩子的思想工作，要求他写完作业就上床睡觉，可孩子振振有词，你为什么可以晚睡？你每天都熬夜身体不是也没问题吗？

听到孩子这么说我无言以对，是啊，无论妈妈有多少理由要求孩子早睡，可妈妈每天的行为摆在这里，都说言教不如身教，看来真是这么个理儿。孩子那时正是长身体、长知识的时候，晚上总熬夜不仅对身体不利，也对他白天上课的质量特别有影响，我最担心的是他要是养成这样的不良习惯，会对他将来的生活造成影响。

从那以后，我开始有意识地调整自己的作息规律，尽量把工作放在白天完成，晚上在孩子写完作业后跟他聊一会儿天，便开始督促他上床休息，有时候实在晚上需要工作，我也会在孩子睡了以后再悄悄起来工作一会儿，但也绝对不会超过12点。

经过这样一段时间有意识的调整，我发现孩子的作息时间开始得到矫正，他基本养成了每天九点钟以前结束学习，准备睡觉的习惯，孩子的身体状况也得到了很好的改善。以前每到换季的时候，他一定会感冒发烧，但自从睡眠习惯调整过来，感冒就很少了，关键是个子呼呼的长了起来，到了读高中的时候，已经超过了180厘米，从原来孱弱的豆芽菜体格长成了健壮魁梧的大男孩样子，谁见了都觉得他很阳光健壮。

虽然孩子的变化有各种各样的原因，但我始终认为他改掉了熬夜的行为习惯，是一切改变的保障。而这其中实际上主要是来自妈妈的改变影响了他。所以，我建议妈妈们要尽快改掉熬夜晚睡的行为习惯，不仅仅是为妈妈们的健康着想，更重要的是为孩子的行为习惯的养成在考虑，因为习惯的确是一种很难抗拒的力量，一旦形成，改变起来会很痛苦。

想要孩子们的行为习惯从一开始就是健康的，妈妈们必须从自己做起，在孩子小的时候就以自己的良好习惯影响和引导他们。很多妈妈都知道晚睡不是什么好习惯，可就是缺乏修正自己的勇气与行动，实际上跟你的健康和孩子未来的习惯养成相比，当然还是你现在尽快改正的成本最低。

②不吃早饭

前一段时间，我到外地去讲课，早上7点多我坐在车上往会场赶的时候，发现很多妈妈正骑着电动车送孩子去学校，那些坐在车后的孩子，有的只有5、6岁，有的大概7、8岁，这些孩子无一例外的睡眼惺忪，精神不振，最让我惊讶的是这些孩子个个都坐在电动车上吃着东西，有的是左手拿着牛奶、右手拿着面包，有的是拿着点心、鸡蛋一口一口地吃着，这种场面真的让我有些担心，孩子的早餐在妈妈的电动车上解决这能行吗？

在北京我也看到过类似的场面。公共汽车上，妈妈送孩子上学，也是一手面包，一手牛奶，妈妈喂一口孩子吃一口，孩子吃得很倦怠，妈妈也喂的很疲惫。这样吃早餐的大多是小一点的孩子，有的大一点的孩子，都是每天妈妈给点钱买个煎饼果子解决问题，据我所知，有的孩子为了去网吧玩往往就会把这个早餐钱省下来，根本就不吃早餐。

都说早餐是一天里最重要的一餐，当看到孩子们都如此解决早餐问题，我不得不为他们的健康担心。可跟妈妈们聊起这个问题，妈妈们也是多有抱怨，她们说，早上的时间太紧张，大人要上班，孩子要上学，都不能迟到，因此有时候孩子能在电动车上吃上饭就不错了，她们这些做妈妈的大多数时间是不吃早餐的，有的妈妈是没结婚的时候就养成了不吃早餐的习惯，做了妈妈以后这个习惯也改不过来，索性就由它去。

据我所知不管是在中国的传统医学当中，还是在目前的现代医学理论体系里，每天一顿健康且搭配科学的早餐，都是身体成长的必要条件，对于成年人来说这很重要，对于正在长身体的孩子来说就更加重要。这实际上是一个生活习惯的问题，对于一位妈妈是否有好好吃早餐的习惯就显得更为重要。

我曾经在一所中学做过调查，在高二的学生中，至少有一半以上的女生有不吃早餐的习惯，而男生中就更多。女生的理由大多是没时间，或者减肥。而男生则认为不吃早餐已经习惯了，有的男生还会说，他们的父母都不习惯吃早餐，所以，他们反而会觉得吃了早餐很不舒服。

像这样的孩子大多会在早晨十点钟左右就饥饿难耐，下了课以后纷纷涌向小卖部，买各种零食吃，然后午餐时又没有胃口了。孩子们每天这样就形成了很不好的习惯，正餐吃不下，零食断不了，不仅养成了乱花钱的习惯，对身体的健康也一点好处都没有。

而那些坐在电动车上吃早饭的孩子，在公汽车上吃早饭的孩子，长期这样对他们的健康真的危害很大。先不说这环境有多不好，空气有多脏，就说孩子用这样的方式吃下去的食物能有多少的营养，而且在这种紧张的气氛下，孩子即使吃饱了，消化也会受到影响，最终还是会给孩子的健康带来问题，这样做真的不是很负责任的妈妈。

其实，只要妈妈重视这个问题，每天规划好自己的时间，自己首先改掉每天不吃早餐的习惯，争取每天都让孩子吃上美味的早餐，这件事并不像你想象中那么难。

我在国外学习的时候，发现国外的妈妈就非常重视家庭的早餐时间，我认识的一位三个孩子的母亲，她在银行上班，工作非常忙，但再忙她也坚持每天在早餐的时间出现在厨房里，她说她希望她的孩子们每天都会在飘着咖啡香气的屋子里起床，然后来到厨房和妈妈共享丰盛的早餐。

她说早餐是一家人心情最好的时候，因为大家一夜好眠，早餐后又要各赴自己的岗位，孩子去学校，大人们去上班。一天有好的开始，才有好的心情，以饱满的情绪去迎接个各种各样的挑战。妈妈在这时需要出现在早餐桌上，为每一位家庭成员加油，鼓励他们去好好完成自己一天的任务，美味的早餐让孩子们的身体有力量，更对他们的精神是一种抚慰，因为美好的食物也会让人身心愉悦，更加热爱生活。

为了让孩子们和丈夫能够每天都能吃上美味的早餐，这位拿着不菲年薪的妈妈，每天的晚上都要为第二天的早餐做很多准备，有时候为了食物的新鲜，她经常很早就起来到厨房，烤面包、烤饼干、做小点心，对于她的孩子来说，早晨醒来满屋的巧克力饼干香气就是动力，而妈妈在厨房忙碌的身影却永远是他们的回忆中最动人的一幕。

这个妈妈的家庭是我在国外见过的最幸福的家庭之一，孩子的父亲是一家汽车销售公司的高管，尽管工作忙碌，他也是每天都坚持跟孩子们一起吃早餐，这对事业都极其成功的父母把每天可以陪孩子吃早餐看作是一件很幸福的事情。

所以，每每看到那些神情倦怠的出门、挤在脏脏的早点摊上的孩子，我就想起了那位国外的妈妈，都是一样的忙碌，难道中国的妈妈们真的就缺少为自己的孩子做一顿美好的早餐的时间吗？

我真的觉得妈妈们缺的不是时间，而是一种认知和对家庭生活品质的追求。我特别不认同有的妈妈把工作忙，认为自己因为对事业的追求就可以忽略孩子和家人生活品质的观念，我认为人追求事业的成功实际上是为了更好地提高生活品质，如果你在追求事业成功的路上，把一切都舍弃了，那到手的成功又有什么意义？

我身边有很多孩子已经长大工作的妈妈，经常抱怨自己的孩子总是不吃早餐就去上班，抱怨他们的孩子的孩子也开始不爱吃早餐，喜欢空着肚子去上学，为此她们很为孩子的健康担心，但是，不知她们是否想过，孩子的这种习惯是从哪儿来的？

我曾经说过对孩子来说，他来到这个世界上时是一张白纸，他纯洁干净、一尘不染，可为什么他慢慢就有了很多不好的行为，甚至是不良的习惯，这其中起决定作用的当然是孩子的父母。尤其是孩子小的时候，他跟妈妈在一起的时间比较多，因此生活习惯和行为上就会更多地受到妈妈的影响。

在我所了解的不爱吃早餐的孩子当中，至少有七成以上的孩子是因为妈妈也很少吃早餐，有八成以上的孩子是因为父母从来都不在家吃早餐，所以，养成这样的不良习惯一定不只是孩子的原因。

我建议妈妈们重视这个问题，首先自己要改掉每天不吃早餐的习惯，这也是对自己身体负责任的表现。其次，妈妈们要在早餐的水平上下点功夫，不仅要让孩子们吃上早餐，还要让孩子们爱上吃早餐。

其实，在现在这个物质极大丰富的时代，早餐吃什么，怎么吃，真的已经不是问题，重要的是这是一位妈妈和孩子情感分享很重要的机会，让你的孩子每天都能够在早餐桌上看到妈妈的心意和爱，让你的孩子每天早晨在暖暖的饱意和美食的抚慰下，出门去做他应该做的事，给他的一天都带来好心情，这才是妈妈爱心早餐的真正意义所在。

这样的分享会让孩子面对新的一天时心态更积极，情绪更愉悦，心情更开朗。你很难想象一个孩子无论寒冬，无论酷暑，都在早晨饿着肚子出门，或者吃一个什么卫生条件也没保障的食物充饥，然后去面对他感觉很有挑战的一天，这样的孩子你让他对什么都充满积极性，我觉得的确有些勉为其难。

很多妈妈现在最担心的就是怕自己的孩子输在起跑线上，我可以这样说，如果你的孩子天天不吃早餐就出门，你是一位从来不会给孩子准备早餐的妈妈，那你的孩子还没有起跑恐怕就会输了，他可能不会输在技能上，却会输在健康上，输在习惯上，如果孩子输了，你这个妈妈会赢吗？

③生活没有秩序

我有一段时间因为要写一本大学生生活题材的书，到北京几所大学去采访，这几所大学都是名牌高校，可以说考进来的学生都属于高材生，学习成绩都很棒，可是，走进他们的寝室，我有点目瞪口呆。

先是女生的寝室就让我开了眼，以前对凌乱不堪四个字没有深刻的感受，走进这些女大学生的宿舍，我开始理解什么叫作凌乱不堪。那是一种没秩序到极致的状况，床上除了有一个能睡觉的地方全是衣服和书，每人一张小桌子，桌子上的东西堆得要掉下来，我看了一下那里面化妆品和打印纸放在一起，喝过的饮料盒和吃剩的面包放在一起，不仅凌乱还有些脏乱差。

同样，男生宿舍也是一样的乱，桌子上吃完的方便面碗和烟灰缸混在一起，床上处处都是衣服、袜子，散发着怪味道。这些已成年的孩子就在这样的环境下，玩着电脑，听着音乐，聊着天，对这种混乱不洁的环境竟然没有丝毫不适应。

跟这些孩子来聊他们如此没有生活秩序的习惯的由来，我发现是这样的两种妈妈影响了孩子的习惯养成。一种是包办型妈妈，这样的妈妈往往是那种事无巨细，无论孩子多大都把孩子当婴儿对待，从孩子的吃饭穿衣到孩子的书包书桌，不仅为孩子做很多该做的事，就是孩子自己可以做也能够做的事情她都替孩子做了，于是，这样的孩子基本上除了学习考试，其他的一概做不了。

还有一种妈妈就是她自己的生活就极为不讲究，不太在意家中的整洁和秩序，我有一次去一位问题孩子家做咨询，推门进去竟找不到一个可以坐下的地方，让孩子网络成瘾的电脑就架在床上，那是个夏天，可是这位妈妈家的沙发上竟还放着冬天穿的羽绒服、毛衣、秋裤，家里的凌乱和她的孩子一样让人只剩下了叹息。

很难想象她的孩子长大会养成怎样的习惯，我相信那些在大学宿舍里容忍自己的寝室乱成一锅粥的孩子里，背后少不了这样的妈妈，我把她们称作无秩序妈妈。

对于孩子爱干净、爱整洁的习惯养成，包办型妈妈和无秩序妈妈都不会给孩子带来好的影响。包办型妈妈的特点是让孩子从小就养成了依赖的习惯，自己的动手能力很差，由于什么事都是妈妈帮着做，长大后他既没有把自己的生活安排得很有秩序的能力，也缺乏这样的要求，因此走到哪都是乱糟糟的。

而无秩序的妈妈也一定带不出生活整洁爱秩序的孩子，这样的孩子由于从小就缺少这样有秩序的环境，因此，他的生活习惯也好不到哪去。我曾经在写报告文学《第一代独生子女婚恋调查》这本书时，采访过大量刚刚进入婚姻家庭的80后，发现在这些年轻的小夫妻中，缺乏把自己的小家庭料理得干净整洁的能力。

由于这一代孩子大多是独生子女，父母多为包办型父母，因此，很多孩子已成年，进入了婚姻家庭，料理家务的能力基本为零，不是家里混乱不堪，就是只能靠父母帮他们收拾。还有一些孩子，主要是他妈妈从来就没培养他具备这样的能力，因此，面对独立的家庭生活，他们常常感到很无助也很无奈。

所以，培养孩子自己的动手能力，让孩子从小就养成喜欢有秩序的生活，并且会打理自己的生活的习惯是妈妈很重要的责任。这首先要求妈妈要改变自己的习惯。如果你是包办型妈妈，你目前最需要做的就是减少为孩子服务，只要孩子到了自己可以做事情的年龄，你需要的带他学会他应该做的事，而不是什么事都替他去做。

要知道你让他自己做一次，比你替他做一百次更能让他成长，妈妈永远不让孩子独立承担他自己的生活，就是在阻碍孩子长大成人。

而对于无秩序妈妈来说，为了你的孩子，请你尽可能尽快改善你的生活习惯。其实让你的家庭变得有秩序并不难，你只需要学会收纳，学会整理，知道什么东西应该放在哪，讲究一点生活品质，我觉得你这么做也并不完全是为了自己的生活，最重要的是你会给孩子养成一个好习惯，让他无论是将来的集体生活，还是自己的小家庭中都能够驾驭得游刃有余，井井有条。

很多妈妈都希望自己的孩子无论在哪儿都是一个受人欢迎的孩子，而我在太多的场合看到那种不被欢迎的孩子，其中很重要的原因就是他们邋里邋遢，生活毫无秩序。一个人连自己的个人生活都无法打理的让人很满意，他的个人能力真的会受到质疑，尽管他可能来自名校，头顶上有各种光环。

在我所住的小区里，因为靠近地铁，有不少房屋租给了刚刚毕业的大学生，这些刚开始工作的年轻孩子，大多数都是跟他人合租，因为他们当中不少人缺乏独立生活的能力，缺乏有秩序的生活习惯，因此，把合租屋搞得凌乱不堪的不在少数。每天在小区的广场上都在听那些房东吐槽这些租房的孩子，不讲卫生、不整洁，生活无序的状态让房东们个个头大，却拿他们也没办法，有的房东也会抱怨孩子们的妈妈，说也不知道这些孩子的妈妈是怎么教他们的，连最起码的生活都打理不好。

我不知道这些孩子的妈妈听到这些议论会怎么想，反正如果我的孩子天天被他的房东这样抱怨，我可能真的会觉得是自己的失职。现在在很多城市里，由于房价的高企，大多数刚刚毕业的孩子想要独立的创业生活，可能只能先从租房甚至是跟别人合租开始，这是一个特别考验孩子生活能力的过程。如果孩子从小就养成了整洁秩序的生活习惯，那他一定是处处都受欢迎，而如果他的生活无序，习惯不良就会给别人、也给他自己带来很多麻烦，甚至是烦恼，影响他走向社会的过程。

晚睡、熬夜、不吃早饭、生活没有秩序，这些不良的生活习惯看似是小事，但积累得多了便会成为大事，不仅影响孩子的健康，更会影响到孩子未来的发展。我们常说，孩子外边走，身上带着妈妈的两只手，实际上就是在说，孩子的生活行为习惯好不好，看看妈妈就知道了。

　　所以，在妈妈的行为修炼里，我认为最重要的就是妈妈首先要改掉那些不利于孩子成长的生活行为习惯。因为，有什么样的妈妈就有什么样的孩子，这是目前很多家庭教育研究理论得出的共识，想要孩子从小养成良好的生活习惯，还需要妈妈做出改变，尽量给孩子好的影响。

2.行为习惯

①专注力差

　　这几年我在很多学校采访的时候，都听到老师们在反映这样一个问题，那就是现在的孩子很聪明，就是专注力太差，尤其是小学生，专注力差的表现更加突出。

　　专注力是近几年大家才注意到的一种人的特质，这是因为美国心理学家的一个研究发现，在所有成功的人群中，尽管他们会有各种不同的特质，但有一个特质几乎是所有成功人士共同的特点，那就是专注力，这是一种对事物的专心、关注，能够把所有的关注度都投入到一定的事物上的能力。美国心理学家们认为，成功人士之所有能够成功，就是因为他们有非同寻常的对事物的专注力。

　　而在我对学习困难的孩子的特质调查中也发现，那些存在学习困难，成绩较差的孩子大多数都有专注力差的问题，也就是他们当中很多孩子是无法在一件事上集中精力的。这对孩子们来说，有时候是一种学习困难症，有时候却仅仅是一种习惯。

　　我在很多这样的孩子中发现，孩子无法专注于某件事情的习惯，实际上来自家庭的影响，准确地说是来自于妈妈的影响。曾经有一位妈妈带着她上小学二年级的孩子来找我，咨询孩子成绩差如何调整的问题，我问了孩子几个问题，发现孩子挺聪明的，不存在智力问题，但是我发现孩子的专注度很差，眼睛永远在东看西看，一边跟你说话一边手里玩着手机，一边关注着隔壁房间开着的电视。

　　我发现孩子这样，马上开始问他妈妈，平时在家里，孩子学习的时候，妈妈在做什么？这位妈妈说，孩子学习的时候她一般会陪着，但孩子在一边学习，她会在电脑上玩游戏，一边用手机发微信跟朋友互动，如果有好的电视剧，她还会把电视打开追剧，这位妈妈说自己白天很忙没有时间休闲，只有晚上回到家里，她才能玩玩游戏，跟朋友联络一下，看看电视，我说你可以同时做这么多事情吗？她说这么多年都这样已经习惯了。

这位妈妈这样一说，我恍然明白，她的孩子为什么专注力这么差，而不能在一件事上集中精力，专心关注，则是他学习成绩越来越差的根本原因。因为学习这件事一定是需要专注度的。

由于妈妈总是同时做很多事，缺乏基本的专注力，孩子从小不仅没有受到专注度的训练，相反还受到了妈妈不专注的行为习惯的影响。因此，他的专注力的程度就很低，而无法专注于某件事情的行为习惯对他的影响，在他读了小学以后就愈加明显。因为，他在课堂上无法专注地听讲，他的精神永远是分散的，任何一个细微的事情都有可能吸引他的注意力，这影响了他对功课的吸收。

像这样的孩子在写作业的时候也不会专注，他可能也会一边玩着手机一边看着电视在写作业，这样的情况下写出的作业能有多高的质量？我相信孩子的学习成绩已经证明了一切。由于缺乏专注力，孩子对学习的兴趣也是有限的。

在我对很多问题孩子的研究中发现，妈妈的行为习惯有时候对孩子的影响是潜移默化的，也就是在妈妈可能根本没有注意到的时候，她的某些行为习惯已经跟她的孩子如影相随。

现在很多孩子入学以后都被发现专注力差的问题，很多孩子的学习困难症的背后最突出的其实就是无法集中精力做好一件事，而学习一定是一件需要高度集中精力完全投入的事情。

还有一些孩子因为专注力差什么事情都无法做好，而且对任何事情都是三分钟热度。我身边就有这样一些妈妈，孩子说喜欢钢琴就买钢琴，学了没几天没兴趣了，就扔在那儿再也不碰了。有的孩子说喜欢画画，就报班学画画，昂贵的学费交了，孩子学了没几天又没兴趣了。还有的孩子说想学围棋，也是去了没几次不喜欢就放弃了，因为孩子的不专注不知有多少妈妈花了冤枉钱，浪费了多少时间。

虽然孩子的兴趣变化的确是比较快的，但如果孩子具备最起码的专注度，他至少会在某一件事情上懂得坚持，实际上孩子的专注度也不是天生就有的，他也需要后天的训练和养成，因为孩子入学以后大多都在6、7岁，也就是他的行为习惯养成的关键期已经过去了，因此父母希望孩子在学校里养成这样的习惯是不现实的。

我一直认为孩子的行为习惯养成的最佳时机是在6岁以前，这是孩子最容易接受心智启蒙和行为训练的时候，因为这个时候的孩子大多数都还在家庭里，如果有好的环境和好的习惯培养，孩子的行为就会往好的方向发展。而如果家庭成员本身行为习惯就有问题，孩子就会被不好的行为习惯所影响，可以说这个时候，孩子得到的行为习惯的影响基本可以持续终生。

因此，当那么多的妈妈都发现自己的孩子什么都不差，唯独缺少专注力时，我常常会提醒她们，有没有注意自己的专注力怎样？有没有发现自己在生活中常常无法专注于一件事情的问题，有的妈妈会说同时去做几件事情，或者同时关注很多事情，对她们来说就是一种习惯而已，可我常常会说，也许就是这种习惯毁了孩子的专注度，让他们也无法专注于一件事情。比如说学习时还在看动画片、玩手机，大一点的孩子会一边跟同学微信、QQ聊天，一边听着音乐写作业，这样的学习成绩会很好，我相信那这孩子一定是个天才。

但我发现生活中天才的孩子毕竟是少数，大多数孩子天资有限，想要一个好成绩必须得靠后天的努力与勤奋，而学习是有方法的，在所有学习方法中，可能只有专注度是最重要也是通过后天的培养是可以形成习惯的。

为什么美国心理学家会发现专注度是所有拥有成功人士的特质，就是因为无论做什么事情缺少了专注度，是很难成功的，对于孩子们的成才和学习取得好成绩来说，提升专注力的培养，也是一种捷径。

过去我们常常在文学作品里读到，科学家为了研究成果可以废寝忘食，忘了白天与黑夜，忘了吃饭睡觉，现在看来这并不是一种虚构。成功的人之所以可以成功，就是因为他们具有超乎常人的专注力，而且，对他们来说，这种专注力并不是一种选择，由于多年的行为习惯的养成，对于成功的人来说，这种专注力已经成为他生命的一部分，成为他人格的一种特质。

专注力的另一方面其实就是坚持。那是一种不把事物征服或者做到尽善尽美决不放弃的心态，对事情的专注、用心，再加上坚持，这其实就是成功的奥秘，每一位人生成功的人都用他们的经历证明了这一点。

所以，当孩子的学习成绩不那么尽如人意的时候，当孩子无论做什么都无法坚持把事情做好的时候，当孩子很容易就想要放弃的时候，我想提醒妈妈们，是不是需要看一下你自己的行为习惯里，专注力是不是有所欠缺，你是不是并没有给你的孩子做出一个很好的榜样，让他看到你是一个专注度非常高的妈妈？

尤其是那些对孩子的成绩和学习能力存在各种抱怨的妈妈们，我认为你最重要的真的不是对孩子学习能力的质疑，而是对他建立好的学习习惯的培养和影响，比如说专注度的养成。

　　其实，对于孩子来说，任何一个习惯的培养都不难，甚至都不需要刻意为之，主要是妈妈懂得调整好自己的行为习惯就好了。我常说，女人做了妈妈就需要自我认知，不断总结自己，盘点那些经常给孩子带来好的影响的行为习惯坚持下去，发现会给孩子带来负面作用的行为习惯并尽快修正。只有这样你才会成为一个负责任的妈妈，一个称职的妈妈。

　　只要妈妈认识到自己专注力差的行为习惯给孩子带来的不好影响，学会调整是很简单的事情，因为成年人都会比较有克制力，尤其是妈妈有强烈的向好的愿望和动机，想要改变自己并不难。

　　我特别建议妈妈和孩子一起来养成这样专注的好习惯。比如，在孩子小的时候，妈妈可以通过跟孩子一起来读一本书，培养孩子对知识的专注力，当然这要根据孩子的年龄特点，2～3岁的孩子他能够专注在一件事情上的时间大概只有几分钟，因此，妈妈要允许孩子在这时有一段时间专注的活动后，自由散漫一些，活动一会儿，再回来坚持专注一会儿，时间长了，孩子形成习惯就会适应这样的方式，形成自己的专注力。

　　五六岁的孩子开始对知识感兴趣，有求知欲，因此这时他的专注度也会提高，这个年龄段的孩子一般可以安静地坐下来坚持15～30分钟，妈妈可以给孩子读读书，看一会儿动画片，陪孩子完成一个手工或者画画，这些可以让孩子完全投入的活动，都可以让孩子安静下来。专注的去做一件事情，其实对这个时候的孩子来说，他事情做的怎么样并不重要，重要的是他可以做得下来，并把事情坚持下去，这才是培养孩子专注力习惯的关键。

　　妈妈切记在这种时候不要做两件事情，一个是不要在孩子专注做事情时，一会儿让他喝水，一会儿让他吃水果，这会特别影响孩子专注度的培养，让孩子分散注意力，形成不好的习惯，孩子要吃东西一定在把事情做完以后或开始之前安排，让孩子从小就养成一个时间段只专注的做一件事情的行为习惯，长大了他也会这么做。

　　还有一个就是妈妈一定不要在孩子专注地把事情做完后给予孩子不好的评价，不管他的手工有多糟，画画有多差，你讲的故事有多记不住，妈妈都不要指责孩子，这会影响孩子对所专注事情的兴趣。如果，他每次在这样的活动后得到的都是差评，他就会很抵触这样的事情，妈妈再让他做他就会很不开心，而孩子不开心事情是一定做不好的。

　　妈妈一定要明白，你带孩子做这些事情是为了培养他的专注力，而不是一场考核，所以结果不重要，而对这个过程的坚持是最重要的。不过结果如何让你感到不满意，如果你的孩子坚持了下来，他在这15～30分钟里，一直在全神贯注的做一件事情，我认为这个孩子就是很棒的，因为他的确做到了专注，而且，看来很有潜质。

　　孩子应该得到妈妈大大的拥抱和亲吻，反过来妈妈的这种鼓励和奖赏，又会让孩子喜欢上这种专注的活动，并且把它坚持做下去。其实很多孩子的放弃并不完全是孩子的问题，有时候妈妈的做法也给了孩子很多行为暗示。有的孩子钢琴弹了几天不弹了，实际上是因为妈妈说他弹得不行，他需要加强练习，但对于孩子来说，就会认为是妈妈嫌他弹得不好，索性他就放弃了。有的孩子学画画，没几天不学了，其实原因就是因为，妈妈无意当中说了一句，天哪，你画了些什么呀？妈妈可能真的无意贬低孩子的能力，可孩子就会因为妈妈的这句话从此对画画失去了兴趣。

　　所以，我一直在说，孩子是很脆弱的，不管他做什么都很怕受到打击和遭遇挫折，尤其是在他形成习惯的年龄段里，妈妈一定重视过程而轻结果。因为孩子大一点他肯定会把事情越做越好，这是个自然的过程，妈妈不要总想着要超前，这个时候重要是孩子的坚持，因为专注力最重要的品质就是不轻易放弃。

　　妈妈完全可以和孩子一起来培养这种行为习惯，我常说孩子成长的过程其实也是父母成长的过程，尤其是妈妈因为跟孩子在一起的时间更长，妈妈的行为习惯可以给孩子带来终生的影响，而孩子的成长也会让妈妈发现自己的很多不足，从而得到成长。在培养孩子专注力的习惯上，妈妈越尽量早地意识到专注力的重要性，越在这方面尽量改善自己的不良习惯，对孩子的习惯养成就越有帮助。

　　专注力的培养跟孩子的其他习惯一样，开始的越早越好，孩子越大专注力越难培养，有些孩子到了中学阶段以后，学习能力愈发下降，就跟他缺乏良好的专注习惯息息相关，这个时候要他调整过来是很难的。所以，妈妈从小就应当注意培养孩子优秀的专注力，用自己专注的行为习惯让孩子养成专注、坚持的品质，就是在培养孩子成为学霸的路上哦！

②拖延症

每当有妈妈这样跟我投诉她的孩子的时候，我就会问她们，孩子这种超级爱拖延的行为习惯是从何而来，她们这些做妈妈的是不是平时也有这样的问题？当然有的妈妈会说我没有啊，我都是雷厉风行的，从不拖延。但有的妈妈就会在这时面露微微的尴尬，"我有时也爱拖延，但不会像孩子如此过分。"

还有的妈妈会解释，我在工作上从来不会有拖延的行为，因为那样会被老板骂，但生活中我会随意些，有时的确爱拖延，家里的事老也做不好，但我觉得无所谓呀，这有什么，家里的地板今天擦和明天擦有区别吗，我不觉得这是问题。

我相信对于这样的妈妈来说，家里的地板今天擦和明天擦一定是没有啥区别，但是对于一个孩子来说，妈妈这种今天的事推明天，明天的事推后天，这样无始无终的拖延行为习惯一定是一个特别不好的影响。所以，很多妈妈只看到了孩子的坏习惯，却往往忽视了孩子这种不良习惯的源头，其实，凡事只要朔本求源就不难发现它是如何产生的。

我曾经给这样一对母子做过咨询，妈妈是一位女强人，自己做生意，事业很成功，孩子却在初中时辍学在家，原因是他永远完不成老师布置的作业，被老师给劝退了。当时母子两个的关系很紧张，基本上是陌生人的感觉，那个男孩看上去倒不是行为不端的孩子，他只是有些惰性，精神萎靡，对学习缺乏主动性、积极性，对学业没有什么责任感。

我跟母子二人一聊就发现了妈妈的问题很大，首先这是位超级强势的妈妈，对孩子非常严厉，缺少母亲的细腻温柔。其次，这位妈妈有超级的拖延症习惯，答应给孩子买双运动鞋，孩子脚上那双鞋因为太小把脚趾都给顶破了，可一年多过去，孩子硬是没有穿上新鞋。

孩子的老师一直约这位母亲到学校里谈谈，可妈妈答应了老师无数次，到孩子被劝退老师也没有见到这位母亲。孩子一直很希望妈妈给他的房间买一个新的阅读灯，也告诉了妈妈在哪有卖的，可妈妈一直到孩子退学再也不用写作业了也没给孩子买回来。

我问这位妈妈为什么孩子的事她会如此慢待，如此不在意，她不好意思地说，"哎呀，我太忙了，总是忘了，有时候想起来，又觉得不着急，有时间再说，所以，一次一次的时间就这么过去了。"

那天这位妈妈头一次看到孩子脚上被鞋磨的地方已经形成了一个大包，一动就钻心的疼，看到孩子脚上还穿着那双去年的小鞋子，妈妈心疼的流下了眼泪，一再跟孩子说对不起。

这位妈妈就是一位特别典型的在生活上有极为拖延的女性，这种拖延的行为习惯不仅给她的生活造成了困扰，也极大地影响到了她的孩子。听这位妈妈说，她的孩子自从上了中学作业从来没有完成过，妈妈交给他的事情也拖拖拉拉，总是办不利索。有一次中秋节，妈妈太忙就让他给外婆家送月饼，可中秋节过了三天了，孩子也没有把月饼送过去，搞得孩子的外婆很不高兴。

妈妈一开始总是觉得他还是个孩子，这些都是小问题，没想到孩子读了中学，功课多起来以后，孩子这种拖延的习惯严重影响到了他的学习，以至于最后连老师都无法再容忍他。

近几年，我也接受过不少成年人的咨询，尤其是年轻女性，刚入职场的她们不少人都为自己的拖延症所困扰，希望摆脱这种毛病。很多人找我咨询是因为她们认为这是一种心理障碍，其实，在我跟她们交流和梳理了这种毛病的成因以后会发现，大多数拖延症就是一种不良的行为习惯，而之所以会在最后形成一种心理障碍，那是因为这种行为习惯长期得不到有效矫正，严重影响到了人的工作和生活，以致让人感觉它已经成为一种心理问题。

在我看来，拖延症在最初就是一种行为习惯，只要你发现这种行为习惯给你带来了很麻烦的生活，并给你身边的人带来了困扰时，你就应该开始下定决心去改善。如果你还是一位妈妈，那我觉得你最应该考虑的是你的孩子，因为不管你愿不愿意，你的这种习惯一定会给孩子带来很大的影响。

事实证明，那些生活里经常会有频繁或几乎是常规的拖延行为，对任何事情都缺乏积极的行动，总爱把事情今天推明天，明天推后天的妈妈身边，她的孩子也不会有什么好习惯，至少他会缺乏对事物的责任感，现在的孩子为什么有那么多总让人感觉不靠谱，其中做事拖拉、迁延、缺乏果断和今日事今日毕的风格是孩子行为上的硬伤。

我相信任何一位妈妈都不希望别人把自己的孩子往不靠谱里归类，可是想要自己的孩子从一开始就建立靠谱的行为习惯，妈妈们要注意矫正自己的不良习惯，其中拖延症就是一个很重要的问题。

我就曾经为很多有拖延症的妈妈建立了一个改善这种行为的清单，想要改变自己做事爱拖延的行为习惯，你首先要做到下面这几点：

a.通过改变心态调整自己的行为

爱拖延的心理状态严格意义上讲不完全是一种心理问题，它主要还是属于行为习惯的范畴，因此想要改变这种行为习惯首先心理上要重视与它的对抗，不能任由这种心理泛滥，从而无法控制自己的行为。

b.不要完美主义

有些有拖延症的妈妈是受了自己完美主义倾向的影响，如果感觉不能达到自己的期望宁愿不去做，或者做起来很不积极，以致拖拖拉拉总也完不成，做不好，这反过来又影响到了她们自己，使她们对自己的能力产生怀疑，甚至对自己的能力有过低的评价，这都是她们做事拖延，缺乏效率的心理原因。

c.把大目标分解为更容易操作完成的小目标

有一些妈妈一开始会为自己设计过大的目标。但因为超越了自己的能力而产生畏难情绪，以致迟迟不能开展。我建议这样的妈妈，无论做任何事，都应该从小的目标开始，甚至可以把较大的目标分解为一个个小目标，比如说看一本书，你要是想一下就把一本书看完，的确不现实，但你安排自己每天看几章，而且，坚持这样的计划，这样一本书很容易就看完了。把大目标做成一个一个小目标，一方面是很快就可以完成，再一方面是降低了任务的难度，有助于帮助你尽快达成目标。

d.明确自己的时间管理概念

很多有拖延习惯的妈妈最主要的就是时间观念差，对时间管理的能力太低，缺乏对时间管理安排的技巧，像这样的妈妈最重要的就是要严格安排自己的时间，并且时间一旦安排好就要严格遵守。比如你定了晚上8点钟让孩子上床，给他做睡前阅读，那你一定要这样做，除非万不得已，不要随便破坏自己定的计划。

尤其是对那种有严重拖延症的妈妈来说，严格遵守时间安排，是一种特别有效的训练。刚开始可能会感觉有些痛苦，但只要你坚持一段时间，并看到明显的改善效果，你就会觉得把时间管理好可以很大程度的提高效率，改掉自己爱拖延的行为习惯。

e.注意对抗自己想要拖延的信号

想要有效控制自己爱拖延的习惯，一定要警惕自己随时上来的拖延念头，有的妈妈会有这样的表现，本来想好要完成一件事情，可突然觉得自己有点累，或者有点懒，就告诉自己，算了，今天不做了。很多拖延的习惯就是在这样的念头下养成的，所以如果你对自己的这种习惯真的很不满意，又很想改变，那你一定要注意对抗自己的这种念头。坚持按计划好的去做，不要随便原谅自己的拖延行为，说服自己坚持做完该做的事情再去干别的。这是种非常有必要的训练，也是可以从根本上改善你的行为习惯的一种方法。

f.不要轻易为外来的干扰改变时间

有时候你可能刚计划好用这个时间来做些什么，突然朋友给你打电话请你喝茶或吃饭，有时候你已经决定下面的时间去完成一件不能再拖延的事情，可正好又有一个外来的事情需要你去做，在这种时候，你一定要分清事情的主次，运用二八原则，坚持去做你计划的事情,告诉朋友，"对不起，我现在没有时间，我们可以另约好吗？"不要很容易就为外来的干扰改变安排。这样你会有效地完成你的计划，不会把该做的事情又拖延到明天或者更久。

g.合理评估压力和困难

有时候对困难和压力的高估，也是造成拖延的重要原因。所以，妈妈们想要改善这种习惯，一定要学会合理评估压力和事情的难度，有时候不要主观夸大事情的难度，也不要被压力所挟制，以至于丧失了主动性、积极性。学会寻找方法解决问题，永远不会比等待更难，有些事的确很难，但也可能没你想象的那么难，要是一开始你就很夸大它的难度，那你完成起来一定会有畏难情绪，有时候的不断拖延其实就是这么来的。

想要做到凡事积极主动地去做，而不是被动地被任务推着走，就要合理判断压力和事情的难度，给自己一个积极行动的动力，让自己面对任务时更有自信一些，这样你就不会因为感到难度太大而只想放弃，有时拖延的潜台词其实就是想要放弃。

h.经常奖赏激励自己

任何的行为习惯想要改善或者坚持下去都离不开自我激励与奖赏。我特别建议有拖延症的妈妈如果在有一定的改善时，不要忘记给自己买一个小礼物或者允许自己任性一次，满足一个小愿望，用这种方式来激励自己把改变坚持下去。这既是对自己的奖赏，又是一种自我激励，这种方法会让你看到改变的希望，让你有信心坚持下去，而很多行为习惯的改善也由此而来。

因为妈妈已成年，也许你爱拖延的行为习惯给你带来的只是生活和工作上的问题，但是你要知道因为你是母亲，你的不良习惯可能给孩子带来深刻的行为影响，有时候这种影响是终生的顽疾。

现在有不少年轻人初入职场就备受拖延习惯的困扰，不得不寻求专业的心理帮助。不排除就是在他成长的过程中深受妈妈行为习惯的影响，以至于影响到他成年以后的行为表现。

而对于尚未成年的孩子来说，如果身边有这样的妈妈，那他们也常常是对事物缺乏主动性，任何行动都拖拖拉拉，精神上缺乏朝气，行为上缺乏冲劲，学习上很被动，生活上也很倦怠，缺乏应有的及时反应。当孩子养成这样的行为习惯时，妈妈就会觉得很累，因为孩子的能力常常和他的年龄不匹配，那种凡事都要妈妈替他打理，不停催促他才会去做的孩子往往就是有这样的习惯的孩子。

所以，我建议有这样行为习惯的妈妈要改变，实际上就是为了她身边的孩子不被影响。我一直认为女性做了母亲，就需要调整自己的行为，因为有些你感觉无所谓的行为习惯对于孩子来说并不合适，更何况如果你的拖延症真的很严重的话，就是为了自己的生活，你也需要尽快改善和调整。

③选择困难症

有一次陪一位女朋友去买鞋子，用了一整天的时间，跑遍了北京大大小小几个商场，上了大概试了上百双鞋，最后居然空手而归，朋友的解释是，没有一双让她感到性价比特别好的鞋子。

在这个过程中我特别观察了她对鞋子的选择，严格来说没有合适的是很不客观的，因为在我看来的确有让她心动的鞋子，只是可选择的太多反而让她产生了严重的选择困难。因此在无法确定自己到底更适合哪双鞋的时候，她索性就选择了放弃，这让我们为了一双鞋付出的时间成本很高昂。

这是一位妈妈，她的孩子学习很好，正处在是选择出国读大学，还是参加国内高考的关键节点上。她曾经不止一次跟我抱怨她的孩子，想要的太多，却不知该如何选择。她说孩子有时候告诉她想考托福，直接出国读大学，有时候却突然宣布他要留下来参加高考，有时候睡了一夜起来孩子又变了，告诉妈妈他又不想参加高考了，孩子就在这样的状态中来回摇摆，直到错过了国内的高考，也失去了国外留学的机会，只得回去复读。

我觉得这位妈妈是典型的选择困难症，并且她的孩子也受到了严重的影响，甚至为此付出了很高的代价。

还有一位妈妈她的女儿才5岁，她找我来做咨询，说自己的女儿才刚上幼儿园已经让她有些抓狂。每天早晨去幼儿园之前，孩子至少有40分钟是在选衣服和鞋子中度过，一件衣服穿好又脱下来，一双鞋子穿上又换下来，这样不来回折腾几个回合孩子是不会出门的。为此这位妈妈经常和女儿吵架，她要女儿快点做决定，或者干脆替女儿决定穿哪件衣服、哪双鞋子，可女儿常常不喜欢妈妈的决定，但让她自己选她又很难拿主意，就这样母女俩经常因为这样的事情迟到，或者在路上狂奔。

还有让这位妈妈更受不了的是孩子在买玩具的时候，所有的玩具她都喜欢，可要买哪一个女儿永远选择不了，买了这个她又说喜欢那个，买了那个她又说最喜欢的不是这个，这让妈妈特别烦，总觉得无法让孩子满意。当我告诉她这实际上是一种选择困难时，这位妈妈恍然大悟，不由得心生疑窦，这么小的孩子怎么会有这样的心理问题？

其实，在我看来，选择困难症在最初也不过是一种不良的行为习惯而已，它其实就是一种患得患失的行为特征，有一种为了趋利避害的倾向，但是却往往无法判断究竟怎样做才更符合自己的心愿的行为。如果不是严重的困扰，它应该也不算是一种心理问题，主要是一种行为障碍，有时候也是一种习惯的养成。有两种类型的家庭，容易让孩子形成这种行为习惯。

一种是替代型家庭，就是凡事都是由父母或者妈妈来做决定，孩子缺乏自主选择的权利，孩子从小就是在服从家长的选择中长大的，由于缺乏选择的权利和自由，孩子长大后轻易不敢尝试自己的选择，或者怀疑自己的选择能力，因此在面临选择时犹豫不决，缺乏判断能力，造成选择困难。

另一种选择困难的背后就是家长的影响，尤其是妈妈的影响，像那位只有5岁的小女孩，她的妈妈据我了解就有很严重的选择困难行为习惯。

她有时候为了出门会用很长时间来挑选衣服，选了半天有可能在临出门的最后一分钟又改变了主意，再换上另外一套。最让她先生受不了的是，一家人出门吃饭，选哪一家吃是个问题，好容易走进饭店，吃什么菜又是一个问题，很多时候是一家人高高兴兴出门，却很扫兴的回家，就因为这位妈妈的选择困难搞得一家人都很不开心。

遇上节日是这位妈妈最烦恼的时候，因为她要给孩子和家人买礼物，选择对她来说是一个很漫长和困难的过程，而且往往她好容易下了决心，却又会在东西买回来的那一刻感觉很不满意，于是退货重买是她经常干的事儿。

当这位妈妈对我诉说了她的这些行为习惯后，我马上就明白了她那只有5岁的女儿，每天早上要面对衣服和鞋子犹豫上至少40分钟的行为是怎么来的了。

这实际上就是一种不良的行为习惯的影响，在妈妈根本没有意识到的情况下，她的行为已经给孩子的行为带来了一些不良的心理暗示，让孩子也在类似的问题上产生了行为问题。对于孩子来说，选择首先也是一种能力，虽然这种能力有先天的因素，但后天的培养也很重要和关键的。孩子应该在12岁之前养成非常好的选择习惯，做到不仅是按本能选择，更可以按自己的喜好及特长选择。而形成选择困难的孩子，通常会在应该做出自我选择的节点，不是犹豫不决、拿不定主意，就是患得患失、思前想后，很难做决定。有的孩子还会在选择之后不断后悔，以至于影响自己的生活和情绪。

因此，选择困难的行为习惯绝不像表面上看到的那样，仅仅是一个无法下决定的过程，它会影响孩子的行为，会让孩子的情绪变得很消极，并且给孩子带来负能量的积累，长期选择困难的孩子会体验更多的挫折和失败，心态变的消极，并且不能自拔。所以，对于孩子来说，1～12岁是帮助他建立良好的选择习惯和训练他选择能力的最佳时机，过了这个时期，孩子已形成的选择习惯很难改变。这也是那些独生子女很多人成年以后面对自己的生活很难做出选择的真正原因。

如果妈妈本身就有选择困难症，那对孩子的影响是非常大的。因此，我建议有这样的问题的妈妈要尽快调整和改善自己的行为习惯。当然由于妈妈已成年想要根本改变基本已可能性不大，但是通过一些行为的训练和引导，做出一些改善还是很有必要的。

我认为妈妈想要改善自己选择困难的行为习惯首先要从下面几个方面入手：

a.心理态势的调整

很多妈妈反映自己选择困难的心理原因是很容易纠结，因为可选择的太多了，又担心自己选择的不好，又担心自己的选择是错的，为此而害怕选择，产生选择困难。

其实这就是一个心态问题，因为对于选择来说，原本没什么好坏之分，只有是不是合适的问题。很多妈妈就是因为过于看重选择的结果，因此才对选择的行为特别难以决定。

我曾经说过很多事最难的不是选择而是做决定，因此想要摆脱这种选择困难中的折磨，你需要学会果断做决定，因为徘徊和举棋不定是最痛苦的。想要自己不被这种痛苦所挟制，你最需要训练的是自己下决心的能力，当然这需要好的心态支持，所以，要改善行为习惯，将心态调整到位很关键。

b.学会为自己的选择负责

很多选择困难的妈妈有时候是因为对结果患得患失，不想承担责任而造成的。有的妈妈最让人受不了的是她特别容易后悔，因为后悔是一种非常消耗能量的情绪，有些妈妈就因为害怕这种感觉，而迟迟不想做出选择。

我觉得有时候这是因为女性过于感性的缘故。因为每个人都无法控制结果，就像没有人可以预测未来一样，因此为了一个选择的结果而不断怀疑自己，这是一种非常不理性的行为。很多事情的结果不一定是可控的，但是我们可以控制自己面对结果时的心态，无论是怎样的选择都要学会为自己负责，这是一个最起码的态度，也是你的行为准则。

c.学会放弃和舍得

有选择困难习惯行为的妈妈还有一个很重要的问题就是在放弃和舍得之间总是很难做决定，这让她们选择起来就更加困难。因此，想要训练自己的选择能力，你必须能够果断的作出决定，有时候不舍就很难得到，而放弃则意味着另一种进取。

这个世界上不存在绝对的舍与得，学会辩证的去看这个问题，用哲学思维去思考问题，很多事情都很容易破解。尤其在你无论做什么决定都有可能会有损失的情况下，越是犹豫不决就越会失去机会，当机立断尽快选择可能是更好的决定。

这个世界的生存法则就是有得必有失，总是害怕失去的结果，总是想要得到的心态注定会失望。因此，生活的态度越坦然越乐观，就越不会害怕选择，把所有的功利心放下，客观的面对失去与得到，你就会发现选择起来并不难。

d.别把困难想得太多

有时候选择困难来自于对困难的逃避心理。因为人在做选择的时候常常会有对困难做出评估，如果你高估了因为选择的行为而来的困难，就会产生畏难情绪，或者让假想的未来困难吓坏了自己，由此更加恐惧选择的行为。

任何事物都会有自身的困难，就像任何事物的解决也都存在着方法一样。如果因为恐惧困难而放弃选择，你的人生就会停滞不前，没有尝试怎么会有收获，没有选择怎么可能有结果，下决心选择你可能会得到两个结果，而因为想要逃避困难放弃选择，那注定只有一个结果就是失败。因此选择不仅仅是一种积极的行为，还是一种进取的心态。

e.把选择当做一种乐趣

每个人在做事情的时候都会有利益取向，这也是人们愿意为此而去付出代价的一种动机。在我看来，把选择当做一种乐趣，会让你更加喜欢选择，接纳选择。生活中有可选择的余地，这说明你的机遇还不错，至少跟很多人比起来你还可以选择。

如果你换个角度去看问题，选择完全可以成为一种快乐的尝试，我常常觉得人的一生，除了生死不能选择，经常有可以选择的机会是一种不错的尝试。有的选择可能很成功，给你带来利益，有的选择可能会失败，那也没关系，你尝试过了人生没有留下遗憾，这种感觉会让你很踏实。

所以，为什么要害怕选择，从现在开始就把选择当作自己的生活，因为你想得到的更多，你就必须面临更多的选择。现代人想要生活得更好，就无法逃避更多的选择，让选择成为自己的一种习惯，你会享受到更多选择的快乐。

作为妈妈，你的选择行为习惯直接影响到你身边的孩子，如果你一直被选择困难的习惯所困扰，我相信你的孩子也很难面对选择，做出自己的决定，所以你不仅要尽快改善自己的行为习惯，还要懂得在孩子小的时候就开始训练孩子的选择能力。

训练孩子的选择能力可以从两点入手：第一，让孩子从小就学会自己选择，妈妈切记不要越俎代庖，事事都代替孩子选择，你事事替孩子做主，时间一长养成习惯，一个是他会懒得自己拿主意，再一个他会失去选择的能力。第二，有意识地在生活中训练孩子的选择能力。比如在带孩子运动时让他自己选择是踢足球还是打篮球，在外出吃饭的时候，让他选择点自己喜欢吃的菜。在阅读的时候，让他去书橱选择自己喜欢的书来看。在孩子升学的时候让他来选择自己喜欢的学校，读大学时让他选择自己有兴趣的专业，只有这样让孩子从小就学会选择适合自己的东西，并从中体验到乐趣。首先选择会成为他的一种习惯，其次他不会惧怕选择，还会非常擅长选择。

虽然选择有本能的成分，但懂得如何选择并且擅长选择的孩子不是天生就有的，他一定需要后天的训练和培养，妈妈要注意在孩子小的时候就给予孩子选择的权利和自由，尊重和接纳孩子的选择，支持孩子的选择，这样的孩子长大后才会有很积极的选择欲望和比较准确的选择能力。

在美国有这样的谚语，女孩小时候懂得如何选择她的鞋子，长大就会懂得如何选择她的丈夫，说的就是这个道理。

每个人想要在这个社会上生存都离不开选择，有选择困难行为习惯的人常常会出现焦虑和抑郁情绪，从而引发心理障碍。因此，如果妈妈们有这样不良的行为习惯，一定要在它转化为一种心理疾病之前，解决这种行为问题。其实，很多心理障碍的最初表现都是行为问题，如果行为问题没有及时得到矫正，迁延数年，不断深化，就会造成心理疾病，需要进行专业的治疗才可能好转。

妈妈们要重视自己的这种不良行为习惯，及时进行调整，不仅是为了孩子，更重要的是为了自己。

④妈妈买买买，孩子会怎样？

"买买买"可能是过去的一年里最火的网络热词了，自从有了可以网购的淘宝网，中国女性"买买买"的行为习惯开始吸引很多人的眼球，各种社会新闻里也不断的出现"我娶了个淘宝妻"、"女朋友是淘宝狂人"等等吐槽，如果你是一位淘宝妈妈事情又会怎样的呢？

前不久，朋友家里就发生了这样一件事。淘宝网的快递送上门，送来了一款最新的Iphone6 plus,朋友有点蒙，因为这刚刚上市的手机很贵，而且她也没打算换手机，根本就没有从淘宝上买过什么手机，正在与快递争执之时，她12岁的女儿放学回家，结果女儿告诉妈妈这款手机是她从网上订购的，六千元是她偷偷用妈妈的银行卡支付的。

朋友万万没想到孩子会这么有心，在她不注意的时候，记住了她的银行卡支付密码，手机她并不想要，可是包装已打开，快递坚称没有质量问题不接受退货，最后这位妈妈只好留下了手机。可这件事却让她久久不能释怀。

事后她找我聊天，说起这件事，我问她是不是平时也是网购狂人？她说自己一天有大半的时间都挂在淘宝上，网购起来就没完没了，家里天天快递不断，老公对她的网购习惯颇有意见。

但她说自己网购的时候都很注意比价，买的也都是些打折货、便宜的东西，没想到她的女儿这么敢花钱，一下子就买个名牌手机，花这么多钱让她现在还心疼。问她是不是在网购的时候经常让孩子参与，她承认自己经常在网上买衣服，也经常让孩子参与意见，因此她女儿对网购也很有兴致，经常自己上网浏览，发现自己的喜欢的东西就放进购物车，让妈妈来帮她支付。

因为女儿在这之前买的都是小东西，这位妈妈并没有觉得有什么问题，还觉得女儿也会网购省了她不少事儿，可没想到女儿这次竟用这种方式为自己买了一部这么贵的手机，这让她每每想起就特别生气。

我还认识这样一位妈妈，她的女儿还小，大概只有六七岁。有一次我们一起吃饭，在饭桌上女儿就一直在和妈妈闹别扭，妈妈说女儿不懂事，妈妈买什么东西她都要争，妈妈买衣服她也要买，买鞋子她也要买，而且让妈妈给爸爸也买，女儿听妈妈在投诉她，也马上反驳妈妈，"为什么你老在网上给自己买东西，你在网上买那么多衣服，为什么我就不可以要，钱都是爸爸挣的，你为什么从来不给爸爸买，你买就得给我买，网上小孩的衣服也很多，我也很喜欢，为什么我就不能买？"

看着这个只有六七岁刚刚上小学的女孩如此理直气壮的跟妈妈这样说，我们一帮大人都笑了，可那位妈妈却很尴尬，讪讪地没有话说，看来这位妈妈也是一位网购达人，而且，她的这种行为习惯已经给她的孩子带来了不太好的影响。

所以现在看来"买买买"的习惯行为一旦发生在妈妈身上就更加麻烦。先不说爸爸们承受莫大的经济压力，就连孩子也会让这种行为习惯裹挟进他们还不该涉足的生活，这才是在我看来最大的问题。

重要的是孩子在这样的妈妈身边，小小年纪就会形成很强烈的消费欲望，而且由于他们自我控制能力很差，因此很容易产生行为问题。一个是行为习惯的问题，妈妈网购行为频繁，会让孩子觉得网上的东西很容易得到，因为孩子还小，他不会意识到自己是否有支付能力，因此，他也会对网购的行为习惯特别有兴趣，甚至成瘾。

再一个是喜欢大量网购的妈妈通常花钱比较大手大脚，理财意识不强，这也会给孩子的行为带来不良的影响。现在的孩子成年以后，有很多每月的薪酬都用来还信用卡，这样的孩子不一定每一位身边都有一位爱花钱的妈妈，但是至少他们的妈妈没有教会他们怎么合理支配自己的收入，这不能不说是妈妈们的失误。

而如果他们的妈妈就是这样一位对物质有极强欲望的妈妈，这样的家庭出来的孩子，通常在生活中极不善于打理自己的收入，从而使自己的生活处于风险之中。

有的妈妈会说我不就是喜欢"买买买"吗，这也是不良的生活习惯吗？我认为如果你的生活中没有孩子，你只需要为自己负责，"买买买"虽然不是什么特别好的行为习惯但还是Ok的。但如果你是一位妈妈，不管你的孩子是2岁还是12岁，你都需要为你的孩子负责，因为你的行为会直接影响到他们未来的人生选择。

过于喜欢消费，喜欢"买买买"的妈妈会让你的生活压力巨大，因为你要为你的消费能力去买单，即使你的生活富裕毫无后顾之忧，这样的行为习惯也不是一件好事。

前不久，知名影星又嫁入豪门的演员王艳带着孩子参加一档名为《妈妈听我说》的节目，她才刚刚8岁的儿子就吐槽妈妈，超级爱购物，花钱如流水，而且很多东西买回来她都不用不吃，有的连包装都不会打开就扔在那儿了。王艳的儿子说，他知道爸爸很能赚钱，但妈妈的这种做法他很不喜欢，觉得妈妈太浪费了。

儿子的心里话让王艳颇为尴尬，她表示孩子这样看待她的行为是她自己没想到的，有时候她的消费就是一种习惯，也并不是有意识的，可是给孩子造成了这样的影响，她觉得有必要反思一下自己。

我相信尽管对于处在所谓大富之家的明星王艳，金钱对她来说真的也许不是什么问题，但她的身边毕竟有一双孩子的眼睛，与花掉那些钱相比，她那大手大脚消费的行为习惯给孩子带来的负面影响更突出，以至于孩子会在公众场合下吐槽她，让她无言以对，只能表示惭愧。

所以，不管你是什么经济水平的妈妈，爱花钱是你的自由，但是不要让这个总是喜欢"买买买"的行为习惯给孩子带来不良的行为影响，应该是你特别要关注的。

我认为这也是一种不好的行为习惯主要是针对妈妈的影响力来说的。因为妈妈的物欲没有节制，孩子的行为就会失控，尤其是在孩子的是非判断能力比较低的情况下，他并不真正懂得这种行为意味着什么，他只会把这样的行为复制进他的生活中，让他的生活中也充满"买买买"的节凑。

有一位女生告诉我，她每个月光网购就要花掉几千元，快递来的东西有时候堆满了她的床，她都没时间打开，可就是这样她还是忍不住每天十几个小时挂在网上"买买买"，我问她的同学中这样的多吗？女孩说如果别人都不这样她也就会好很多，宿舍里的同学天天都在分享网购的战果，每个同学都不会少花钱。她还说她的家庭条件只能算是一般的，有些家境好的同学，是流行什么买什么，名牌手机、奢侈品包包、首饰、衣服，网购起来从不手软，让她很羡慕。

我觉得这其中绝对无法排除妈妈的行为影响，如果你是一位习惯于"买买买"的妈妈，那么你的孩子将很难不被这样的行为所影响，甚至是吸引。也许在他小的时候他只能看着你不断的"买买买"，但当他长大有了支付能力后，这种习惯很容易就成为他生活的一部分。如果，他会因为自己高涨的物欲去努力工作也还算是一种灵性动力，而如果他只想消费却不愿意为此付出劳动或努力时，他又会怎样做？

这也就是现在很多孩子花起父母钱来理直气壮，从来不觉得羞愧或者不好意思的真正原因，总想去享受超越自己支付能力的生活，却很少耐下心来为自己想要的物质生活去打拼，已成为现在不少孩子的行为特征。

想要孩子物欲不那么强烈，懂得节制，别年纪轻轻就染上"买买买"的行为习惯，我认为妈妈们是关键。首先你可能要尽量少的在孩子面前去实施这些行为，其次，如果你自己也已经无法解脱网购成瘾的习惯，我认为你需要做一些行为的改善和调整，尽量让自己摆脱这种处境。

因为这种不良的行为习惯不仅会给孩子带来不好的行为示范，影响孩子的物质观，还会给你的家庭和夫妻关系带来很多不好的影响。我就曾经听一位律师讲过这样一个案例，一位刚刚结婚两年的小伙子，到法庭起诉他的妻子，要求离婚，原因就是，他的妻子从结婚开始就不再工作了，一年后他们有了宝宝，可这位妻子把自己大部分的时间都用在了挂在淘宝上购物，孩子十个月时，这位妈妈因为忙着在网上买东西，一不留神让孩子从床上掉了下来，结果孩子因为摔到了头部变成了残疾儿。这位爸爸伤心之余对妻子彻底失望，因此起诉到法院坚决要求离婚。看到孩子受伤这位妈妈也很难过，但她没想到老公真的要跟她离婚，说起这件事儿她也特别后悔，可是无论如何孩子的健康再也找不回来了，面对这样的局面，这位妈妈虽心有不甘但也只能同意离婚。

对有这样行为习惯的妈妈，我有这样几个调整的建议：

a.尽量让自己的"买买买"的行为控制在理性的范围内，不要做太多超越自己能力的消费，以免给自己的生活带了太多压力。

b.网购的时候尽量少当着孩子的面进行，尤其是孩子小的时候，避免给孩子造成太多的行为影响和心理暗示。

c.如已网购成瘾，需尽快寻求专业的心理帮助，不能听之任之，或越陷越深。

d.如无法进行自我控制，可寻求外界帮助，比如冻结可以支付的工具，尽量远的离开网络，让自己与网购的机会隔离一段时间，等有一定的自控能力时再恢复。

e.要对自己的孩子进行观察，哪怕是孩子已成年，妈妈也要注意关注孩子在这方面的行为，如发现孩子的网购有成瘾倾向，不能视而不见，应尽早进行干预。

f.父母要对孩子的消费有一个基本预估，不能孩子要多少就给多少。有时候父母这种无限满足对孩子来说并不是一个好事儿，反而会让孩子养成不利于他健康生活的消费习惯，尤其是妈妈要多关注孩子在这方面的表现，孩子不良的消费习惯一旦养成很难改善，需要防微杜渐。

妈妈的好习惯可以给孩子带来终生的帮助，但妈妈的不良习惯也会贻误孩子的成长。这种责任沉甸甸的，让很多妈妈倍感压力，但对于人的成长和成熟来说，有时候压力就是动力，责任就是要求，正是陪伴孩子成长的过程，让每一位妈妈也看到了自己的不足，开始追求完美。如果说任何成长都需要付出代价，而妈妈的成长虽代价高昂，但却回报优渥，那就是一个比妈妈更优秀、更完美的孩子。所以为了孩子的这一天妈妈们值得改变，也必须改变和进行修炼。

引导孩子从小建立起好的
行为习惯

　　为什么所有的家庭教育理论中都在强调孩子成长中建立好习惯的重要性，这是因为在人的行为里基本上习惯行为占了重要的统治地位，很多人最终都会沦为习惯的奴隶，那就是因为习惯的力量有时候的确很强大。

　　很多人成年以后才发现自己身上有不少不良的行为习惯，主观上他是非常想要改变的，甚至会与自己的坏习惯进行对抗，可客观上这种行为习惯大多数木已成舟，尽管你自己很不喜欢，但也很难完全改变，最好的结果也就是一些行为的改善。

　　因此，有太多的个案让人们发现想要养成好的行为习惯，必须在孩子小的时候进行刻意地培养。因为孩子小的时候可塑性很强，很多好习惯的养成都来自家庭对他的塑造，而且，孩子越小他的坏习惯就越少，或者即使有不良习惯也很容易就矫正过来，而孩子一旦过了18岁，进入成年，基本上就很难再从根本上改变他了。

　　由于妈妈在家庭里担负着重要的抚养责任，而且我一直认为孩子的很多好习惯应该在6岁以前进行养成塑造，而这个时期孩子还处在幼年期，他的大多数时间都是跟母亲一起度过的，因此由妈妈来帮助孩子完成很多好习惯的培养，是非常好的选择。

曾经有一段时间，大家都在研究成功学，也就是可以让一个普通的人也走向成功的途径。后来人们发现，其实成功也并非有捷径，那些被人们认为人生成功的人，其最重要的品质也无非就是拥有一些可以让他走向成功的好习惯，比如说坚强、自信、勇敢、勤奋、还有坚持。

所以说人生的成功与否是由习惯来决定的，我想这样的结论也并非夸张，还是有一定道理的。所以，每个人都认为在孩子的成长过程中妈妈的责任很重要，这其中我认为妈妈责任主要就是在于要为自己的孩子培养一些好习惯，而且是在孩子的人生之初。

1. 孩子的好习惯从何而来

很多妈妈都会在孩子习惯培养的问题上纠结，以至于经常会问这样的问题：孩子的好习惯从何而来？我常常跟妈妈们这样说，孩子的好习惯通常从这样几个方面而来：

①家庭里榜样的力量

一个家庭里不管是爸爸还是妈妈如果都是具备好习惯的人，孩子的好习惯养成就不难。因为在孩子的人生之初他最强大的行为执行力就是模仿，有很多行为他并不明白其中真正的含义，但他却会去复制、去拷贝，尤其是对于妈妈的行为，他有很强的模仿力，而这也正是他可以把事情做到很多大人想不到的程度的缘故。

孩子的模仿力很强，好在可以很快复制父母的行为，但如果父母的行为习惯不够好，也很容易影响到孩子。因此，孩子的存在本身也是对父母行为习惯的一种监督，想要孩子拥有好习惯，父母尤其是妈妈必须首先做到自己的行为习惯没有瑕疵，这样你才可以成为孩子行为习惯的榜样。

②好的行为习惯的标准

任何一个行为习惯都应该有一个准则，也就是一个可以衡量的标准，对于妈妈来说，首先你自己必须对好的习惯行为有一个评价标准，而且这个标准必须客观、稳定、统一，不能今天一个样，后天又变了，妈妈对好的行为习惯的评价的一贯性决定了对孩子的公平性，也决定了孩子对这个标准的认同程度与尊重程度。

如果孩子觉得妈妈的评价准则没有问题，他就会很愿意去执行，而如果孩子觉得妈妈的标准整天变来变去，他就会失去对妈妈的信任度，从而影响他的服从和认同。

③妈妈对孩子好习惯需要反复鼓励

由于人天生喜欢奖赏和鼓励，因此，想要孩子从一开始就建立好的行为习惯，并坚持下去，妈妈必须成为一个激励大师。每当孩子有一个好的行为出现，你要抓住契机鼓励强化孩子的表现，并且不断的反复强化。这种方式会让孩子感到很愉悦，他为了不断地得到这种愉悦感，就会坚持把这种行为做下去。

这实际上是一种生物机制，就像人们总在吃饱了以后感到很愉快一样，为了不断体验这种愉快感，人们会不断坐到餐桌前，不厌其烦的吃了一餐又一餐。其实有的时候正是这种愉悦感促使人们不断地选择吃饱肚子，生理上的满足带来的实际上是一种心理上的快乐。

孩子在有好的习惯行为出现时，妈妈不断坚持鼓励他、奖赏他，会让孩子为了这种心理上的快乐，把这种习惯坚持下去，直到成为一种自然的习惯。所以，想要孩子有好的习惯，妈妈的关注很重要，反复强化更重要。

④给孩子方法改正坏习惯

很多妈妈找我咨询的时候，通常会抱怨孩子坏习惯，指责孩子的行为。可她下一次来还会这样说，我就感觉很奇怪，我会问她，你已经发现孩子的问题，为什么他还会这样做？妈妈通常在这个时候很无奈，告诉我她无法说服孩子改正。

我很奇怪，问这位妈妈是如何和孩子沟通的，妈妈就会说，我骂他了，我告诉他再这样做就不要他了。有时候我会说你如果还不改我就再也不给你零花钱了，或者你再也不要想玩游戏了。

对于这位妈妈的做法我哑然失笑，因为她的做法实在是太没有智慧可言了。我常说孩子有了坏习惯并不可怕，可怕的是没有人教会他改正的方法。像那位妈妈的做法，只会让孩子在不好的习惯中越陷越深，因为她的指责与抱怨除了给孩子增加负面能量外没有任何有效的帮助。

孩子养成坏习惯实际上他自己也很烦恼，没有一个孩子是愿意被人指责的，他也很愿意改正，关键是要给他方法，让他可以用有效的方法从错误中走出来。而这个方法妈妈不能依靠孩子自己去发现，他需要你的引导和教育，需要你来告诉他如何摆脱不好的行为习惯。

很多妈妈都忽视了这一点，只看到了孩子的错误，却忘记或者并没有意识到孩子需要她的指点才能走得更好。所以，当你发现孩子的行为习惯有问题的时候，根本都不需要指责抱怨，你懂得给孩子一个方法让他去改正就足够了。

⑤环境的影响

孩子的习惯养成除了家庭和父母的影响，环境的力量也很重要，因为人是环境的产物，所以孩子的成长环境也起到了决定性作用。古代孟母三迁的故事就说明了环境对孩子的影响有多重要。因此妈妈要注意给孩子一个适合孩子养成好习惯的生长环境。而不能只知道照顾自己的需求。

一个家庭周边的环境应该以孩子的需求为主，负责任的母亲会把孩子的成长环境看得很重，而孩子的很多习惯就是在环境中习得的，好的环境自然会带给孩子好的习惯。

如果问孩子的好习惯从何而来，我想这些都是必需的而不是可选的，如果孩子是在这样的氛围内成长，他的良好习惯很容易养成。

2. 孩子都应当建立哪些好习惯

在孩子的成长中我一直觉得好习惯的建立很重要，一个是好的生活习惯和性格习惯，再一个是好的行为习惯，基本上这些方面的好习惯给孩子建立起来，孩子的一生都会很有保障。好的生活习惯虽然有很多细节，但大体上有那么几种：

a.喜欢运动的习惯

现在的孩子大多都喜欢静态的生活，很少有动态的生活，这一是跟妈妈的喜好有关，因为很多妈妈都不太喜欢孩子活跃一些，好动一些。我这里经常有妈妈带着孩子来咨询，也就是孩子稍微调皮一些，活泼一些，妈妈就怀疑他有多动症，以至于带他到处求医问药，有的妈妈即使你告诉她孩子很健康，只是有些好动，她还很不开心，认为孩子太调皮了。

因为孩子缺乏运动的习惯，现在的孩子体质普遍偏弱，虽然生活富足，可孩子很多都因为营养过剩，而导致身体有问题。肥胖儿、近视眼更是普遍现象。因此让孩子动起来，喜欢上运动，从小就建立爱运动的好习惯已经是迫在眉睫的事情了。

运动不仅会改善孩子的体质，还会开发孩子大脑的潜能。

　　锻炼孩子的动手能力，孩子们会在运动中发现自己的特长，学会跟人合作，找到自己的友谊，可以说爱运动的生活习惯可以让孩子受益终生。因为有一个调查发现，童年期养成运动习惯的孩子不仅未来人生成功的可能性更大，他的情商指数会更高，这种习惯他会一直保持至他的成年生活。

　　由于很多妈妈大多因为体力上的弱势而不太喜欢运动，但是这样的妈妈一定要懂得让孩子的父亲多带孩子进行运动，一方面尽力父亲的责任感，一方面也让孩子与父亲多享受一些亲子时光。

　　让孩子从小就喜欢运动，养成爱运动的好习惯，可以说是妈妈送给孩子的第一份人生礼物，会给孩子带来终生享用不尽的好处。

　　b.爱整洁的习惯

　　一直认为一个人爱整洁并不仅仅是讲卫生的表现，它首先是一个人的教养，其次才是一个人的卫生习惯。生活在现代社会，爱整洁并不仅仅是为了自己，更多的也是为了他人，为了社会。爱整洁的习惯会让一个人走到哪儿去都仪表讲究，纤尘不染，这样的人更容易得到社会的尊敬。

　　爱整洁的孩子成年以后会给自己的家庭带来很好的环境，给自己的孩子带来好习惯，如果说一个孩子一生中最不能缺少的好习惯是什么，我首推爱整洁的习惯，这决定了孩子未来的人生起点处于什么高度，因为爱整洁的人走到哪儿都会受欢迎，所以，他不会缺少发展的机会。

　　c.不偏食，少吃零食的习惯

　　现在听到很多妈妈都在说自己的孩子无肉不欢，不喜欢吃蔬菜和水果，顿顿都喜欢大鱼大肉，我觉得这不是孩子的问题，一定是妈妈本身也有问题，因为孩子的饮食习惯一定是受家庭影响的，对于孩子来说，是肉食动物还是素食动物完全在他父母的选择。

　　有的妈妈本身就是肉食动物，因此孩子的饮食习惯基本上是受妈妈的影响比较多。其实只要孩子健康，怎么吃都是可以的，关键是有的孩子已经是肥胖儿的状态了，妈妈还是不管不顾地让他放开了吃，这就对孩子有点不负责任了。

　　有一次跟一位儿科医生聊天，这位医生说现在的孩子八成的病都是吃出来的，什么肥胖、儿童糖尿病、高脂血症，这些本来都是老年病的问题现在在孩子身上很常见，让医生们为此很担心。

想要孩子的身体健康、有一个好习惯，妈妈的健康意识很关键。首先妈妈自己要有一个科学的饮食习惯，这样才能带给孩子符合科学规律的好习惯。其次，妈妈们要重视孩子的健康问题，从小就给孩子养成一日三餐规律饮食，尤其不能过于偏食甚至暴饮暴食。

由于现在家庭的生活条件都不错，很多妈妈在吃上舍得给孩子花钱，孩子想吃什么就买什么，这其实真的不是条件问题，是一个健康理念的问题，尤其是如果你的孩子已经很胖了，妈妈真的要注意让孩子控制住饮食习惯。

因为孩子肥胖不仅会给健康带来危害，还会给孩子的心理带来很多问题。因为不少肥胖的孩子都会在同学之间遭到歧视，他自己也会感到自卑，造成心理和行为问题，影响孩子的成长发育。

有一次去超市，看到一位妈妈带着5、6的女儿一下子买了一推车零食，什么薯片、妙脆角、饮料、各种小食品，我问这位妈妈这么多零食孩子得吃多长时间啊？妈妈笑笑说吃不了几天，大概3、4天就得来超市买一次。这位妈妈告诉我她的女儿每个月光买零食就要花两千多元，顶上别人家一个月的生活费了。

听这位妈妈这么说我特意观察了那个女孩一下，女孩很瘦，个子不高，好像比她的实际年龄要小一些，脸色不是很健康，我问她妈妈孩子吃这么多零食，还能吃得下饭去吗？

妈妈很不开心的说，"我就是一直为这事操心，孩子喜欢吃零食，很不喜欢上饭桌，一叫她吃饭就发脾气，说是不饿，不想吃饭。"我说她每天吃这么多零食，怎么可能还有胃口吃饭，这位妈妈叹了口气说，"就是呀，养成习惯了，一直要她改可是到现在也改不了，前几天去检查身体，医生都说她的体重身高都比同年龄的孩子差，不好好吃饭这事儿都影响她长身体了。"

看来小女孩只喜欢吃零食这事儿真的让这位妈妈很犯难，可孩子说什么也改不了这习惯，让这位妈妈也很无奈。很难想象这个爱吃零食的女孩长大了会是什么样子，她又会给她的孩子带来什么样的影响。

所以，生活习惯看上去不重要，但有些不好的习惯一旦形成，不仅改起来很难，有时候会影响到孩子的方方面面，造成孩子成长中的障碍。

想让孩子从小就有一个好习惯，你一定不可以是个太粗心或者太放纵孩子的妈妈。粗心的妈妈不关注生活细节，容易在孩子养成不好的行为习惯时注意不到，错失矫正孩子的机会。而过于放纵孩子或容忍孩子的妈妈，又会在孩子养成坏习惯的过程中起到推波助澜的作用，这样的妈妈都会在发现孩子的坏习惯时感到着急、不安，希望孩子尽快改正，可是，结果往往并不尽如人意。

我一直认为，想要孩子别染上坏习惯的要点是，从源头上为他把关，一开始就让他不接触不好的习惯，比如吃零食这事儿，妈妈一定要切记，孩子对零食的认知是从父母开始的。在孩子小的时候，他并不知道什么是零食、什么是正餐，孩子开始懂得吃零食一定是在父母的引导下才学会的，有时候主要是妈妈，因为女性大多喜欢吃零食。

因此想要你的孩子好好吃饭，远离零食，妈妈首先要管住自己的行为，不要总在孩子面前吃零食，甚至给家里买一大堆零食，这会给孩子强烈的心理暗示，他会认为妈妈的行为是对的。

其次，妈妈可以倡导孩子吃健康的零食，比如用水果、坚果，或者一些低热量、高膳食纤维的小食品，替代什么薯片、高温油炸的零食，这样一个是可以让孩子补充一些维生素、膳食纤维，再一个也满足了孩子吃零食的需求。

但是即使这样的零食妈妈们也最好让孩子吃好三餐以后再去吃，这样就不会影响孩子吃饭了。如果孩子从小就养成了这样的生活习惯，我想你根本就不需要担心他将来会有不好的习惯。

对于现在的孩子来说，吃真的已经不是一个问题，每一位妈妈都会极大地在吃上满足自己的孩子，关键是怎么吃才对孩子的健康有好处，吃什么、用什么方式吃，才会让孩子养成对身体有好处的好习惯，这是妈妈们应该关注的问题。

d.生活起居有规律的习惯

经常遇到这样的孩子，晚上不睡、早晨不起，尤其是进了大学有了生活自由的孩子，每个人都比赛看谁睡的更晚，然后早晨起不来就逃学、翘课，让老师很头痛。

这样的问题往大了说，是因为现在的孩子大多数都是由父母给照顾着长大的，自己能够做主的事情很少，因此，自我控制能力也很差，以至于年龄已成年，心智并不成熟，有时候连自己的生活起居也无法安排好，甚至屡屡造成失控的局面。

往小里说，实际上就是一个生活习惯养成的问题。很多孩子从小就是这样的习惯，晚上家长几点休息他就几点睡，早晨虽然要早起上学，但他还照样熬夜，这样时间长了，孩子的生物钟自然就被打乱了，当家长意识到他这样的生活习惯不合适的时候，已然很难改变了。

我认识的一位朋友，他已经40岁了，可到现在还延续他6岁时的生活习惯，每天凌晨2点钟才上床休息，他说因为他的母亲是一位记者，经常半夜赶稿子，他从小就在这样的环境中长大，因此，他也养成了熬夜的习惯，几乎终生难以改变。

为了不需要早起，他辞掉了自己非常优厚的银行工作，做了一位独立的撰稿人，但收入并不好，为此他的家庭只得靠他妻子的收入养家，当然他妻子也是颇有怨言，可是他无法改变自己的生活习惯，也尝试改过但因为很痛苦而放弃了。

最主要的是因为长期熬夜他的身体并不好，这也给他的家庭带来了沉重的负担。我不知道他妈妈如果了解，她的儿子因为一个生活习惯问题竟然改变了人生轨迹会怎么想。

当然这是个案，但从这之中我们也不难看出有时候一个不起眼的生活习惯的确可以改变人的一切。有时候看上去不过是一个生活起居缺乏规律的习惯，可能会让人面临生死的考验。

这些年陆续有很多患上癌症的人现身说法，反思自己的生活习惯给自己的身体带来的危害，这其中晨昏颠倒，晚上不睡、早晨不起的起居习惯高居大家投诉的榜首，可这又何尝不是现在许多年轻人都已经习惯了的起居模式？

所以，前不久连国家主席"习大大"都在呼吁现在的年轻人，不要熬夜晚睡，要注意养成良好的生活习惯，珍惜自己的身体。这事儿连习大大都惊动了，看来绝不是一件比较小众的事儿了。

我特别建议妈妈们要做的是，不想你的孩子让"习大大"如此操心，你一定要关注孩子起居习惯的养成。还是那句话，不想让孩子染上某习惯，你唯一能做的就是，别让他去尝试。

关于孩子起居习惯的培养，完全在于妈妈给孩子立下的规矩，而且，这规矩一旦定好，妈妈不可以轻易破例。对于孩子来说，如果这规矩有可以破例的地方，一般他就会缺乏坚持执行的念头，他会觉得这只是妈妈的要求，至于需不需要这样去做，全看妈妈的心情，如果孩子是这样评估这个规矩的，那么这位妈妈的管理基本上是失败的。

所以，孩子的好习惯绝不是来自讨价还价，视妈妈的心情而定，如果你不是一个可以坚守原则的妈妈，你就不可能给孩子养成好习惯。相反，你的孩子可能就会形成不好的生活习惯。与其让孩子染上坏习惯再去痛苦的改正，妈妈不如引导他一开始就拥有良好的生活习惯，这样妈妈管理孩子的成本会更低，孩子也会更健康和快乐。

3. 好性格的养成

有一句话流传很广，叫作性格决定命运。在现实生活中，这好像也的确是一句真理，在孩子小的时候，性格特质不明显，你好像也很难看到性格问题给他的生活带来哪些影响，但是等他长大进入社会，开始自己的人生历程，与他人相处的时候，你就会发现他的性格特质在他的生活中有多重要。

开朗、阳光的孩子很受欢迎，很容易交到朋友。而内向、阴郁的孩子就会被他人敬而远之，很难交到好朋友。作为孩子的妈妈，我相信哪一位妈妈也不希望自己的孩子是不被欢迎的，哪一位妈妈都希望自己的孩子走向社会被人喜欢，拥有自己的好朋友。

其实，从生理上讲，性格本身并没有好坏之分，外向的性格或者内向型的性格都是人性格属性的一部分。关键是由性格属性带来的行为习惯，会让人感觉到它们的不同，从而带来一种让人更有好感或不太喜欢的印象。

一个人性格的形成的确有基因的因素，但在我看来后天的养成也很重要，甚至有可能起到决定性的作用。因为说到底性格也是一种习惯，你习惯了外向型性格，让你变成内向型是很困难的。同样，你就是一个有内向型性格习惯的人，想努力成为外向型的性格也是很难做到的。

性格习惯其实跟很多习惯一样，需要环境和行为的培养，因为你无论是什么样的性格特质，最终还是要通过行为表现来呈现出来，而人们也基本是通过你的行为表现特征来判断你的性格特色的。

其实，就现实来看，单一性格的人很少，大多数人的性格属于双重甚至多重，只不过人的性格特质会有一条主线，也就是什么样的性格行为会更主流一些，更多一些，我们常常会通过观察人的行为表现，来确定他的基本性格归属。

由于在家庭里，妈妈常常通过行为和语言影响孩子的性格特质，因此在孩子的性格习惯养成上，妈妈的影响力不容忽视，我比较建议妈妈们多多引导孩子养成以下的一些性格习惯：

①外向、开朗的性格

孩子的性格特质一般在3~6岁的幼儿期初步显现。这个时期孩子会通过行为和态度流露出基本的气质特征，会形成对事物的兴趣和爱好，而对任何事物的认知和态度也会较不稳定，这个时候你可以看出有的孩子活泼好动、有的反应敏捷、有的内向沉默，表现出孤独感，有的则比较勇敢、自信。

这是孩子性格形成的最初时期，也是塑造孩子性格的关键期，因为人的性格虽然是与生俱来的，但也具有可变性和可塑性，深受后天环境及教育方式的影响。为什么很多妈妈带出来的孩子，性格上都有很多妈妈的影子，就是因为孩子的性格习惯是可以培养和影响的。

为什么我比较建议妈妈们为孩子塑造一个开朗、外向的性格，这是因为基于一些社会经验，和对成功人士的研究，外向、开朗的人更容易被社会所接受，更容易与人沟通，并且更容易得到好的机会。

最重要的是有这种性格的人，热情、主动、喜欢与人打交道、擅长推销自己，因此，会更加被人关注，得到更多的机会。

而且，对他个人生活来说，这样的孩子比较透明，容易与人交心，这很容易让人了解他、接纳他，他也很会处理人际关系，容易交到朋友，心里有什么想法都愿意说出来让别人理解他，这样的孩子不容易有情绪的问题，即使有也很容易解决，这使他的生活变得简单，活得不那么累。

我说过孩子的行为问题大多是由情绪问题引起的，如果孩子很少有负面情绪的积累，就不会产生太多的负面行为，外向、开朗的孩子倾向于积极主动的解决情绪问题，不习惯积压问题。

而内向型的孩子不善言谈，不喜欢表达自己真正的诉求，有什么负面感受倾向于积压在自己心里，长期积累就容易造成很大的负面能量，有时候当这个负面能量超过他的承受能力时，他就会通过行为把它宣泄出来，这也就是为什么有些看上去很沉默的孩子，经常会做出极端行为的内在心理机制。

我曾经对很多社会上的突发公共安全事件和一些后果超出想象的刑事案件做过梳理。比如2013年厦门公交车纵火案的主犯陈水总，2014年杭州公交车纵火案主犯包来旭以及2009年因积怨杀害全家老少六口的罪犯李磊，这些犯下了如此重罪的凶犯，在所有的公开介绍里都有这样一个特征，那就是性格内向，缺少朋友。

我相信不管他们有怎样的理由让他们犯下如此重罪，在他们的生命中内向的性格习惯，使他们无论在遇到什么样的际遇时也难于对别人倾诉，这种个性又使他们交不到朋友，与家人无法交流，又找不到社会支持，当压力超过他们可以承受的范围时，他们只能选择铤而走险，用伤害社会、伤害他人的方式来释放自己。当然这是一种非常扭曲的心态，但这种常人往往都想象不到的心态，就来自于他们的性格习惯，可以说正是这种内向、不善表达、不善交流的性格给了他们如此扭曲的罪恶心态。

当然，这仅仅是个案，也许只是一种机缘巧合的东西，内向型性格的人，也有他自己的优势。比如说他可能很沉稳、很镇定，胸中有乾坤，是个能承担大事的人，但总体来说，他的沉默、不善言表、不长于交流沟通的习惯还是为他的人生带来了一些障碍。

而人天生是需要表达的，外向型性格的孩子更容易被接纳和被理解，他自己的内心也更阳光一些，这会让他具备号召力，外向型的人习惯被人关注，也很容易关注到他人，这使他比较受欢迎。

培养外向型性格的孩子，首先妈妈的性格需要尽量外向一些，这样孩子可因为你的行为受到一些影响。其次，妈妈要注意在家庭里营造让孩子养成外向型性格的氛围，妈妈可以注意这样的方法：

a.不管在什么情况下都允许孩子表达自己，让他畅所欲言。

b.无条件的接纳孩子，哪怕他的表现不够让你满意。

c.不要挑剔孩子，让他有自己的想法。

d.允许孩子犯错误，给他改正的时间和空间。

e.每天至少三次对孩子表示欣赏和肯定。

f.每天都与孩子说说心里话，多倾听他。

g.给孩子建议时请用商量的口吻，而不是命令。

h.多带孩子去接触大自然，每天晒太阳。

i.无论什么事都让孩子感受积极的一面。

j.妈妈的乐观态度是孩子保持开朗的秘诀。

k.每天都找一个让你们很开心的生活细节来分享。

l.每天都给孩子一个拥抱或亲吻，保持肢体接触的习惯和频率。

m.每天都不要让孩子带着不开心睡觉，养成不高兴的事一定要说出来的习惯。

这些方法每一个都很有效，任何性格的形成都不是一个自然的过程，就像我们的很多习惯都要经历漫长的岁月。我特别建议妈妈们要在孩子三岁左右就开始为孩子性格的塑造做一些努力，虽然每个孩子的气质类型不同，性格特质也不同，但是事实已经证明，只要家庭里为孩子的性格习惯养成创造合适的条件，采取积极的引导措施，就可以根本改造孩子的气质类型，让孩子的性格习惯拥有更加积极的一面。

②豁达、温和的性格

很多人都有感觉，跟现在的有些孩子打交道，有时候感觉如履薄冰，因为你不知道哪句话说的不合适，就让他们面露难色，开始黑脸，耍态度，尤其是一些女孩子更是重灾区。有些孩子成家以后一直不顺利，婚姻中状况不断，让父母也跟着特别操心，像这样的家庭哪怕衣食无忧也很难找到幸福感。

分析其中的原因，我认为还是有很多性格上的问题，让这一代孩子普遍无法把握他们的幸福。前不久，我给一对刚结婚两年多就要离婚的小夫妻做心理咨询，他们一个是85后，一个是90后，本来恋爱了三年多才结的婚，按理说感情基础还不错，可是结婚没几天两个人就开始吵架、冷战、分居，后来虽说有了宝宝，可在妈妈产后一年的时间里，两个人仍然是战火不断，以至于最后决定要离婚。

他们是看了我的书《为人妻不简单》才找到我，想要对婚姻做最后的努力，两个人已经商量好，如果通过咨询不能改善关系只能离婚。

我跟他们谈了几次就发现其实这对小夫妻都还爱着对方，只是因为他们的性格里有太多不好的习惯，又缺乏认知，总是在一起就闹别扭，又因为不懂夫妻之间的相处之道，缺少经营婚姻的方法，一直在一种谁也不肯认输的气氛中恶性循环，所以才走向了越来越不能承受的境地。

在交流中我发现，这位丈夫的性格习惯不够温和，有点急躁，稍有不顺心就容易抱怨指责，有时候妻子在家带了一天孩子特别辛苦，很希望老公回来能够说几句好话让她开心，可这位丈夫回来通常只会指责妻子又没有把家收拾好，或者没有指挥阿姨把饭做好，有时候口气很不好，让这位妻子很不开心。

而这位妻子的性格习惯是不爱表达，有事儿喜欢闷在心里不说出来，老公说出去，气出来了就忘了，可妻子却一直会闷闷不乐，妻子的心胸又比较狭窄，凡事很计较，因此经常不理老公，两个人冷战经常持续几个月，对夫妻间的感情造成了很大的伤害。

这实际上就是两个人不同性格习惯造成的矛盾，但这种不同的性格冲突并不是由性格差异造成的，而是完全由他们不好的性格习惯带来的。

首先这位丈夫的性格缺乏温和的习惯，他动辄发脾气，不能包容接纳妻子的做法是非常伤害婚姻的。而这位妻子不够豁达，保守小气的性格习惯也是他们之间屡屡引起冲突的主要原因。

如果这对小夫妻每一个人都能够改善自己性格中这种不好的习惯，男孩子变得温和、包容，不过分挑剔妻子的行为。女孩子能够豁达、大度，不要太计较老公对她的态度和言辞，那他们就会很容易相处，也不会每每为一些鸡毛蒜皮的事情大动干戈，不断冷战。

我经常说，看爸爸妈妈培养一个孩子是否成功，真的不完全在看他上了什么样的名校，读了什么样的学位，能赚多少年薪，你就看他是否能把自己的生活打理好，是否可以很好的经营自己的婚姻，是否可以把自己的子女教育好，是否可以体验到生活的幸福就足够了。

因为与生活相比，能读个什么学位真的不难，学位再难是一个人的事，可生活却是你跟身边所有人的事。有时候，生活中不是缺少好人，而是缺少好的相处技巧，而在这种好的相处技巧中起决定作用的则是每个人的性格习惯。

所以我认为培养孩子好的性格习惯一定是比他能够读什么学位更重要的事情，这绝不是夸张的说法。孩子小的时候成绩的确很重要，但当他长大成人，走进人群，开始自己独立生活时，成绩再优秀有时候也帮不了他，相反一个好个性、一个好习惯，却让他处处可以体验到快乐的人生。

关键是孩子性格习惯的形成是有关键期的，如果你不能够在他小的时候为他塑造一个理想的性格，那他一旦成年有些东西是很难改变的。或者他会改变，但必定要付出很大的代价，遭受很大的挫折。心理研究显示，成年人大多在什么情况下会改变性格习惯，一个是婚姻失败，也就是离婚或者再婚，还有就是在失去亲人的时候，可这往往都是一些很艰难的时刻，我们不能指望生活里总因为发生这些事而促使我们的性格改变吧?

在社会上我们更喜欢和豁达、温和的人打交道，因为他们让我们感觉到安全感，被接纳和被尊重，更况且豁达、温和的性格习惯通常让这样的人更有礼貌和教养，让人感觉更舒服。

而且，在婚姻和家庭里，有这样性格习惯的人更容易被欢迎，豁达温和的爸爸是孩子们的最爱，心胸开阔、大度的妈妈是孩子们的保护神。有这样爸爸妈妈的家庭即使不富有，也会很快乐，因为每一位家庭成员都得到了包容和接纳，大家是相亲相爱的一家人，在一起不会相互攻击和指责，不会相互挑剔和抱怨，还有什么比这样的家庭气氛更适合孩子的呢?

最重要的还在于父母豁达、温和的性格习惯，会让孩子更加的轻松、快乐，孩子会因为体验到更多的幸福身心开放。对于孩子来说，他也会很容易就形成这样的性格习惯，如果即使这个家庭里只有妈妈是这样的性格习惯，孩子也会深受影响，因为人天性里是喜欢轻松、快乐的。

有这样性格习惯的孩子妈妈永远不用担心他会搞不定自己的幸福，他不仅会很容易就拥有美好的婚姻，还会在事业上有很多机会，心胸豁达可以让他有很多朋友，性格温和可以让更多的人喜欢他。如果她是个女孩，她会运气更好，因为没有人不会对有好性格习惯的女孩产生要帮助她的冲动。

好的性格对于女孩来说，比好的容貌还要有力量，因为与容貌相比，好的性格习惯就像好酒，时间越长就越加珍贵。容貌会随着岁月而流逝，但豁达、温和的性格习惯会留下来，在每一个人生的关键点帮助你，无论是生活还是事业，它都会让你受益匪浅，这也是妈妈们应该毫不犹豫多加关注的地方。

想要培养孩子豁达、温和的性格习惯，妈妈们要在家庭里多对孩子进行这样的引导：

a.凡事让孩子多站在对方的角度去想，学会体谅对方。

b.引导孩子做心胸开阔的人，不要斤斤计较。

c.爸爸妈妈在孩子面前要尽量表现得很大度，尤其是妈妈不要小肚鸡肠。

d.妈妈要在家庭里创造民主，相互尊重的气氛，让孩子体验被包容的感觉。

e.如孩子在学校与同学发生矛盾，妈妈应让孩子先原谅对方，再谈谁对谁错。

f.多鼓励孩子与朋友交往，经常与孩子谈谈朋友的长处。

g.妈妈应该尽量少挑剔孩子，把不满变成建议告诉孩子。

h.妈妈的心胸很豁达，孩子的性格一般就会很温和。

i.如果爸爸的脾气急躁，妈妈应该告诉孩子这不是好习惯。

j.经常奖励和肯定孩子处理问题时豁达与温和的态度。

k.告诉孩子把他的性格习惯坚持下去，他会成为一个很优秀的人。

③乐观、积极的性格

我一直觉得孩子的性格中乐观很重要，积极也很重要。因为有了这样的性格习惯，你基本上不需要担心他遇上点挫折会怎样。实际上在孩子的天性里，乐观和积极从来就是他的标准配置，可为什么在孩子成长中会慢慢失去这样的个性，有两个原因，一个是他成长的环境影响。因为孩子的个性习惯是可塑的，因此他会更多地受到成长过程中氛围的影响。

再一个是父母引导的结果。孩子的性格在很大程度上是家庭教育的产物，如果父母在孩子性格形成的过程中，注意进行引导和教育，就会让孩子的性格往父母希望的方向去发展。当然这样做的前提是，在孩子的幼年期或童年期开始才会更有效。

孩子乐观积极的天性为什么会因为环境的影响而失去？这是因为在他成长的过程中经常有这样的行为出现，那就是父母经常把他们的期望值提得很高，并且希望孩子能够像他们期待的那样，方方面面都是完美的。可是对于孩子来说，这却并不是他们那么容易做到的事，于是，父母在没有看到他们想要的结果后，就会对孩子心生失望，甚至绝望，并由此引发焦虑、担忧、不安的情绪，这种情绪的结果就是父母开始不信任孩子，他们开始指责与抱怨，并且不再对孩子表现无条件的爱，而这其中尤以妈妈最多，因为妈妈总是那个在孩子的成长中付出最多的人，因此她们认为自己有理由对孩子表示失望。

不管妈妈们是否承认，她们都很难做到对孩子无条件的爱，大多数妈妈更善长这样，孩子考得不错，妈妈的笑容会更温柔，孩子听了妈妈的话，妈妈的钱包会更大方一些，孩子们也发现在这种时候说服妈妈接受他们的请求好像更容易一些。

如果孩子真的表现得不完美，或者有些让人失望，等待他的绝不是什么妈妈的温柔，妈妈们会把笑容收回去，好像她们从来也不会笑一样。不停地指责、抱怨，甚至是皮肉之痛都会落在孩子头上。如果这个妈妈恰巧是一个要求很高的妈妈，那么这样的情景可能每天都会发生，试想，孩子如果就是在这样的气氛中长大，他还乐观得起来吗？

在所有的行为中，指责与抱怨通常是最消极的，它除了可以宣泄负面情绪，基本上起不到任何解决问题的作用。可妈妈们在跟孩子的相处中，用的最多的行为就是这样的，很多妈妈以为这样可以让孩子变得更好，其实妈妈们一定会失望，因为消极的行为只会带来更加消极的结果。很多孩子在被妈妈责骂一番以后，你会发现他的态度更消极了，事情做得更差，而且，很容易、很快再次犯错误。

当孩子的行为进入这样的恶性循环后，妈妈会因为失望而更加焦虑，在这样的环境下，妈妈和孩子都不会很好的控制自己的行为，如果再缺乏相互尊重的沟通，他们之间很容易就会造成对彼此的伤害。当发现妈妈不再会无条件的爱自己的时候，孩子也会变得情绪焦虑，个性会变差，性格习惯也会改变，这也是我们看到很多孩子见到妈妈后，脸上很少有笑容，干什么事都要先看看妈妈脸色背后的真相。

这样的孩子不仅连乐观都找不到了，他的行为也不会积极，因为他积极的天性都让妈妈的抱怨和指责消耗殆尽。一个整天被批评，被妈妈的不满意围绕的孩子，你指望他还会积极上进基本上是因为你不懂人的心理机制效能的缘故。

有时候孩子的放弃是因为妈妈的期望超出了他的能力，有时候孩子倦怠是因为他找不到可以努力的方向，有时候孩子萎靡不振其实就是因为他累了，是妈妈的失望让他感觉太累了。

所以每一位妈妈都希望自己的孩子天天满血复活，既精神抖擞又积极向上。可妈妈们有没有研究一下究竟什么样的激励机制才会让孩子每天都像小老虎，干什么事儿都特带劲儿?

目前来看想让孩子每一天都充满了干劲儿,无论是学习还是生活,他都很愿意跟妈妈配合,让妈妈看到他的进步只有两个途径,一个是改变孩子成长的环境,妈妈要做孩子的啦啦队员,给孩子加油打气而不是总给他泄气添堵,以此来恢复孩子乐观、积极的天性。

这需要妈妈改变目前与孩子相处的模式,你每天都会发现孩子做得不够好,并因此而发脾气不满意,这是因为你看孩子的立场不同。我相信每一个孩子都会有你值得发现的优点,就看你的眼睛总是关注些什么了。

说实在的,如果你的孩子每天都不开心,我不相信你这个妈妈是开心的。因此,想要你的孩子是乐观的,妈妈的乐观是必需的。乐观的妈妈就是那种每个人都认为是失败的事情,她都会很容易就找出成功的地方,其实,不是她有多么聪明,只是因为她是一个乐观的人。

乐观的妈妈会给孩子创造一个气氛轻松的成长环境,她不会轻易就指责抱怨孩子,让孩子的个性可以得到尽情地释放。在这样的妈妈身边,孩子的眼神都是跳跃的,心情是舒展的,他不用总担心妈妈又会为什么而对他不满意,也不需要天天看妈妈的脸色过日子,这样的孩子你让他的性格习惯不乐观都是不可能的事儿。

为什么乐观的孩子才会积极?那是因为他的心情是美好的,他的行为会因为受这种美好心情的鼓舞而得到更加好的表现。再一个,如果妈妈在这个时候,给孩子一些性格上的引导,告诉孩子无论在什么情况下都不要忘记保持乐观的心态,这样才会让你的探索更加有意义。告诉孩子快乐是这个世界上最好的助跑器,想要每天都跑得很快,一定要让自己快乐起来,这样学习才更有效率,生活才更有吸引力。

因为乐观本来就是孩子的天性,因此,妈妈不需要在这方面费多大力气。你首先要让自己学会快乐,才能带领你的孩子跟着快乐的感觉走。放下那些没有意义的焦虑和担忧,你要相信这个世界上没有一朵不会开放的花朵,你没看到那美丽的花朵是因为它还没到绽放的时刻。所以,为什么要责怪孩子不够完美,想要他们在春天绽放,就要允许他们自由的生长,按自己的想法去伸展枝桠,这不正是他们一步步走向完美的过程吗?

在我所接触的问题孩子中,我发现不快乐和不积极性格的习惯就像一对孪生兄弟，凡是被家长认为有问题的孩子，凡是让家长或妈妈感到很绝望的孩子，身上一定带着这两种性格习惯。不快乐让他很疲惫，不积极让他很懈怠，这样的孩子大多脸色苍白、眼睛无神、面无表情，沉默与抵触是他们最基本的行为表现。

一直认为孩子不快乐、不积极是父母的问题，甚至主要是妈妈的问题。这种判断从来没失过手，你看看那些所谓的问题孩子的妈妈就完全可以理解了，她们的孩子为什么会不快乐，平心而论这些都是一些特别负责任的妈妈，对孩子的事那是相当认真，可问题就在于她们根本不懂得如何来带动孩子，如何让孩子感觉到妈妈的爱是一种向上的力量。

这其中最大的不同就是妈妈的爱是要求、还是一种积极的动力，这里面真的有一个方法的问题。本能的妈妈会把所有的爱变成一种对孩子的要求，她希望孩子学业优秀，期待孩子表现良好，一切都无可挑剔，如果孩子真的可以达到这种期望那当然皆大欢喜，如果孩子的某一方面不尽如人意，最不高兴的就是妈妈，她的耐心、她的温柔、她的慈祥都会不再对这样的孩子开放，孩子每天看到的是妈妈焦虑、阴郁的脸，孩子当然从此再也找不到快乐。

客观的说，妈妈对孩子有要求也是合理的，毕竟她培育孩子也期望得到回报，可是完全可以把你的要求转化为一种让孩子愿意为之努力的动力，再传递给孩子，并且在孩子努力的时候帮他把心态调整好，没有一个孩子可以在一个一丝笑容也没有的妈妈面前可以跑得最快，哪怕他长了一双善跑的腿，因为决定孩子成长速度的是态度和习惯。

当一个孩子倦怠了的时候，他唯一能做的就是放弃，如果这种性格成了他的一种习惯，可能妈妈所有的期望都只能化为泡影了，最重要的是这样的孩子最终毁的是他自己。

所以，不管你是一位对孩子抱有什么期望的妈妈，我认为你最主要的责任就是帮助孩子留住他天性里的乐观和积极。只要孩子从小养成这样的性格习惯，你就不必担心他不会努力，每个人都愿意为让他会感觉到快乐的事情去付出，这当然也是一种天性。

有一段时间，我采访了很多高考状元，他们当中有男生也有女生，有北京的也有外地的，放下他们每个人都是当之无愧的学霸这事儿不说，我发现这些成绩都很优秀的孩子普遍有一个相似的特征，那就是他们大多很开朗、很乐观、态度积极、笑容明媚。

后来我想这也正是他们学习都很出色的缘故吧！因为性格乐观，他们从来不惧怕挑战，甚至喜欢挑战；因为态度积极，他们的学习从来都是自己负责。跟他们的父母交谈，这些高考状元的家长个个都称孩子的学习基本上他们都不管，完全靠孩子自己的努力。

我相信这些家长的话是真的。因为在我身边，我所看到的学业优秀的孩子基本上没有父母需要经常陪着他们去辅导班，尤其是高年级的孩子，学习是他们自己的事，那种整天要妈妈陪着到处求学的孩子真的很难拿到他们那样的好成绩。

事实再一次证明，帮助孩子培养一个好的性格习惯是妈妈最大的贡献，也是家庭最大的成就。想要你的孩子性格保持一种乐观而积极的习惯，妈妈可以试一下这些方法：

a.你可以不富有，但你不要放弃你最大的财富，就是你是一位乐观的妈妈。

b.学会用积极的眼光看孩子，让孩子感觉无论他怎样妈妈都是接纳他的。

c.不要在孩子知道错了的时候责怪他，这时候妈妈的谅解会让孩子有内疚感，反而会更努力。

d.孩子的瑕疵正是你要帮助他变得更完美的地方，这不是他的错。

e.如果你的家庭每天都没有孩子的笑声，这是妈妈的失职。

f.家庭应成为孩子最有安全感和自在的地方，不要让孩子感觉在这里很拘谨。

g.有的妈妈看到孩子很开心就感到焦虑，认为孩子缺乏危机感，请不要做这样让人扫兴的妈妈。

h.支持孩子交朋友，尊重孩子的朋友，这样孩子会很开心。

i.有意识的引导孩子凡事都看积极的一面，鼓励孩子积极的个性。

j.让孩子保持经常大笑的频率，并引以为傲。

k.在孩子遇到挫折时给他听欢快的音乐，告诉他再糟糕的事情也会过去，让他学会用积极的态度面对悲伤。

l.每天都跟孩子聊聊他有什么开心的事，让孩子愿意跟妈妈分享他的快乐。

m.夫妻间闹矛盾请不要打扰孩子，更没必要让他参与，父母不和睦是孩子失去快乐天性最快的途径。

n.孩子乐观和积极的性格习惯有时候就在他的本能里，妈妈帮他保护好就好了。

④慷慨、随和的性格

我为什么会认为慷慨、随和是孩子很重要的性格习惯，需要妈妈们格外关注，原因有两点：第一，现在的社会能够看到慷慨、随和的孩子不多，在我们身边，每天都会有这样的孩子被吐槽，自私、小气、任性、自我，尤其是在独生子女当中，有这样性格习惯的孩子更不在少数。第二，慷慨、随和的性格习惯是一个品质优良、心理健康的社会人必备条件，我这里所说的慷慨并不是有所谓的多大方，而是说爱帮助人的习惯，而随和也并不是没有原则，这只是一种可以让别人感觉舒服，自己也感觉自在的感觉。

正因为觉得这两种性格习惯在孩子们当中很稀缺，所以我觉得有必要提醒妈妈们是不是看看你的孩子，有没有培养这样的好个性的潜质。

实际上对于孩子来讲，拥有这样的性格习惯真不是难事儿。早在很多年前，美国心理学家就做过这样的实验，让十几个年龄在两三岁的幼儿在一个房间里，看他们的行为如何，这时候心理学家们发现这些很无助的孩子个个都很关注别的同伴，有的幼儿哭了，会有身边的幼儿企图帮助他，他们会把自己的玩具给别的幼儿，以安抚他们。

心理学家得出的结论是，在人类的早期，帮助别人或者关注别人是一种天性，人类的自私和自我则主要来自后天的习惯养成。虽然这只是一个由实验室得出的结论，但我倒认为它有比较普遍的意义。

可孩子为什么会改变天性，小的时候慷慨、大方，长大以后就开始变得自私和小气呢？我认为这和父母的性格习惯和家庭养育环境是分不开的。

鲁迅先生就曾经在他写的对母亲的回忆中，写到妈妈的慷慨、仁慈、乐于助人，写到妈妈的随和、大度的脾气，与人相处的那种融洽，这些我想也正是妈妈留给鲁迅先生最温暖的记忆吧。鲁迅先生写到他自己如何同情弱小，如何尽力帮助别人，这些应该都是母亲给鲁迅先生留下的性格习惯，对于孩子来说这又如何不是一笔财富呢！

所以，现在孩子慷慨、随和的比较少，我想和这一代父母的价值观可能有些共通之处。的确，对于现在的社会来说，所谓慷慨，所谓的随和不是一个可以很容易坚持的习惯，因为很多不尽如人意的社会现象让不少人放弃了做人的底线，甚至就没有底线，这不能去怪那个人，可能更多的是一个社会处于某个时期的一种必经之路。

但是不管怎样，社会还要继续往前走，该过去的总会过去，该留下的总会留下，我们做父母的不能因为社会的个别问题就引导孩子成为大多数人所不愿意接受的人，这样对于孩子来说是不公平的，也是不负责任的。

纵观现在的孩子走向成年以后的社会评价，整体来说让人吐槽的多，让人鼓掌的少，我相信这样的局面是每一位家长都不希望看到的。抚养子女长大成人是一个非常艰辛的过程，父母们都不会愿意自己的孩子走向社会后，是一个处处不受欢迎的人，想要避免这种结果，唯一的办法就是给孩子良好的性格习惯的教育，让孩子在行为上更加接近被主流价值观所尊重的行为。

我在目前孩子成年以后遇到的问题中，就看到了这样的现象。由于大多数孩子来自独生子女家庭，因此他们不懂得分享，也不善于分享，由于在这样的家庭里，父母几乎都把满足孩子的需求当作自己唯一的责任。所以，这一代孩子享受的物质条件最不错，可是他们却最自私、最自我。

不喜欢帮助别人也就罢了，关键是很多孩子连父母都很不体谅，不少孩子进入婚姻以后过得并不好，在这一代孩子中离婚已经是司空见惯的事情，算不得什么大事儿，每个人都不觉得维持一个婚姻需要自己去改变，每个人都觉得自己没有错，错的是对方。

孩子成年以后面临的问题，超出了这一代孩子父母的想象，也加大了他们的人生成本。很多父母都无法在孩子成年以后享受自己的生活，因为他们要随时准备着为孩子的问题再次出发，要钱给钱，要人出人。

自私自我的个性，任性、挑剔的习惯，让这些物质条件普遍不错的孩子，无法安享生活的幸福和婚姻的美满。我在看到太多这样的个案后，深刻觉得，培养孩子有一个好的性格习惯意义非凡。

比如说从小让孩子学会慷慨一点，大气一点，懂得帮助别人，呵护弱者。让孩子少一点任性，多一点随和，在我看来，随和的性格习惯真的不仅仅是一个性格习惯，他其实还是一种修养，一种风度，一种境界。

最近，不断看到中国游客在国外的航班上大吵大闹，有时候可能就为了一点小事，不但会破口大骂，还会上演全武行，任性妄为到令人不可理解。这样的事儿不仅极大地损害了中国人集体的国际形象，还给大家的旅行生活带来了极大的不愉快，甚至是生命安全的威胁。

我一直在想，如果这些国人能随和些，能够有教养和有风度一些，这样的事情是不是就不会再发生？很多人都会在这样的时候，对这样的人发出"怎么这么没素质"的嘘声，也有一些人会说，中国人刚刚富起来，素质的提升还需要时间，我觉得这样的说法虽然积极但还是让人担心，我们不能几十年后还是这种国际形象吧？

所以，父母们现在开始教育自己的孩子，做一个有教养有风度的中国人，就是在为我们未来的国际形象作努力。而教育孩子养成慷慨而随和的性格习惯，就是在为中国人将来在国际上更受尊重打基础。

就孩子的个人成长而言，慷慨和随和的性格习惯，会让他不仅赢在职场上，也赢在婚姻生活上。每个人都知道，职场就是战场，尤其是精英扎堆的地方，竞争将更加白热化，你来自名校，我也来自名校，你是高学历，我的学历也不低，在大家的软件都不相上下的情况下，也许竞争的就是能力，可在大家的能力都相差无几的时候，又该竞争什么呢？

我认为在这种时候只有一个可竞争的东西那就是人品和性格习惯。你有好的做人品质，有好的性格习惯，比如你很慷慨、很随和，这样你不仅会交到朋友，也会跟你的合作者成为好朋友。你喜欢帮助别人，自然很容易就得到别人的帮助，在这个合作为王的时代，人脉就是金矿，资源就是机会。

你随和的性格会让你的对手也很喜欢你，愿意与你交朋友，你会和同事以及你的上司相处和谐，这会使你成为一个受欢迎的人，有谁会不喜欢一个有教养、有风度而又很优秀的人呢？

我在教育自己孩子的时候就特别注意了让他养成随和而慷慨的性格特质。我一直认为孩子最后的成功不是在家庭里，而是看他走向社会是否可以与人愉快的相处，是否被社会所接纳，是否能够在社会上找到属于他自己的位置。因此，在我儿子的性格教育中，我很重视他的社会化教育，我希望他走向社会成为一个慷慨，随和的人，这样会让他更受欢迎，他会在自己的工作岗位上很愉快，会交到自己的朋友，被社会所承认、所接纳是每一个初入社会的人的愿望和快乐所在。

我感觉自己的方向是对的，我的儿子很快乐，因为他有很多朋友，他不仅特别喜欢帮助别人，性格还随和，特别体谅别人，理解别人，这让他很少有不愉快的时候，看到他每天都挺快乐的，作为妈妈我感到非常开心。

现在他初入职场，发展得也很顺利，得到了很好的机会，我相信他的好性格会帮助他尽快适应这个竞争的社会，并且找到自己的位置。我也是从自己孩子的成长过程中看到了一个孩子的个性有多重要。我把这种经验跟很多妈妈分享，就是想让妈妈们意识到这有多重要，你要孩子读名校，拿高学历，希望他有好的未来，希望他受人尊重，这些都是特别美好的愿望。

可是你可能想不到，他的一个小小的性格习惯，他的一个任性自私的行为，就有可能把这一切全毁了，造成全盘皆输的后果。如果，这样的个性带到他的婚姻里，我相信你即使是个付出全部的妈妈，你的孩子也可能不会幸福，因为，婚姻是两个人的事儿，只有一个人的努力是远远不够的，这种时候即使妈妈再有能耐也无法替代孩子，因为婚姻是他自己的生活，他只能冷暖自知。

想要你的孩子可以获得应有的幸福，妈妈一定要尽量帮孩子建立慷慨、随和的性格习惯，其实，这是有方法的：

a.请做一个慷慨、随和的妈妈吧，这是对孩子最直接的影响。

b.把慷慨、乐于助人当作自己的家庭风格，这样的家庭会让孩子更慷慨。

c.不要对孩子过于挑剔，让孩子感受个性随和的好处。

d.世界上再也没有比家人之间的感情更重要的了，如果家人之间有了矛盾，大家应该相互体谅、理解，妈妈这样做，会给孩子留下深刻的印象。

e.尽量让孩子感觉到妈妈对他的欣赏，如果不是特别的错误，妈妈可以视而不见，宽容的妈妈才会造就随和的孩子。

f.如果爸爸更随和一些，请妈妈多表示欣赏，这样可以给孩子很好的心理暗示，孩子大多有模仿爸爸的倾向。

g.平时多与孩子交流一些关于慷慨带来的幸运的故事，让孩子体会慷慨助人的乐趣。

h.如果孩子小的时候表现任性，妈妈不要觉得无所谓，这不是好性格，如果不及时矫正会留下隐患，不管孩子多拒绝都要给他改正，否则很麻烦。

i.随和其实就是一种性格习惯，如果家庭里的每个成员都很随和，孩子就不难养成这样的习惯。

j.妈妈需要关注家庭氛围，尽量给孩子创造一个和谐的家庭气氛，这需要妈妈的智慧。

k.慷慨、随和的性格习惯需要训练，妈妈应该经常找一些机会多带孩子去帮助弱势群体，让孩子体验帮助别人的快乐，平时引导孩子多宽容体谅他人，学会站在别人的立场上考虑问题，形成这样的思维习惯，就会指导孩子做出这样的行为。

⑤好奇心强、喜欢学习的性格

虽说学习是一件比较辛苦的事儿，可对于喜欢学习的孩子来说却是一种乐趣。喜欢学习的孩子能在这其中找到求知欲被满足的快乐，这其实也是一种性格习惯，只是很多的父母不知道。

有的父母总是认为孩子喜欢学习的习惯是天生的，而他们的孩子不喜欢学习也是生来俱有的，这真的是一种很大的误区。孩子爱学习的天性其实在他很小的时候就可以看出来的，比如说他小的时候特喜欢问为什么，对什么都好奇，什么都想知道答案，求知欲如饥似渴。

可是为什么孩子大了以后，开始真正求学了，坐到课堂里，却厌倦起了学习了呢？我想这里面至少有这样几个原因：一个是他的求知欲、好奇心，家长从小没有给他保护好，我了解的一些父母自己的知识面很窄，又不喜欢学习，所以每当孩子问他们为什么时，刚开始他们还会跟孩子解释，可如果孩子过于刨根问底，他们就会失去耐心，有时候会粗暴的责怪孩子太烦，这样的做法时间一长会破坏孩子的好奇心，影响孩子对未知事物的探求，而缺失了求知欲、好奇心的孩子是不会喜欢学习的。

再一个是孩子的创造力，每个孩子都是带着自己的创造力来到这个世界的这也是"每一个孩子都可能是一个天才"这句话的由来，而且孩子最初的创造力都是在家庭里萌芽的，在父母的激发下才显现出来。可是我们现在的父母，孩子才刚刚学步就让他去学那些现成的东西，让很多条条框框束缚了孩子的想象力，孩子的想象力之花还没有开放便面临着夭折的命运，而失去了想象力的孩子自然也缺乏很强的创造力。

孩子的创造力是孩子喜欢学习的动力之一，而过早失去创造力是中国很多孩子的问题。缺乏创造力而学习困难，学习态度倦怠的孩子比比皆是，成为父母的心头之痛。

还有一个就是中国父母对学习的态度，尤其是很多妈妈在孩子学习问题上，都是一种特别功利的态度，那就是孩子一上学她们就开始焦虑、担心。

孩子上小学她们担心孩子考不上好的中学，孩子上中学她们又开始焦虑担心孩子考不上好的大学，这种焦虑的情绪转化为在行为上就成了一种要求，甚至是一种压迫，妈妈们在不知不觉中成了孩子们在学习上的一种压力。

学习本来是一种自主行为，只有自主自觉的学习才会让人有学习的积极性和主动性。但对于中国孩子来说，自从开启了学习生涯便再也找不到自主与自觉，他们每天都可能生活在妈妈的催促中，快去写作业，快去背单词，快去做习题，这样的话妈妈可能一天要说不知多少次。而对于孩子来说，本来属于他的学习，成为他和妈妈的共同责任，有可能有的孩子还会认为学习是妈妈的事儿，他只不过在按妈妈的要求去做。

当孩子对学习失去了主动感和积极性，甚至失去了好感，学习就理所当然成了他的一个负担，或者只是一个任务，一个要为妈妈完成的任务。这样的孩子当然不会有很自觉的学习习惯，更不会自主的喜欢学习，一个人老被吆喝着去做事，再好的事儿时间长了也会疲惫，更何况学习有时候的确有些辛苦。

当孩子失去了对学习的兴趣后，他会有两个选择，一个是消极面对，被动应付，一个是索性放弃。目前在很多厌学和学习困难的孩子中可以说这两种最多。

被动应付的孩子至少他还在学，虽然很倦怠，但放弃的孩子就很让人担心，他们有的才读到小学，有的中学还没毕业，连最低层次的教育他们都没法坚持下来，这样的孩子未来会怎样，真的是一个未知数，也难怪他们的家长忧心忡忡，担心不已。

在这些孩子中有的通过做工作，让家长改变与他们的相处模式，改善与他们的关系，激发他们的学习热情，还是可以再回到课堂上。可是有的孩子弃学以后就开始走得更远，沉迷网络、流连网吧，出现极端行为，这样的孩子如果父母再不重视对他的管教，就很容易出现人生失败的严重后果，毁了孩子的未来。

因此，学习不仅是一种习惯，更重要的还是一种人生保障。在我所了解的青少年犯罪的人群中，初中以下辍学的占大多数，有的孩子连小学教育都没有读完就走向了社会，有时候无知和缺少应有的教育，成为他们走向犯罪的重要原因。

每一位家长都希望自己的孩子喜欢学习，每一位妈妈都最期盼孩子成为一个学霸，可这真的不是孩子一个人的事儿。从天性来说，每个孩子只要基因优良都具有成为学霸的潜质，但他最后是成为学霸还是沦为学渣，这得由父母来说了算。

为什么这么说呢？这其中有三个问题得由父母来解决。重要的是要妈妈来做到，因为孩子的学习重在习惯的培养，尤其是性格习惯的养成，我早就说过习惯是人一生都很难摆脱的东西，不管是好习惯还是坏习惯，一旦养成就像留在血液里，会处处左右人的行为选择。

想要孩子终生都喜欢学习，热爱学习，妈妈从小就要让学习成为孩子的一种性格习惯。孩子的很多习惯都是后天可以养成的，更何况学习本来就是孩子天性里所具有的本能。想要孩子真的养成主动学习、自觉学习的性格习惯，妈妈要做好这三件事：第一，要保护好孩子的好奇心，尊重孩子的求知欲，满足孩子对未知事物的渴求，这对孩子学习习惯的养成特别重要，爱学习的孩子不仅仅是聪明的孩子，更主要的是好奇心强的孩子。第二，激发孩子的创造力，让孩子时时刻刻有机会释放他的创造力。生活中多给孩子创造让他发挥想象力的空间，欣赏他的创意，支持他的想法，让他有自由的创造权利。而且，最重要的是创造力是孩子天生就有的，父母主要就是给他宽松包容的环境，让孩子随时可以把他的灵感变为现实，永远有创造的兴趣和欲望。第三，也是最重要的，是妈妈要调整孩子学习态度的方式，将要求孩子学习改为孩子要求学习的模式，通过激发孩子的创造力和好奇心，让孩子对学习保持兴趣和欲望，并且不要把孩子的学习搞得过于功利，让孩子懂得学习是让他变得更聪明、更有智慧和能力的手段，而不是只为了考大学拿高分。

如果妈妈不把学习这事搞得好像只为了一个结果，让孩子对学习有一点美好的想象，让孩子觉得学习是很开心而不是很辛苦的事情，孩子就不会小小年纪就对学习产生反感，甚至是厌学倦学。

生活中我发现很多妈妈会把学习当成对孩子的一种惩罚。带孩子去公园，如果孩子不听话，妈妈就会说，再不听话，不让你玩了，回家学习去。孩子正看电视高兴呢，妈妈会说别看电视了，赶快写作业去。孩子玩游戏正玩得开心，妈妈过来了黑着脸，还玩儿，数学考得那么差，还不赶快做习题去。妈妈的这些话看似无意，脱口就出，可在这个时间点上，对孩子来说，无疑就是一种指责和抱怨。

孩子玩得正开心的时候妈妈一定要他去学习，也许你的孩子真的玩了很久了，需要去学习，但妈妈在这个时候的命令总会让孩子感觉，学习不是一件好事，这一定是妈妈看我玩得太开心了要惩罚我，所以她要我去学习或者写作业。尽管妈妈主观上可能本来不是这么想的，但对于思维能力比较弱的孩子来说，他可能就会这么理解。

妈妈就这样毁了孩子对学习的感觉，他们讨厌学习，不喜欢学习，因为他们感觉是学习让他们失去了玩耍和开心的时间，这也是很多低龄孩子对学习同样失去了好感的真实原因。

尤其是那些才咿呀学语就开始学习的孩子，在本该无忧无虑玩耍的年龄里他们却要去背诗歌、背单词、学加减法，这不仅会让他们感觉很累，也会让他们对学习感到恐惧，稍大一点他们就会对学习有厌恶感，不喜欢学习，这也是过早启蒙的孩子反而会输在起跑线上的缘故。

所以，学习的习惯虽然要尽早给孩子养成，但一定要遵循科学规律，尊重孩子的成长节奏，妈妈不要盲目地追求所谓的不输在起跑线上，孩子的学习能力也是有一定规律的，违背了这个规律当然达不到好的效果。

想要孩子喜欢上学习，妈妈一定要把学习当成一件让孩子开心的事儿推荐给孩子。比如说想让孩子喜欢阅读，妈妈可以先陪孩子读读书，时间一长孩子对书里的内容感兴趣了，妈妈就可以教孩子认字儿，引导孩子自己读书。

想让孩子喜欢背单词，妈妈可以先带孩子看一些外文版的动画片，如果孩子听不懂，妈妈可以用翻译机和词典与孩子一起学习，等孩子自己对外语有兴趣了，妈妈再教给他如何去记单词，如何去学会听得懂外语，这样孩子会更有兴致。

如果孩子从小就这样做，妈妈完全是在先让他开心的情况下，再让他学习，孩子就会体验到学习带来的快乐了，而这种快乐会鼓励他坚持下去，直到成为一种性格习惯。

当孩子大一些以后，妈妈切记不要总是把你的期望值放得很高，这会让孩子失去信心。其实妈妈不必总强调学习的目的性，学习本身是为了提高孩子的素质和知识量，有时候你不必说，结果也已经在那了，所以，你不断地在孩子面前提起结果，就是在强化结果的重要性和唯一性，这会让孩子感到恐惧和担忧，影响他的情绪与行为。有的孩子出现了放弃行为，就是因为他觉得结果离他太遥远了，妈妈的期望值太高了，让他失去了自信。

用一颗平常心来看待孩子学习的妈妈有时候反而会有好的收获。所以，想要孩子学习好，妈妈最需要的就是为孩子培养一个好的性格习惯，让他在小时候就爱上学习，喜欢上学习，有了这样好的性格习惯，你就不需要再担心他将来不喜欢学习，学习如果是一件会给他带来快乐的事儿，他为什么会不坚持下去呢？

我曾经跟很多被称为学霸的孩子交流，我发现爱学习的孩子都很快乐，他们的学习行为都很主动和自主，很多孩子有这样的学习态度，得益于他从小养成的性格习惯，跟那些有学习困难症的孩子相比，这些孩子的妈妈反而轻松很多，不需要天天追着孩子学习，孩子反而会是学霸，不是这些妈妈运气好，而是她们懂得培养孩子学习的习惯，这是她们最成功的地方。

想要孩子养成喜欢学习的性格习惯，妈妈们还可以试试这样的方法：

a.让自己的家庭里充满学习的气氛，妈妈也成为一个爱学习的人。

b.鼓励孩子提问题，妈妈不知道不可耻，可以与孩子一起去学习。

c.让孩子在该玩耍的年龄好好玩耍，别强迫孩子过早开始学习。

d.孩子只要喜欢学习，什么时候开始都不晚。

e.给孩子找到他感兴趣的东西，让他自己去探索。

f.经常给孩子出点难题，让他想办法去解决，锻炼孩子的动手能力。

g.妈妈不要做直升机妈妈，老想着一切事儿都替孩子解决，有时候让孩子自己面对，他才愿意动脑子。

h.欣赏孩子的创造力，不管他多么简陋，这是孩子最初对世界的认知，要知道妈妈的评价是他坚持下去的动力。

i.刨根问底的孩子往往最聪明，妈妈不要在无意中伤害他珍贵的好奇心。

j.孩子最初的学习习惯常常是从阅读开始的，所以，这是妈妈给孩子培养学习习惯的最好入口。

　　k.让孩子在学习中得到快乐,是孩子养成爱学习习惯最重要的关键点。

　　其实,对于人的一生来说,决定行为的无非就是习惯,好的行为是由好的习惯带来的,而不好的行为却一定是因为不好的习惯,想让孩子喜欢上学习,妈妈们根本不必大费干戈,在他小的时候让知识像涓涓细流一样流过他的生活,让孩子对未知事物的兴趣随着他的身体一起成长,这样的孩子通常会喜欢上学习,而这种好习惯最终会决定他的行为。因此,虽说学霸与学渣之间仅一步之遥,成败皆在一个性格习惯。

做一个懂得约束自己行为的妈妈

　　我经常在马路旁边看到这样的妈妈，抽着烟、蓬头垢面、穿着拖鞋、身体乱晃，而她们的孩子就在身边。有时候会与这样的妈妈擦肩而过，训起孩子来面色铁青，满嘴脏话，特别让人受不了。

　　我不知道这些孩子怎么受得了，可能因为他们是妈妈吧，孩子受不了也得受。每每这时我就特别想劝劝这样的妈妈，请注意下形象吧，不要这样说孩子，请在孩子面前把香烟收起来吧！可是，我都忍住了，因为我知道这样的妈妈是不会喜欢我来说她们的，因为她们根本就没有意识到，这样的行为对一个妈妈来说有多么的不合适。

　　可是我想在我的书里给这样的妈妈提个建议，你看孩子的眼睛多么明亮，妈妈的每一个行为都会在他们的眼睛里，好的行为可以给孩子带来好的影响，而不好的行为带给孩子的一定是不好的习惯。

　　有一个数据显示，家庭里父亲抽烟的，孩子抽烟的可能性是50%。而父母都抽烟的，孩子抽烟的可能性行则为85%以上。父亲说脏话的，孩子说脏话的可能性是70%，而母亲说脏话的，孩子说脏话的可能性是100%。这个调查充分说明了一个事实，那就是因为母亲的行为习惯给孩子带来的影响是非常直接的。

我觉得每一位当母亲的都不会愿意自己的孩子成长为一个行为恶劣的人，那么想要孩子有一个良好的行为习惯，妈妈对自己行为习惯的约束是非常有必要的。

我一直认为女性在做妈妈之前，应该有一些培训或者学习，因为做母亲是一种全新的角色，这是一种跟你原来的任何角色都不同的角色，需要学习很多东西，了解很多必需的改变。

因为行为是一个人最外在的表现，而且行为有社会性，他不仅仅是一个人的事情。如果一个人的行为有问题，那基本上他的其他方面都会有问题。如果你做了妈妈而你的行为充满了不利于孩子成长的问题，我认为这对孩子来说是一件很危险的事情。

有一次，在北京一个非常高端的商场的儿童天地里发现有两位妈妈扭打在一起，两位保安上去都无法制止。后来我听保安说，这两位妈妈都是带着孩子在儿童天地玩儿的，突然有一个孩子撞了另一个孩子一下，两位妈妈言语不合就动手打了起来。我记得当时有很多老外在旁边看热闹。看那两个孩子也不过才是两三岁的样子，我不知道他们看到妈妈跟人打架以后满脸伤痕会怎么想。真是觉得这样的妈妈很丢人。

一次我跟一位妈妈错车，正好走在一个热闹的路口，斑马线上全是行人，可那位妈妈开着越野车就冲了过来，看到红灯也不刹车，硬往前闯，我在马路的对面用眼神示意那位妈妈先停下来，让行人过去，可那位妈妈却蔑视了我一眼，甩了句脏话疾驰而去。让我感到非常不安的是那位妈妈的车上，前排副驾驶坐着一个大约五六岁的男孩，我都可以看到他眼睛里的不安，因为妈妈这样做的确非常危险，最重要的是这样的行为会给孩子一种暗示，那就是什么红灯、行人都无所谓，这样开车是可以的。

一次在一个酒店里吃自助餐，一位妈妈拿了很多东西，最后却因为吃不了扔在了餐桌上，就在这种情况下，她还在不断鼓励孩子去餐台取食物，后来，服务员有点看不下去了，说了孩子几句，妈妈冲过来就给了服务员一个耳光，对服务员说，"我们花了钱了，想怎么取就怎么取，凭什么不让孩子取？"

当时大厅里很多人都在看这位妈妈，可这位妈妈却一点也不觉得羞愧，一直在大声叫嚷，直到餐厅主管赶来向她赔礼道歉。我一直在看那个孩子，本来服务员说了他，他还有些收敛，可妈妈一闹他也跟着闹起来，把一整盘水果都扔在了地上，把浅色的地毯染得乱七八糟。

这些在公共场合特别没教养、没素质的妈妈遇到得多了，我真的为这些孩子的未来担心，像这样的妈妈会带给孩子什么样的影响，这是看得到的，难道这些妈妈就不担心她们的孩子长大以后行为习惯也变成她们这样吗？

我一直说孩子的行为一开始都是规范的，为什么他们慢慢会变得越来越让人无法忍受，实际上都是大人在影响他们。大人的一举一动都是孩子模仿的对象，今天妈妈很不文明，明天孩子就会说脏话；今天妈妈与人打架，明天孩子就会去欺负别人；今天妈妈撒泼耍赖，明天孩子就会蛮不讲理……这些行为的影响都是非常自然的，甚至不以妈妈的意志为转移。

所以，我们一直说中国人的素质为什么一直提不起来，首先就跟妈妈的素质有关。过去因为不富裕，我们素质低可以被很多人原谅，可现在大多数人富裕了，素质仍然没有好到哪儿去，这样的现实就不能不让人担心。

尤其是现在有很多中国人走出国门，他们留在世界舞台上的形象更加让人觉得，中国人光有钱解决不了什么问题，关键是得提高素质、提高修养、提高行为水平。

我一直相信只要妈妈的行为水平提高，中国孩子的素质就会让人刮目相看。我觉得妈妈培养孩子先别谈是否成才，让孩子走出家门放心，不会给父母和家庭丢脸，这应当是一个基本的底线。

想要培养这样的孩子，妈妈首先就要学会控制自己的行为，约束自己的行为，让自己的行为符合社会的道德规范和法律，不要做伤害他人利益的事情，更不要不在乎自己在社会上的形象。

我一直觉得一位妈妈如果很在意自己的社会形象，一定会控制自己的行为，懂得谦让和忍耐，不轻易突破别人的底线，做出让他人无法接受的行为，我觉得做妈妈不是你可以生就可以做得很好，既然要做妈妈就请做个好妈妈，不管是行为上还是表现上，都要以妈妈的角色为主，凡事先想到孩子的感受，想到给孩子留下的影响。

要知道有些事你可能做过去就忘了，可是在孩子的心灵深处可能会成一种认知，他会认为这样做是对的，因为孩子还缺乏一定的判断能力，这会让孩子的行为跟你如出一辙，已经有很多这样的个案告诉我们这个道理。那个在家里经常挨打的孩子，在外边也会经常用武力来解决问题，那个经常被妈妈骂的孩子出口就可能是脏话，有些家长总是觉得自己的孩子行为有问题，你跟他一交流，就发现孩子的行为跟他们直接相关。

想要孩子有好的行为习惯，妈妈的行为习惯就显得更加重要，这是很多问题孩子告诉我们的规律。想成为一个给孩子好的行为影响的妈妈，我认为妈妈需要在这几方面多多改善，约束自己的行为习惯：

a.注意自己在公众场合的形象，保持优雅又有礼貌的风度。

b.不管遇上什么冲突，都请文明解决，哪怕报警都不要通过言语和肢体的冲突解决问题。

c.开车请一定要遵守交通规则，不仅为了安全，更为了你的孩子。

d.与孩子交流请尽量克制，不要将不文明的语言让孩子听到，这不仅会影响孩子，还对你的形象产生不好的印象。

e.出门旅行时，尤其要注意形象和行为，如果是出国旅行，更要约束自己的行为，如果妈妈的行为让人感到失望，那她的孩子也不会受欢迎。

f.妈妈处理任何事都应该有底线，这样孩子才会知道什么叫作底线。

g.中国母亲的形象曾经美好，那是因为她们的操守，做个有操守的妈妈吧。

h.建议你在做妈妈之前一定要考虑一下，你的行为习惯会给自己的孩子带来什么，是骄傲还是羞愧？是美丽还是丑陋？

亲爱的妈妈们，本书的第二章，幸福妈妈的行为修炼就到这里了，希望你看到这里没有太累，因为人的生活是被两部分所支配的，一个是思维，另一个就是行为。虽说是思维决定行为，但有的时候，行为一旦形成习惯，思维就有可能打上了习惯的烙印。因此，好的习惯自然会决定好的思维，而好的思维也会反过来促进好的行为，有时候一个好的行为习惯可以决定人一生的命运，而父母的行为决定孩子一生的命题，我已经用一本跟这个同名的书来进行了诠释。

所以，虽然有些累，但我认为妈妈们值得把这一章仔细地看下去，并根据我的提示和建议来进行修炼。为什么说这是一种修炼，我觉得这真的可以说是一种修炼，因为妈妈们在做妈妈的时候大多已成年，有很多年轻时养成的行为习惯，在做妈妈前没问题，但做了妈妈以后可能就并不适合孩子的成长。因此，这迫切需要妈妈们进行修正或者改善。

有时候习惯的力量真的无法想象，没有一点毅力和坚持，通常改变起来是很困难的，但是我看到很多妈妈会为了自己妈妈的角色去选择改变，虽然经历了痛苦的过程，可这又何尝不是一种修炼呢？所以，我把妈妈的改变与提升定位于一种修炼是恰如其分的，希望妈妈把这样的一种成长当做一种修炼，让自己更加成熟，更加完美，更加能够承担妈妈的职责。

由于妈妈的行为贯穿在孩子的成长中，会给孩子带来终生的影响，因此，我指出了很多目前一些妈妈中非常不适合孩子健康成长的行为习惯，也介绍了一些会让孩子更加优秀顺利的好的行为习惯，让妈妈们在修炼中慢慢提高自己做妈妈的艺术，是我在本章的心愿。这其实也是一个妈妈跟孩子一起成长的过程，妈妈们可以在为孩子养成好的行为习惯的同时，也发现自己的进步，有时候孩子也是妈妈的榜样，妈妈没有做到的，孩子做到了，这不仅是妈妈的成就，更是妈妈学习的过程，当然也是做妈妈的一种乐趣。

Part 03

幸福妈妈的**情绪修炼**

前不久，我在自己的微信公众平台上发布了这样一篇文章，题目是《为什么孩子不顺心就乱发脾气》当时因为我的微信公众平台刚刚开通，知道的读者还很少，但是这篇文章在很短的时间里就有了很高的阅读量，这是我所没有想到的。

后来我在跟很多妈妈的互动中发现，为什么这篇文章有这么多家长感兴趣，就是因为现在的孩子中有太多容易乱发脾气的习惯，而且，不分年龄段，有的孩子才两三岁就任性蛮横，稍有不顺心就扔东西哭闹，有的孩子已进入青春期，仍然不能很好地控制自己的情绪，不仅与父母很难相处，自己的心理也长期处于消极状态。

我一直说人的行为皆来自于人的情绪，很多时候人的行为失控，做出让他人无法理解的事情，表面上看是行为问题，其实，进行一下心理分析你就会发现，他的冲动行为背后实际上是一种情绪的释放。

所以，每当妈妈们跟我说，她的孩子又出了什么让她无法忍受的行为问题时，我总是建议妈妈们先谈谈孩子们的情绪问题，妈妈关心的问题往往是孩子为什么要这样做，而我关心的问题通常是，是什么问题导致孩子的情绪如此糟糕，从而行为失控。

在与很多妈妈交流之后，我发现孩子的情绪问题和行为问题一样，在很多方面是受妈妈影响的，尤其是低龄的孩子因为与妈妈相处的比较多。因此，在他们性格塑造的阶段，管理情绪的水平就更加取决于妈妈的管理水平。

所以，我在这里提出了幸福妈妈的情绪修炼，这是因为妈妈的幸福的确与妈妈的情绪直接相关，很多时候我们说幸福其实就是一种感觉，决定这种感觉最重要的因素就是人的情绪。

情绪积极的人即便是不顺利也会因为有信心，能够体验到拼搏的幸福感。而情绪消极的人即使万事俱备，也会因为心态消极，情绪低落，而感受不到幸福。

情绪最重要的功能就是会决定人的行为水平，情绪控制水平高的人，不会轻易做出极端的行为。而情绪很容易失控的人，一定是极端行为频发的人。因此，情绪的功力如此之大，如果这位很难控制情绪的人是一位妈妈，那她会给孩子带来非常不利于孩子成长的环境。想要成为一个情绪控制能力很高，让孩子也掌握一定的情绪控制技巧的妈妈，可以尝试从以下几点开始修炼。

学会平衡调节自己的情绪

很多女性在进入婚姻、做了妈妈以后会有这样的感觉，情绪波动比较大，很容易被细节所触动。当孩子小的时候，不仅对孩子细腻、敏感，还对身边的各种事儿都变得特别计较，没有了未婚时代的那种洒脱、开朗和大度。

由于大多数妈妈在这个时候正是工作上比较有压力的时候。因此，在生活中需要抚育子女，在事业上有所追求，都会形成压力需要妈妈承担。在这样的时间段里，妈妈的情绪不断有波动是非常正常的，关键是妈妈要学会平衡调节自己的情绪，而不能任由情绪控制了自己的生活。

我们在生活中经常遇上这样几种情绪类型的妈妈：

①爱抱怨的妈妈

我在亲子课堂上或者亲子心理咨询的时候，碰上最多的就是这样的妈妈，尤其是孩子年龄稍大一点的家庭里，都很难避免听不到妈妈的抱怨。妈妈的抱怨通常来自这样的几个方面，一个是抱怨孩子不听话，难管理。一个是抱怨孩子的成绩不行，学习态度不积极。

在这样的妈妈身边的孩子，通常精神状态也不好，容易走极端，要不就是萎靡不振，对什么都没兴趣，要不就是我行我素，妈妈越抱怨他的表现越差劲儿。孩子有这样的行为问题其实也都是因为他的情绪，因为妈妈的情绪完全影响到他了。

那么妈妈们为什么这么爱抱怨呢？抱怨本身是一种很消极的行为，而在妈妈这种行为的背后却是妈妈们不善于调节和平衡的各种负面情绪。我在亲子咨询中遇到的问题孩子，背后大多有这样一位擅长抱怨的妈妈。

其实对于妈妈们来说，她们的抱怨并没有实际意义。无非就是一种情绪的宣泄，可她们可能根本没有意识到，她的这种情绪宣泄往往会给孩子带来行为上的问题。妈妈的抱怨情绪会成为孩子成长的绳索，把孩子越捆越紧，孩子会因为害怕妈妈的抱怨而不断退缩，行为消极，态度倦怠，无论什么事都害怕承担责任，甚至思虑重重，很难看到他积极主动的行为。

爱抱怨的妈妈会让她的家庭也变得很不和谐，因为谁也不喜欢自己的生活中天天充满了抱怨的声音，谁也不想成为那个总是被抱怨的人，包括孩子。可是这样的道理真的不是每一位妈妈都明白，因此我们会看到，有的婚姻会越来越失去生命力，有的丈夫越来越不愿意回家，有的孩子变得一天比一天差，而往往只有这样的妈妈她并不清楚，这一切其实是她爱抱怨的情绪造成的。

最重要的是爱抱怨的妈妈会造就喜欢抱怨的孩子。我们在生活中遇上的很多，遇到问题不寻求积极的解决方案，只是一味地逃避与抱怨的孩子，与他一起追朔他的这种情绪宣泄方式的由来，他们大多会承认自己从小是在妈妈的抱怨声中养成这样的习惯的。

在我看来，抱怨的情绪每个人都会有，尤其是女性更倾向于用这种方式来宣泄自己，但这决不意味着这种情绪是不可管理的。有时候如果你明白这种抱怨的情绪实际上也无法给你带来更多的帮助时，你就应该有这样智慧，告诉自己，停止抱怨，从现在起学会改变，一切还来得及。

这就是一种情绪管理的方法，一个健康的人最重要的标志就是会控制自己的情绪，做情绪的主人而不是被情绪所控制所奴役，爱抱怨的情绪最主要的心理原因就是遇事消极，凡事只看不利的一面，永远关注不到事情积极的一面。

想要彻底改变这种情绪习惯，妈妈们首先要学会用积极的思维方式来看问题，任何事都会有好坏两个方面的结果，其次在发生问题的时候，尽快想解决的办法比只宣泄情绪更实用，也更会给孩子带来帮助。

我在亲子课堂上见过太多不快乐的妈妈、不幸福的妈妈，她们总是在抱怨自己的不快乐、不幸福是孩子给她带来的，每当这时我就会问她们，"抱怨过后，你们就感到幸福和快乐了吗？抱怨让孩子比原来更好了吗？抱怨给你带来了什么改变了吗？"

不出所料的是没有一位妈妈的回答是肯定的，相反会有很多妈妈不断叹息，抱怨只让她们失去的更多。而且，有很多妈妈都感觉抱怨已经成了她们的情绪习惯，有时候明知道这样的行为解决不了什么问题，她们依然很难改变。

所以我认为妈妈们想要快乐与幸福起来，情绪修炼是必需的。别再抱怨你的孩子，别再抱怨你的丈夫，幸福与快乐是自己给的，与他们无关。你想你的孩子行为积极起来，表现得让你感到满意，就请你把抱怨改为鼓励，把指责改为建议，这样你的情绪也不会总是那么糟糕，孩子的行为也不会越来越消极，越来越退缩。

爱抱怨的妈妈往往是情绪管理水平很低的妈妈，你可以通过训练自己的情绪模式来提升自己的情绪管理水平。就像爱抱怨的妈妈遇到问题总是先选择抱怨一样，如果你学会了用积极的行为来平衡自己的情绪，并坚持在遇到问题时不抱怨，积极地想办法来解决，时间一长这样的方式就会成为你的情绪模式，让你从负面的情绪中解脱出来，而你的孩子也通常会成为那个最直接的受益者。

②爱焦虑的妈妈

不知从什么时候起，焦虑成为现代社会一个很普遍的情绪特征，尤其是妈妈这个群体，很多妈妈从怀孕就开始焦虑。担心孩子的健康，孩子出生以后又担心孩子的成长，孩子开始上学以后又天天为孩子的学习操心，为孩子的成绩焦虑，这种焦虑妈妈在我们的身边比比皆是。

实际上这种情绪焦虑的妈妈从外表就能看出来，她通常很少有笑容，眉宇间总是好像有什么为难之处，你跟她聊天她总是说不了几句话就要叹息，谈到孩子就很紧张，实际上也没什么具体的特别让她担心的事儿，可她就是担心，情绪紧绷，说什么也很难放松下来。

焦虑的妈妈通常有些过度敏感，一些很小的细节就会让她烦恼半天。有时候孩子的成绩稍有下降，她就很着急，并因此对孩子特别不冷静，说一些让孩子感到很绝望的话。这样的妈妈通常会给孩子带来极大的压力，对于年龄小的孩子来说，有时候他并不懂得妈妈的情绪从何而来，他只知道妈妈不开心是因为他的表现让妈妈不满意了，孩子的情绪也会因此而受到很大的影响。而对于大一点的孩子来说，妈妈的焦虑情绪会让他的行为更加逆反。因为有时候妈妈的焦虑会让孩子的情绪也很紧张，而人如果长期生活在紧张的气氛中就会变得性格乖戾，行为极端，破坏欲极强。

对于人类来说，适当的焦虑有助于产生改变现状的动力，而无明显对象的焦虑，甚至于不针对具体事务的莫名焦虑，则是一种有些病态的情绪倾向。我在亲子心理咨询中就发现。在那些成绩不断下降、行为不断恶化的孩子里面，情绪焦虑的妈妈占大多数，有的妈妈甚至焦虑到孩子的数学成绩少考了一分，她就担心得成宿睡不着的地步。

关键是妈妈的焦虑情绪会带给她很多不理智的行为。我就认识这样一位妈妈，她的孩子刚刚两岁，为了不让孩子输在起跑线上，她毫不犹豫拿出28000元给孩子报了英语班，而孩子的母语还没有完全学好。两岁的孩子根本就坐不住，每一堂课坐不了五分钟就哭闹不已，她只得抱着孩子出来，这学费基本上是打水漂了。

还有一位妈妈，担心孩子考不上重点中学，一口气给孩子报了五个辅导班，每个周末都带着孩子奔波在去辅导班的路上，连吃饭都得在公共汽车上解决，孩子累得每天都睡不醒，而这位妈妈才刚刚30多岁就已经满头白发。

这些妈妈的行为看上去好像都是为了孩子好，但她们的不理性、不讲科学的做法其实只反映了一个问题，那就是她们的这些行为实际上都是她们的焦虑情绪造成的。焦虑的情绪给她们自己带来了很大的压力，她们的行为又给孩子带来了巨大的压力，这是一种恶性循环，既剥夺了妈妈的幸福感，又夺走了孩子的美好童年，甚至毁了孩子的成长。

由于情绪焦虑的妈妈往往是要求很高的妈妈，有完美主义情结，因此她们的孩子经常会因为无法达到妈妈的要求而产生放弃的行为，孩子的责任感比大人要差很多，当他发现妈妈的期望过高，而他根本就不可能让妈妈感到满意的时候，如果他的生活里没有鼓励和欣赏，只有妈妈焦虑的眼神的时候，那他只会因为想要逃避而放弃努力。

很多妈妈都想不明白一件事，那就是她为了孩子的问题很着急，很用心，甚至可以放弃自己的一切只为孩子，可是孩子并不对她感恩，并因此而更加努力，有时候孩子还会因此而抱怨妈妈，指责妈妈甚至想要逃离妈妈对他的付出。

这实际上就是妈妈因焦虑和担心而出现的行为给了孩子无法承受的压力，孩子在这种氛围里只会变得更叛逆，甚至更极端。

每年的高考季，我都会接待很多面临高考而想要临阵脱逃的孩子的心理咨询，通常是家长陪着孩子来咨询，但跟孩子一交流，我就发现那些不想考了，或者在关键的时候索性就放弃学习的孩子，背后几乎都有一位情绪焦虑的妈妈。

这些妈妈大都有共同的心理特征，那就是期望值很高，为孩子全心全意的付出却又总是担心孩子学习不够努力，怀疑孩子的能力，总是觉得孩子并没有全身心的投入，因而对孩子特别不满意，并因此不断指责孩子。

而这些心理和行为出现问题的孩子，也大多有共同的特征，那就是他们基本上属于学习不错的孩子，是那种努一把力就可以考得挺好，可要是放弃也下滑得很快的类型。很多孩子最后选择放弃高考，其实并不全是因为对自己的成绩没把握，主要是来自妈妈的压力让他们的情绪濒临崩溃的边缘。在这些孩子当中你可以看到，他们每个人都有跟他们年龄不相称的焦虑情绪，有的担心自己高考时发挥得不好，有的担心考不上自己喜欢的大学，有的觉得很没希望，害怕失败。在他们放弃的行为背后实际上都是这些无名的焦虑情绪在左右着他们的心态，使他们患得患失，无法轻松走向考场。

来咨询的时候很多妈妈都感觉孩子的放弃让她们无法接受，许多妈妈都会觉得孩子在这件事上辜负了自己，但没有一位妈妈意识到正是她们不健康的情绪，给孩子带来了完全负面的影响，孩子的放弃其实正是她们一手造成的。

焦虑情绪不仅对妈妈有害，更对孩子的行为不利，这是妈妈们一定要重视的情绪问题。很多妈妈的焦虑情绪实际上大多来自这样的几个问题：

a.完美主义，对孩子期望过高。

b.理想主义，希望达到的目标太多。

c.不能接受失败。

d.不能够接受不确定性。

e.喜欢跟别人攀比。

f.把孩子当成自己来要求，认为你做到的孩子就应该做到。

g.不会管理自己的时间。

h.缺少可以缓解情绪的业余爱好。

i.缺少包容的胸怀。

j.总是有太多对未来的担忧。

k.凡事过于看重结果。

l.调节自己情绪的水平过低。

m.怀疑自己的能力。

正是这些问题没有处理好，才让很多妈妈终日把自己沦陷在焦虑的情绪中不能自拔，而焦虑的情绪给她带来的是非理性行为。因此你会看到她在孩子做错事时不依不饶，在孩子考得不理想时一脸绝望，这样的妈妈自己活的很累，让她的孩子和身边的人也感觉超累，这样的妈妈不会有朋友，因为没有人喜欢跟一个每天神经都紧绷着、从来笑不出来的人在一起。

这样的妈妈很多，而且还有很多妈妈并不知道她的这种总是会产生莫名担忧和恐惧的情绪是一种焦虑，这会成为一种很可怕的习惯，让她的生活变得一天比一天更紧张，让孩子也变得找不到自己的快乐。可是孩子不快乐，妈妈又如何会感到幸福。

要改善自己焦虑的情绪，妈妈最需要做的就是尽快让自己学会放松心态，不要让未知的未来毁了你当下的生活，那是最愚蠢的行为。我们每一个人都无法预知未来，因此，你只需要为自己的今天负责就可以了。

作为孩子的妈妈，你不需要为他担心一切，你总是为孩子焦虑只说明你不够自信，不够完美，可不完美的你却一定期望你的孩子是完美的，这注定你只能因此而收获失望。因此，不需要如此折磨自己，接受你的孩子，接受未来的不确定性，甚至允许你的孩子有失败的权利。当你能够坦然面对这一切的时候，你会发现你要快乐起来很容易，因为要求很低，孩子的每一点进步都会给你惊喜。因为你已经放弃了只为一个结果而努力的打算，你会很享受与孩子一起长大的过程，而在这个过程中，你会找到自己想要的完美。

焦虑的情绪本身也是一种习惯，因此，想要改变你必须学会放弃这种习惯，尽管可能很痛苦，可是你要知道继续下去会更加痛苦。关键是如果你不改变，你的孩子会延续这种痛苦，他会比你走得更远。

想要改变的妈妈一定要从自己的情绪管理水平入手，先学会控制自己的情绪，让它按着自己想要的方向发展。人类一般从三岁左右就在学会如何控制自己的情绪，如果没有器质性病变，控制自己的情绪是每一个成年人都可以做到的事情。

摆脱焦虑情绪妈妈也可以先从认知出发，你可以感觉一下焦虑的情绪有没有让你所期望的事情发生好的转变。比如有的妈妈很着急孩子学习，希望孩子的成绩符合自己的理想水平，可很多时候，妈妈们会发现，她们越着急孩子越消极，她们越给孩子报辅导班，孩子的学习热情就越低，这说明妈妈的焦虑情绪对孩子的学习根本没有起到一点积极作用，反而会让孩子放弃努力，成绩越来越差。我相信妈妈有了这样的认知，会很直观的让她看到自己的情绪所带来的消极影响，这非常有利于她调整自己的情绪反应。

有几种方法对改善焦虑情绪很有效，一个是经常听听音乐，优美的音乐可以放松人的神经，使人的内心变得更柔软。再一个是给自己找到一个很好的爱好，比如说阅读、绘画，甚至绣十字绣，这些都是可以让人暂且忘却眼前烦心事的行为，经常用这种方式来让自己的心理放松一下，形成习惯以后就会在很大程度上缓解压力，改善焦虑。还有一种很重要的调节焦虑情绪的方式就是倾诉，焦虑常常来自于内心的不安全感和失控感，尤其是对妈妈们来说，当面临自己无法解决或感觉失控的局面时，焦虑的情绪会给她带来很大的挫败感，让她感觉自己很失败、不称职，这个时候她需要一个能够倾听她的朋友，让她通过倾诉把所有的不安全感释放出来，这种情绪的释放会让她避免做出很多不理性的行为，避免伤害到孩子，也伤害到她自己，所以，这个时候朋友很重要。

想要让自己从焦虑的情绪中解脱出来，妈妈的时间管理也很重要。我在亲子咨询中发现，那些为了孩子的事情焦虑不堪，情绪紧张，总是感到很委屈的妈妈中有很大一部分是因为无法管理好自己的时间，每天都在毫无章法、人仰马翻的混乱中度过，这样的妈妈永远觉得时间不够用，却也发现自己无法把每一件事情都安排好。

因此时间管理也是一门技巧，需要妈妈用心去学习。比如，你可以把每天必须要做的事都写在纸上，按事情的轻重缓急排顺序，然后一件一件的去落实。这实际上就是一种时间管理训练，主要是让你找到如何做更多的事，和充分利用更多时间的节奏和窍门，有了时间管理的能力和技巧，你就不必每天都手忙脚乱的去做事情，很多事都会在你的掌控之中，建立了自信，你的焦虑情绪自然会大大减少。

说起焦虑的情绪我相信每位妈妈都有一大堆的理由，但我希望你尽快让自己从焦虑的情绪中走出来的理由只有一个，那就是你一定不希望你的孩子跟你一样。

③爱激惹的妈妈

金金是一个7岁的小女孩，刚上小学一年级。她的妈妈带她来找我，因为她极不稳定情绪的表现。从表面上看这是个开朗外向的小女孩，可是她的妈妈告诉我，金金的情绪极不稳定，开心了就说说笑笑，不开心就不管什么场合都大哭大闹，而且情绪转换非常快，前一秒钟还有说有笑的，一点小事儿惹着她了马上不依不饶，大发脾气，谁哄也不行。

过去没上学时她的这种情绪释放家人都习惯了，也没觉得有什么。可是她现在入学了，在学校里也经常这样，老师为了这件事经常让金金妈妈去学校想对策，可是每次金金妈妈面临哭闹的女儿一点办法也没有，有的老师说金金这是一种心理问题，建议妈妈带她做一下心理咨询。

其实在我看来金金这并不是什么心理问题，因为从她的行为来看，这无非就是一种爱激惹的情绪习惯。情绪爱激惹的人，常常会爱发脾气，易怒，不会控制自己的情绪，一发火就情绪完全失控，有时候喜欢摔东西，骂人，听不进任何人的劝说，一点小事就容易爆发，有时候完全是为了发泄情绪。

金金只有7岁，她爱激惹的情绪习惯就这么严重，我认为她在生活中一定有不好的影响，或者她所模仿的对象。果然，在我跟金金妈妈深入交流的时候，这位妈妈承认自己平时就有这样的情绪习惯，由于自己是独生女，父母比较溺爱，金金妈妈婚前就是一个特别容易发脾气的人，结婚以后，金金爸爸性格内向，他们夫妻之间的沟通并不理想，因此，金金妈妈通常是用发脾气、暴怒来表达自己的诉求，有时候她用这种方式换来了金金爸爸的妥协和让步，让她达到了目的，因此，她把这种情绪宣泄方式当成自己很正常的一种选择。

可是让她没想到的是，女儿从小在这样的环境中耳濡目染，不仅行为上受到了极大的影响，情绪习惯上也与妈妈如出一辙，爱激惹让这个小女孩在学校里很不受欢迎，大家都不喜欢她的这种脾气，觉得她很不懂事。

我的分析让金金妈妈恍然大悟，过去她没意识到女儿的这种情绪习惯有多大危害，是因为孩子在家庭里，每个人都会尽量容忍她，也觉得她还小，大一点儿会好。可是孩子入学后的境遇真的让金金妈妈感到很担心，看到自己的女儿这么不受大家的喜欢，一个朋友也交不到，金金妈妈心里很不是滋味。

实际上金金妈妈爱激惹的情绪习惯，也给她的婚姻带来了极大的风险，夫妻感情摇摇欲坠，金金爸爸几次不堪忍受妻子的坏脾气而提出离婚，几次都是不忍心孩子受到伤害而打消了念头，但是，他们的小家庭却充满了不和谐。

为此，金金妈妈也很苦恼，她也很想调整自己的情绪，可就是不知道该如何下手。为此，我给金金妈妈提出了几条建议：

a.想要改善爱激惹的情绪习惯，妈妈首先要提高个人修养，尽量让自己心胸宽广，心态平和，学会用正面的行为来表达诉求。

b.要承认自己情绪习惯不好的事实，请身边的人多包容自己，提醒自己，尽量少发脾气。

c.要学会转移心境，遇到让自己感到愤怒的事情，一定不要在情绪的高峰期处理问题，可以先转移自己的视线，或者尽快离开现场，等情绪稳定以后再来处理。

d.有些事要考虑后果，如果有孩子在场要考虑会给孩子带来什么样的影响，以此来约束自己的行为。

e.情绪的控制有时候需要强烈的心理暗示，要经常给自己一些积极的心理暗示，比如要发脾气时，告诉自己，要控制情绪，而不是被情绪控制。为了一点小事而沉不住气时，要暗示自己稳定情绪，想好后果再做选择。经常这么做，会给情绪的控制带来改善。

f.给自己找一些更健康的情绪宣泄机会，比如运动、听音乐、跟朋友聊天，甚至去公园散散步，这些活动都会很好的转移你的情绪注意力，帮你把负面情绪用这种方式释放出来，心里的负荷水平下降了，爱激惹的情绪自然就会少很多。

g.爱激惹的人通常是对别人期望很高的人，因为别人没有达到自己的期望而失望的情绪积累多了，就容易爆发出来。因此，不管是对孩子，还是对家人，妈妈都应该降低期望值，把门槛设得低一点，这不是为了别人，而是为了你自己。

h.爱激惹的情绪往往是因为爱较真的习惯，妈妈要学会在生活中放松自己，对人对己都不必过于强求，有句话叫作，"何必求全责备，但求我心无愧"，在家庭里只要大家都感觉很舒服，你又何必太较真呢。

i.在自己的生活中找到一个情绪稳定、修养超高的人做你模仿的对象，你不需要完全做到他那样，你只需要模仿他处理问题、与孩子相处的方式就可以。最简单的学习就是模仿，最直接的改变也是模仿，如果你能够在情绪控制的问题上学会模仿那个让你感觉修养超高的人，你首先就赢了一半，坚持下去，你就会成为他。

j.如果你是一个爱冲动的妈妈，那就请在做任何决定前数秒，在心里暗数123……每一个数字至少坚持数30秒，然后深呼吸，这样做出的决定通常会比较理智，情绪也会冷静很多。

k.如果你肝火很旺，超爱发脾气，很容易暴怒，看看你的饮食习惯里有哪些问题，一般爱吃肉，很少吃蔬菜、粗粮的人，容易受情绪的影响。因为肉类食品容易使大脑里的色氨酸减少，吃太多的肉会让人情绪烦躁，现在很多孩子都属于爱激惹型的情绪类型，会有一些这方面原因。

l.提升自己情绪控制的水平，有意识地训练自己情绪稳定的能力，可以用递减法。比如刚开始允许自己一周发三次脾气，慢慢的一周发两次，慢慢一周一次，慢慢的一个月两次，慢慢的一个月一次到两个月一次，慢慢的尽量不发脾气，很多事用正面沟通的方式来解决，用平和的语言来表达的诉求。

m.爱激惹的情绪不仅会伤害他人，影响孩子的情绪管理水平，更重要的是还对妈妈们的身体影响特别大。在这样情绪习惯的妈妈中，心脏病、高血压的发病率都是超高的，因此，为了自己的身体也要尽快改变，否则后患无穷。

④任性自我的妈妈

生活中我们常常听说孩子任性很可怕，因为孩子一旦任起性来，谁都会觉得没办法。可如果你是一位妈妈，还任性自我的让人望而生畏，那你的生活会怎样？

萱萱是一位28岁的新手妈妈，她的孩子只有八个月大，但她的任性已经让她的老公和婆婆都有些吃不消了。先是生产的时候，大夫和家人都希望她能够顺产，也就是自然分娩，可她怕疼，说什么也要剖腹产，结果伤口感染一直没好利索。

孩子到吃奶的时间了，可她说自己要睡觉，等睡起来再说，结果孩子饿的直哭，婆婆说先给孩子吃饱了妈妈再睡吧，可萱萱坚持睡醒了再起来。后来，为了不耽误自己睡觉，她索性给孩子断了奶，说这样还不破坏身材。

生完孩子后萱萱开始天天找同学聚会，和闺蜜逛街、泡夜店，说是要把怀孕后这段时间的损失找回来。孩子基本上完全扔给了婆婆，对她这样的表现，老公和婆婆都很不满意，可找她一聊，她却说，"这是我的权利，我任性惯了，你们谁也别想管我。"

任性自我的情绪习惯让萱萱跟老公也处得很不和谐，小夫妻经常吵架。萱萱不仅任性还非常自我，平时处理问题只考虑自己的感受，不管什么事儿只要自己感觉舒服就行了，至于别人的感觉她根本就不考虑，她总是希望老公关注她、关心她，但她却从来不关注老公的感受，至于关心就更不可能了。为此她的老公也很痛苦，两个人在准备离婚前夕找到我做心理咨询，我发现他们之间最大的矛盾就是妻子萱萱的情绪习惯问题。

任性自我的情绪习惯不仅会让你的婚姻充满风险，还会给孩子带来非常不好的影响，尤其是如果妈妈很任性自我，孩子也一定会重蹈这样的覆辙。

小希是一个15岁的少年，他在暑假的时候参加了一个美国游学活动，住进了美国加州的一个寄宿家庭，原定20天的寄宿生活小希只坚持了十天就被活动的主办方给送了回来，理由是他不适应国外的生活。

小希的妈妈为此很不高兴，她给小希的寄宿家庭发了一封邮件，想了解一下孩子在那里到底发生了什么事情。不久，美国寄宿家庭的女主人回了邮件，她告诉小希妈妈，我认为您的孩子非常优秀，但是习惯不好，过于任性，又很自我，凡事只考虑自己的感受。

这位女主人说小希每天晚上都睡得很晚，她一再建议他关灯休息，可小希从来不理。因为卧室里的羊毛地毯很昂贵，她的孩子都知道不可以把吃的东西带进去，可小希从来不在乎，可乐、咖啡、面包、薯片满房间都是，有时候叫外卖也会拿到卧室里去吃，女主人对小希说不可以这样，可小希告诉她他在家就这样。

晚上小希经常回来的很晚，上楼的声音很大，影响到别人的睡眠，女主人告诉小希，他还未成年，不可以晚上在外逗留到这么晚，很不安全。再者说即使偶尔晚归也要安静一些，不要打扰到别人。可小希很不高兴地说，"我就喜欢这样，这是我的自由，你又不是我妈，管这么多，烦不烦。"

小希的任性自我终于让这位美国女主人忍无可忍，最终提出让小希提前离开她的家回国的要求。为了让小希认识到自己的问题，他的妈妈把他带到了我面前，跟孩子一交流，我发现，这个少年的口头语就是"我妈妈也这样"。

你跟他谈任性的问题，他毫不在乎，一开口就是，我妈妈不是也这样吗？谈自我的问题，他说，我妈妈就这样。而小希的妈妈在旁边一脸尴尬，不停地解释。妈妈是有一点任性，可也没像你那样啊。

后来跟小希的妈妈聊起来，她告诉我，因为小希的爸爸比她大十几岁，很宠她，对她也言听计从，因此，她养成了很任性自我的情绪习惯，在家里说一不二，什么事都按照自己的想法来，稍有不顺心就跟老公吵架，时间长了老公也不愿再跟她较真儿，大小事都由着她的性子。可是让她没想到的是，孩子的情绪习惯也很受她的影响，有时候任性自我的很难让人接受。

任性自我的情绪实际上就是一种对自己对他人都很不责任的情绪习惯，经常有这样情绪体验的人，通常是比较自私自利的人，或者过于看重自己感受的人。如果孩子养成了这样的情绪习惯是很不利于他的成长的。但是孩子的情绪反应模式一般都是受大人影响的，如果妈妈就是一个很任性的人，孩子的情绪习惯也一定是任性的。

所以很多妈妈都会拿任性的孩子毫无办法，每当这时我总会让妈妈们谈谈她们的情绪习惯里会不会也有任性的成分。有时候这种任性自我的情绪会成为一种很自然的习惯，让妈妈们自己都无法察觉，或者即使知道也认为很自然。

我特别建议有这种情绪习惯的妈妈要尽快调整，因为不管是对孩子的成长，还是对家庭婚姻生活，这种情绪习惯都可以说是一种很不好的影响，是一种不和谐因子，会带来很多麻烦。

很多时候我认为爱任性的妈妈是一种不成熟的人格表现，因此，妈妈们想要改变自己，最重要的就是尽快让自己成熟起来，成熟起来的标志就是富有责任感，而有了责任感你就不会轻易任性自我，只考虑自己的感受了。

还有任性的人经常会伤害了别人自己却不自知。想要改变自己，我建议你一定要反思一下你过往的行为，你如果真的爱你的孩子，爱你的家庭，你就会发现你曾经给他们带来多少不愉快，让你的家人成了你任性的成本。有任性情绪习惯的人人生成本会很高，因为没有人会喜欢跟这样的人打交道。如果你是一位妈妈，你不仅担负着孩子健康成长的责任，还是家庭幸福和谐的保障，任性会让幸福与美好的生活远离你，因为这的确是一种只会给人带来负能量的情绪。

上面所列的几种情绪习惯，不管是爱抱怨的妈妈，还是任性的妈妈，都是些只会带来消极行为的负面情绪，需要妈妈学会调节和平衡，尽快改善和调整。

人的情绪决定人的行为，也就是我们开心的时候，自然想去做一些积极的行为，比如拥抱一下孩子，夸爱人几句，做点好吃的。但我们不高兴的时候，不但情绪低落，连行为也会消极，不仅会伤害别人，有时候还会伤害自己。因此，都说习惯决定命运，在我看来，情绪决定人生。

因为积极的情绪体验会给你带来积极的行动，让你的思维活跃，心态积极。而消极的情绪体验，则会让你的行为也变得消极，你什么也不想干，什么也不想尝试，而你的人生也从此变得消极倦怠，看不到希望，也没有未来。

所以，学会调整改变自己的情绪反应模式，是做一位可以体验到幸福感的妈妈最重要的功课。我在做亲子心理咨询时，经常听到有的妈妈这样说，我不想改变，我要做我自己。这样的妈妈我真的不敢苟同，可以这样说，什么人都可以做他自己，只有爸爸妈妈不可以。尤其是妈妈。

学会改变，让自己成为更好的人，是妈妈这个角色对你的要求。因为，做了妈妈，你的角色变得更复杂。你是妈妈，也是妻子，还是儿媳，还是女儿，你还应该成为孩子的朋友，老公的知音，父母的贴心人，你有这么多的角色需要去扮演，需要去担当，这里面哪一个角色失败你都不会成为一个幸福的妈妈。请为了你的孩子、你的家庭，改变自己，成为一个更完美的女人，因为这样距离一个完美幸福的妈妈更近。

如果你是一个总感觉不幸福的妈妈，我建议你先从调整平衡自己的情绪习惯开始，每天给自己一点时间，冥想一下，发现是什么样的情绪拿走了你的幸福感，管理好自己的情绪是一个人成熟的象征，更是一位妈妈具备了责任感的担当。

定期清理自己的不良情绪

前不久，有一句话特别流行，叫作："人在江湖飘，哪能不挨刀。"这话看上去有点糙，但话糙理儿不糙，反映了现在社会和人们的生活状态。的确，现在的社会有很多机会，也有很多压力，每个人都有被社会潮流挤压的感觉，因此每个人都感觉活的很累。

从心理学上讲这是正常的，因为人活着就有动机，而人的行为都是被动机所驱使的，动机的特点是不易满足，因为一个动机被满足了，新的动机马上又出现了，人因为需要不断满足自己的动机而不断去努力，也就会因为有的动机无法满足而产生不良情绪。

所以，不良情绪就是人的情绪活动产生的垃圾，这是人人都会有的。每个人都有过被情绪垃圾所困扰的经历，有的人懂得定期清理，让自己的情绪不断得到净化提炼，能够轻松面对新的压力。有的人却不具备这样的智慧和方法，有了不良的情绪就让他积压在自己的心里，由于不良情绪大多带来的是负面能量，是一种消极的情绪体验，因此，不良情绪积压得越多，你的行动力就越差，心理感受能力也很消极，幸福感就会越来越少。

　　我在亲子心理咨询时经常遇到这样的妈妈，她为孩子的问题烦恼，可是说着说着就会发现，生活中让她应付不来的已经不仅仅是孩子的事儿，夫妻关系的问题、单位工作的问题、与同事相处的问题，这些都有可能是让她倍感不快乐的原因。说起这些事儿来，她经常就哭起来，每当这时，我总是默默的关注着她，把纸巾递给她，是的，我支持她掉一会儿眼泪，因为她已经坚强很久了，在我这里没有必要再伪装，她需要认知自己的情绪，而哭泣则是一种释放情绪垃圾的好方法。

　　妈妈们有这样的选择，不是她们很脆弱，而是因为情绪垃圾积累到一定程度就会让人无法承受。因此，它会以各种方式释放出来。有的妈妈爱冲着孩子大叫大嚷，一定是孩子的行为让她积累了太多的情绪垃圾，她不过是在使用这种方式宣泄。

　　有的妈妈在大街上不顾脸面跟人吵架，其实她不过是在释放她的负面情绪，因为她可能已经到了忍无可忍的地步。有的妈妈跟老公冷战，不管老公说什么，她就是不理他，老公可能也不明白，不是他什么事没有做好，而是妈妈长期的不良情绪积累在用这种方式作为一个出口。

　　有时候这种释放是不以人的意志为转移的，有的人特别崇拜母亲，是因为他们觉得妈妈特别能忍，很少主张自己的权利。实际上这种忍代价巨大，这两年，乳腺癌的发病率急剧增长，尤其是在大城市，成为许多中年女性生命健康的最大威胁。

　　而乳腺癌从中医角度来说其实就是一种肝气郁结，气滞血瘀的结果，情志不畅，抑郁寡欢成为其最主要的病因。我去看中医，听到大夫对每一个来就诊的人都会问同一个问题，你的心情怎么样?你的情绪好吗？这说明人的身体和有些疾病实际上跟情绪直接相关。

　　女性做了妈妈以后会面临很多很大的压力，孩子抚养过程，教育成长的问题，家庭的生活问题，婚姻的维系，经济的压力，职业生涯的发展，这些都会成为让妈妈们倍感艰辛的问题。

　　因此，对于妈妈这个群体来说，她们所要迎接的挑战将会更加艰巨。在这样的情况下，我从来不赞成妈妈们有什么负面情绪一定要用忍耐的方式去处理，既然我们无法避免情绪垃圾，也没有必要一定要承受，当你感觉压力大的受不了了，情绪郁结得让你的生活看上去一片灰暗的时候，一定是你的不良情绪开始爆棚了，不及时清理是无法看到光明的。

所以，聪明的妈妈不是从来不会产生情绪垃圾的，而是懂得不断为自己清理情绪垃圾，清除不良情绪的妈妈。想要做一个情绪平稳、心态积极、灵魂干净的妈妈，你一定要学会定期进行情绪大扫除，让那些不开心、不愉快，甚至很受伤的负能量离开你，把你的心给腾出地儿来装美好的东西，让你能够轻盈起来。

有的人越走越走不动，越走越累，是因为他从来没有尝试过清空自己。有的人越走越轻松，越走越自信，是因为他经常消解自己的情绪负荷，把他的情绪脏水不断通过一种合理的方式倾倒出去，这样他既不会给别人带来伤害，也不会让自己被负能量挤压到崩溃，这样的人就是可以驾驭自己情绪的人，这样的妈妈就是那种永远有温柔笑容的妈妈，因为内心平静，所以她时时优雅。

在我看来有这样一些很容易就做得到的清理负面情绪的方法：

1. 给自己设定一个流泪日

据说在韩国、日本都有这样的小组，就是几位妈妈经常在一起为了各自的生活交流讨论，她们会给自己设定一个流泪日，让自己在这一天流流眼泪，用大哭一场来宣泄自己的负面情绪。到了这一天，她们会选择一些比较悲情的电视剧来看，看到伤心处眼泪自然就流出来了，有时哭完以后，她们都觉得心里轻松了很多，有些不愉快的事也随着眼泪的流出而放下了，取而代之的是对生活重新燃起的希望。

从科学角度来讲，哭的确是对自我心理的一种保护。哭不仅是解除烦恼、缓解紧张、痛苦的有效方法，还是释放因不良情绪所产生的负能量很好的手段。很多妈妈都有这种感觉，哭一场以后，即使没有人来劝解安慰，感觉上也好像放松了不少，甚至有一种如释重负的感觉，这其实就是一种情绪纾解的过程。

所以，感觉很累就哭一次吧，没关系，眼泪为什么会那么咸，就是因为它带走的是压力，是毒素，是会给你的身体带来致命伤害的负能量。现在很多妈妈都羞于流眼泪，很多女性都不想让别人看到自己哭泣的模样，实际上这种装出来的坚强又有多少价值？

有句话叫作"会哭的女人才可爱"，我欣赏这句话是因为我知道眼泪可以保护女性，可以让妈妈们更坚强，因为哭泣是调节女性身体平衡很好的方法。

2. 善于与自己和解

有的妈妈总是情绪不好，负面情绪日积月累，她却拿自己没办法，这样的妈妈我把她称为跟自己较劲儿的妈妈。我觉得工作上、学习上跟自己较点劲儿不是坏处，这会让你进步更快，可是总在情绪上跟自己过不去，这样的妈妈不仅自己活得很累，她身边的人包括孩子也会跟着受罪。

所以，我总建议这样的妈妈要懂得跟自己和解，允许自己犯点小错，别总要求太完美，也别太眼高手低，自己折磨自己，做人要灵活洒脱，不需要较真儿。我觉得在这个世界上除了生死这样的大事儿需要认真对待以外，再也没有让我们可以为之呕心沥血非要整出个对错来的事了。有的妈妈总是烦恼就是因为她太不懂得与自己和解。给自己一条快乐的人生路，所以原谅那些你认为不能原谅的人和事儿，放下那些计较和算计，定期把自己的内心清清空，这是一种特别有效的情绪疏导方法。很多时候你不快乐是因为你心里装了太多的不快乐，把你的心腾出来，把快乐的情绪装进来，你是不是就快乐了呢？

3. 找一个可以和你分享不开心的朋友

我一直觉得情绪的抒解分享很重要，如果你连这样的一个朋友也找不到，那我认为你已经基本处于情绪崩溃的境地了，那就是一种即将被不良情绪淹没的景象。

在心理咨询的过程中，我接触过不少罹患抑郁症的人，那些最后会选择用自杀来解脱自己的人，他有这种选择的最早征兆就是他没有朋友了。有时候是他自己主动与朋友隔离，有时候是朋友根本就找不到他，当一个人不喜欢倾诉、不喜欢把自己的悲伤和不快乐与人分享的时候，只证明了两件事，一个是他自己准备放弃了，一个是他的心已经死了，虽然他还活着。

这两种情况都是很可怕的。如果一位妈妈选择用这种方式来面对自己的心理压力，我想她伤害的已经不仅仅是她自己了。所以，朋友对一个人来说是很重要的存在，当你还可以把不开心的事儿跟你的朋友分享时，说明你还是健康的，倾诉是一种积极的缓解情绪的行为，同样一份悲伤如果由两个人分担当然份量会轻很多。同样一份烦恼，如果多一个人理解，就可以多一点轻松。

在我看来，倾诉实际上是一种解脱，当你把不愉快的情绪说出来，实际上你就是在告别这种坏情绪。当你把这种负面能量用语言表达出来，就是在把情绪的脏水倾倒出去，这会减轻你的心理负担，使你感到心情舒畅，神清气爽。

而朋友的倾听，他的建议和对你心理的抚慰，都会让你感觉轻松起来，对世界产生新的看。因此，与朋友分享和倾诉是一种特别有效的清理不良情绪的手段。曾经有一位著名哲学家说过，"把快乐告诉一个朋友，可以得到两份快乐。把忧愁向一个朋友诉说。一个忧愁只剩下了半个。"这就是分享的力量。

4. 做大强度的运动

一直认为运动是很好的情绪宣泄手段，尤其是对于妈妈们来说，定期进行大强度运动，不仅让身体更健康，更可以让情绪更稳定、更健康。因为人在运动时，会激发大脑产生大量令人愉悦的物质内啡肽，这是一种类似兴奋剂的身体激素，会让人感到精神振奋，心情愉快。

而且，剧烈运动后大量出汗，汗水可以释放人体很多有害物质，也可以缓解情绪紧张、烦躁、不安的症状，这本身就是一种负能量的宣泄。坚持经常运动的人通常都不会产生太大的情绪问题，有很强的情绪自我消化能力，就是因为他的负面情绪有可以宣泄的渠道，很少有积累的机会。

我认识的不少妈妈都有情绪不稳定、喜怒无常、心理脆弱的问题，跟她们交流，发现她们当中很少有人有坚持运动的习惯，更谈不上定期的剧烈运动。因此，缺少情绪的出口，又很少有身心愉悦的体验，让她们很容易就陷入坏情绪的牢笼。

想要经常有好的情绪体验，把坏情绪定期清除，妈妈一定要找一个适合自己的运动，让自己的身体动起来，情绪自然也就会飞扬起来，我们总是觉得运动员们精神飒爽，天天很精神，就是因为运动是他们的生活方式，这不仅会让他们有好身体，更会让他们的情绪每天都很饱满。

5. 让自己专注地做一件事情

现在的确是一个纷繁复杂的时代，超量的信息，令人眼花缭乱的各种娱乐，每时每刻都在制造着喧嚣，让人很难专注的去做一件事情。但是，我一直认为，专注是一种品质，也是一种能力，如果你可以专注的去做一件自己喜欢的事情，证明你的内心是宁静的。

我认识的一位妈妈喜欢绣十字绣，工作之余，她会一绣就是几个小时，在这个过程中她完全投入，仿佛生活中只剩下了这一件事。实际上她的能力很强，是一家外企的人力资源总监，收入不菲。

她告诉我喜欢十字绣不因为别的，就是感觉自己在做手工的时候身心愉悦，把一切都忘了，而且，每天绣完了以后感觉情绪焕然一新，白天在单位的各种不愉快都烟消云散，第二天再去面对那些人和事会有更多的耐心。

还有一位全职妈妈在她30岁的时候开始学书法，每天都会坚持练一小时，这种专注也给她的情绪带来了完全的改观，她过去的脆弱、敏感，把所有的快乐都维系在孩子和老公身上，每当有不如意的时候就会感到绝望。

自从开始可以专注的做一件事情，她的情绪豁然开朗，她有了自己可以制造快乐的方法，而且，每当有不开心的时候，她就去书房写书法，几笔下去闻到墨香，她就开始心境明朗，觉得没有什么事值得如此较真儿，让自己如此不快乐。

还有一位妈妈她29岁才开始学习瑜伽，可两年以后她已经可以收学员了，她不收费，只为了可以专注的教别人练瑜伽，这使她感到快乐。瑜伽给了她美妙的身材，也给了她释放自己不良情绪的途径，这使她永远都是笑眯眯的，看见谁都满心欢喜的。其实她的工作是酒店大堂经理，天天和那些令人挠头的客人打交道，她的情绪总是那么轻柔娴雅，不温不火。我跟她聊天，她告诉我是瑜伽改变了她，自从在瑜伽中找到了专注，她就再也不觉得只有发脾气才能宣泄情绪，实际上她认为让情绪自我消解很容易，找到一个合适的方式就可以了。

尽管这些妈妈的方法各有不同，但有一点可以肯定，那就是专注可以让你的内心世界安宁下来，能够更清晰的看到不良情绪盘踞的地方，找到更准确的清除它们的路线图，这等于是自己给自己把脉，开药方，还有比这样的方法更直接的吗？

不良情绪就像人身体上结的无法让人快乐的果实，你不定期摘除它，日积月累它就会来找你麻烦。而当你的身体，你的情绪爆发，坏脾气爆棚，行为极端的时候，就是这颗果实因为腐烂而要坠落的时候。因此，与其让这颗果实成为你身体里的定时炸弹，不如在它弱小的时候，用你自己的力量对它进行定点清除，让它没有壮大的机会。

　　这不仅是对自己的一种保护，也是一种生存需要。你是位妈妈，你的生存质量不仅只为自己负责，你还要为你的孩子负责，为你的家庭好好的保护自己。只有身心健康的妈妈才会养育出身心俱佳的孩子，这样的道理我相信你也很赞同。

　　那么怎么来判断你的不良情绪积累已经到了必须清除的时候了？很简单，深呼吸一下，如果你感觉情绪很轻松，内心很宁静，说明你的心理负荷在正常值以内。如果你感觉深呼吸以后内心很沮丧，情绪很沉重，有一种一切都在失控的感觉，请赶快清除你的负能量内存吧！它们已经积累到你就要无法承受的地步了，再扛下去，你会倒下。

　　学会定期清理自己的不良情绪，你才会有幸福的体验，否则，幸福感只能在你负能量满满的情绪容器的门前徘徊了。尤其是那些总觉得自己不快乐的妈妈，赶快看看你的坏情绪容器是不是已经满了。

给孩子释放自己情绪的机会

　　我在跟很多妈妈咨询的时候都发现，妈妈们普遍有一个误区，不管她的孩子有多大，1岁还是11岁，她们都不太重视孩子的情绪问题，有的妈妈谈起孩子的表现特别不满意，认为孩子很难管理、教育，孩子的行为很差，让她们根本就没办法管。

　　我曾经接待过这样一位妈妈，她的儿子只有5岁，却已经被三家幼儿园拒之门外，理由是太爱欺负人，爱动手打人，搞得别的小朋友家长都很讨厌他，大家联合起来投诉，让幼儿园劝他离开。

　　这位妈妈带孩子来的时候，我观察了一下这孩子，是有些皮，一分钟也坐不住，可也没什么特别的地方。坐了一会因为孩子老要动这个动那个，妈妈开始大声训斥他，还把他拖到门外去打了两下屁股，又拖了进来，这时你再看这孩子，一脸的不在乎，他开始找机会搞破坏，不一会儿工夫就把一个玻璃杯扔在了地下摔得粉碎，他妈妈很不好意思，连声问多钱她来赔，我告诉她，杯子没多钱，不需要赔，但她对待孩子的方式问题很大。这孩子才这么小就攻击性这么强，正是因为他的情绪总是被忽视，他的负面情绪根本找不到机会宣泄出来，所以，他会用攻击别人或者破坏东西的方法来让自己的情绪可以释放出来。

听我这样说这位妈妈有些不以为然，她认为孩子才这么小，他根本就不懂得什么叫情绪，也不可能有什么情绪问题，他就是坏，天生的没办法。我让这位妈妈回忆一下孩子平时攻击性行为问题，是不是都会发生在他很不高兴和被妈妈打骂以后，这一点妈妈倒是认同。我对这位妈妈说，孩子来到这个世界是带着情绪能力来的，就算是婴儿他也会有自己的情绪，在他们还不会说话的时候，我们一般可以从孩子的哭声中判断他的情绪是怎样的。

所以，孩子哭的时候一般就是情绪不好的时候，而他笑的时候不用说就是心情不错、情绪不错的时候。孩子会用语言表达以后，大多数情绪是可以说出来的，只是大人要给他表达的机会，要引导他尽量用语言来表达自己的情绪，而不是用行为。

比如前边的那位妈妈，她在孩子很不开心的时候，并没有给孩子正确表达自己情绪的机会，而是一味地打骂训斥孩子，要他听话，要他别乱动，孩子的负面情绪被妈妈一再压制，一再控制，最终通过孩子的破坏行为表现了出来，当孩子把杯子摔碎的时候，我相信他内心一定很痛快，因为他终于把心中的不愉快宣泄出来了。

由于孩子的心理容量很小，所以他通常有什么不愉快的情绪马上就可以通过他的行为表现出来，他不会像大人那样可以忍，一直到忍无可忍才会爆发。这就是孩子和成年人的区别。所以，有时候我们遇上很皮很淘气的孩子，喜欢恶作剧的孩子都会很烦，实际上这样的孩子大多数在他父母身边是极受压制的，他们没有情绪释放的机会，也没有机会表达自己，因为父母总是会觉得他们什么都不懂，根本就不尊重他们，因此，这样的孩子行为会越来越极端，品质也会越来越差。

我在跟问题孩子打交道这么长时间以来，一直认为实际上根本就没有什么问题孩子，孩子的问题大多是父母的问题，甚至是妈妈的问题。而我们所看到的问题孩子的行为问题，也大多是孩子的情绪问题所引起的。比如离家出走的孩子通常是在家庭里没有话语权、总是被父母要求着的孩子，爱攻击别人、欺负别人的孩子，在家里一定是经常被父母教训，甚至遭受皮肉之痛，所以孩子的行为问题一般都是情绪问题引起的。当孩子的负面情绪得不到合理有效的宣泄时，他一定会选择非理性的行为释放出来，所以说想让孩子的行为始终处于一种合理的状态，妈妈必须学会关注孩子的情绪变化，把对孩子的情绪管理放在第一位。

妈妈想要有效管理孩子的情绪可以试试这样的方法：

①认知孩子的情绪

妈妈想要管理好孩子的情绪，一定要了解孩子的情绪特点，对孩子的情绪周期有一定认知。我曾经教很多妈妈用颜色来认知孩子的情绪。比如蓝色是平静，黄色是开心，红色是生气，紫色是不想说话，绿色是有些累。

把孩子的情绪用颜色来界定一下，你马上就会觉很简单，对孩子的情绪可以做很直观的判断。你的孩子今天从学校或者幼儿园回来，是黄色的情绪多一点，还是绿色的情绪多一些。周末了，孩子的蓝色情绪占主要还是红色的情绪让他一刻也不安静。

当孩子的情绪可以很容易就被识别的时候，妈妈管理与引导起来就变得很简单，因为孩子的情绪不像大人多是复杂的复合情绪，即各种情绪的混合。孩子的世界很简单，因此，他的情绪大多也很单一，通常高兴就是高兴，生气就是生气，这给了妈妈很容易识别的机会。只要妈妈细心一些，重视孩子的情绪，你就可以毫不费力地判断出你的孩子的情绪是属于什么色彩，你应该如何来帮助他疏导这种情绪，化解这种情绪。

孩子的行为大多是因为情绪所引起的，只要妈妈可以识别孩子的情绪，把握孩子的情绪特点，并针对孩子的情绪找出相应的对策，孩子的情绪就会得到很好的纾解和安抚，它就不会转化成为负能量，积累在孩子心里，给孩子带来行为上的困扰。

我了解过那些进入青春期以后行为突变的孩子，在他们父母看来好像他们几乎是一夜间变成了这样，厌学逃学、叛逆不驯。其实，对于这样的孩子来说，他们每个人都可能积累了大量的负能量，因为平时与父母沟通不畅，在家庭里没有权利和自由，也得不到父母的尊重，这种不平等的家庭氛围会让这些孩子的成长过程充满了压抑，很多父母又从来不关注孩子的情绪，更谈不上对孩子有一定的情绪疏导，负面情绪大量积压，就会让孩子的行为产生量变到质变的过程，所以积压的情绪总要找一个出口，那就是很多父母看到的他们不能理解的，所谓孩子一夜间就出现这样的极端行为。

我特别强调妈妈对孩子情绪的识别，就是希望妈妈们在孩子小的时候就对他们的情绪有一定的管理，懂得判断和了解孩子的情绪密码，知道在什么时候对孩子的情绪做什么样的疏导，帮助孩子管理他的情绪。

②接纳孩子的情绪

我曾经不止一次在公共场合看到一些妈妈对大哭不止的孩子高声叫喊，"不许哭""再哭我就揍你"可是妈妈的话在这个时候往往会让孩子哭得更厉害，叫得更响。很多时候妈妈见自己的威胁根本不起作用，孩子一点都不听自己的，索性就放弃了，于是整个餐厅或酒店大堂只剩下了孩子的哭声。

而我在国外的餐厅也经常遇上很小的正在哭的孩子，每当这时你会看到妈妈不等孩子哭出声来就迅速的把他抱离了餐厅，我很好奇，妈妈把孩子抱走了以后会对孩子说什么，为什么他们很快就会回来，而孩子也不会再哭泣。

有一次，我真的跟着一位妈妈和她紧紧抱着的孩子来到走廊上，我看到这位妈妈一直在跟孩子说"yes"，虽然孩子一直在说"no"，但妈妈始终在紧紧拥抱着孩子，用很温柔的语气对孩子说着"yes"，并且不断的点着头和亲吻着孩子表示理解和接纳。

大概也就是几分钟，孩子平静下来，破涕为笑，妈妈牵着他的手优雅的回到餐厅，就像什么事也没发生一样。所有人都没有被打扰，大家愉快的享受着美食，没有人发现有一个小孩子曾经哭闹过。

我看到的这位妈妈实际上就是做了一件事，那就是对孩子情绪的接纳，所以，妈妈们与其在孩子闹情绪或大哭大叫时训斥他，讨厌他，甚至不理他，都不如马上去安抚他，对他的情绪表示理解和接纳，告诉他他不高兴你也很难过，让他知道你是接纳他的情绪的。

实际上在这个时候妈妈的接纳就是对孩子的安抚，这样产生的效果要比训斥他、拒绝他好很多。孩子在委屈或者心情不好的时候，通常都会有很强烈的孤独感，在这个时候妈妈如果再嫌弃他、教训他，他就会感觉更加恐惧和没有安全感，所以，他会变本加厉的哭闹，以获得妈妈的关注。妈妈不需要跟孩子讲道理，什么这是公共场合不可以哭啊，什么哭闹起来别人会不高兴啊。对于孩子来说，他的思维很简单，就是不高兴了就要发泄出来，尤其是对于小一点的孩子来说，他还处于自我为中心的思维阶段，你就更无法用大道理来说服他。

所以，妈妈在这个时候想要让孩子的情绪尽快扭转，一定要马上接纳他，这实际上就是一种积极的对策。告诉孩子妈妈理解他，知道他为什么不高兴，希望他尽快好起来。有时候，妈妈温柔的话语再加上一些肢体语言，会给孩子很有力量的安抚，让他迅速消除孤独感和不安全感。妈妈在这种时候，还可以再给孩子一些鼓励，告诉他大家是多么喜欢他，他是多么可爱，尤其是在他开心的时候，你要相信，再小的孩子也有自尊心，也不喜欢别人讨厌他，因此，大多数孩子还是会控制自己的行为，尽量做到让妈妈满意。

③教给孩子合理宣泄情绪的方法

在生活中，孩子的情绪就是他的行为晴雨表，他乖巧听话的时候，证明他的内心很平静，身体也很舒服，没有什么不满意的地方。他发脾气、逆反、不好好吃东西，甚至连话也不想说的时候，他的情绪一定是出问题了。他可能很不开心，也可能很紧张，也可能身体不舒服，由于孩子掌握的词汇有限，情绪感受能力也有限，因此，他可能不能很准确地把自己的不开心描述出来，但他的行为会告诉你一切。

慧慧是一个只有6岁的小女孩，正在上幼儿园大班，她的妈妈来找我咨询，说这个孩子有个特别不好的习惯，一生气就乱扔东西，在家里拿起什么扔什么，在幼儿园里也是，发起脾气来会把书和玩具扔一地，还不让别人收拾。为了这件事，慧慧妈妈几次被幼儿园老师叫去谈话，每次慧慧妈妈都很生气，也打骂过孩子，可孩子就是改不了。

东东今年4岁了，他的爱哭整个小区都知道，特别是到了夏天，邻居们都开着窗，东东一哭整栋楼的人都没法睡午觉。为此，他妈妈没少被邻居找，可是妈妈就是管不了他，一有什么不开心的事东东张嘴就来。

钟钟11岁了，他有一个坏毛病，一有不高兴的事就撕书，家里的书几乎都被他撕过，妈妈好不容易粘起来他又给撕坏。有一次，妈妈带他到书店买书，为了一点小事妈妈训了他几句，钟钟很生气，抓起书店的书就撕了起来，等到店员发现制止他的时候，他已经撕了十几本书了，这让钟钟的妈妈很尴尬，只得掏钱赔偿了书店。

像这几个孩子的行为我并不认为他们就是什么问题孩子，他们只是在用这种看上去很不好的行为宣泄自己的情绪而已，摔东西、哭泣、破坏，这通常是低龄和未成年的孩子用来表达自己不满和委屈情绪的手段，虽然这些做法很消极，会产生不良后果，可这就是孩子的选择。第一，孩子对行为的后果往往不会预知。第二，如果孩子在成长过程中，没有人告诉他如何用更好的方法来宣泄情绪，他就只会靠本能和模仿来发泄他的负面情绪。对于孩子来说，接纳他的情绪，同时教给他更好的宣泄方法，比让他控制自己的情绪，不允许他有一定的宣泄行为要科学得多。当然这样做的前提是尊重孩子。

比如当孩子不开心的时候，妈妈首先要给孩子机会让他把不开心的事儿表达出来，孩子的叙述可能不够完整，甚至断断续续，妈妈一定要耐心的倾听他，别轻易就对他表示不耐烦，粗暴地打断他。让孩子用语言把不开心的事儿说出来，是一个非常好的让孩子宣泄情绪的方法。就孩子的语言能力来说，一般3岁左右的孩子，就可以掌握他一生中90%以上的词汇，因此，把事情说清楚对他来说没有问题。

一般来说，孩子可以用语言把负面情绪表达出来，他的行为就不会有太多问题，妈妈可以从小就培养孩子善于倾诉的习惯，让他把不开心、委屈和难过的事情用语言和妈妈或者爸爸分享，甚至可以和小朋友分享，这样不仅有利于妈妈了解孩子为什么不开心，还会在第一时间看到孩子情绪的异常，对他进行及时的情绪干预。

善于沟通的孩子情绪通常都很明朗化，因为他有什么感受都会说出来，这让他的内心也不会有太多负能量的积压，因此，他的情绪也比较容易管理。

有的孩子喜欢用哭闹来宣泄情绪，如果在3岁以前还属于可接纳的范围，但过了3岁孩子还用这种方式来表达诉求，那就说明他的情绪控制能力很差。因为，从心理角度来说，每个人都应该在3岁以后就要学会控制自己的情绪，如果孩子在3岁以后这方面还做得很差，那只能说明他受到的训练太少。

这样的孩子妈妈要让他慢慢改变，有时候哭泣的确是孩子最本能的情绪宣泄方式，妈妈要做的是引导孩子从这种本能中走出来，用更好的方式来表达诉求，宣泄情绪。比如在孩子哭泣的时候你给他一点时间，告诉他如果真的很想哭，他可以回自己的房间哭五分钟时间，然后，妈妈要跟他谈谈，他为什么要哭？妈妈可以在孩子情绪过去以后耐心的告诉他，以后有不开心的事儿可以告诉妈妈，妈妈会帮你解决，但不一定要哭，因为大家都不会喜欢总是爱哭的孩子。

有的孩子可能在这个问题上很任性，就是喜欢用哭闹来表达诉求，这常常是因为他的这种行为总是可以被妈妈接受，并且达到目的。有的孩子五、六岁了还特别爱哭，一有什么不顺心的事儿，不分场合地点张嘴就哭，的确十分不雅观，也很打扰别人。

想要孩子改变这种宣泄情绪的模式，妈妈一定要坚持孩子合理的诉求可以满足，不合理的诉求就是哭也不能答应，只要妈妈坚持这么几次，孩子发现哭闹也不会让妈妈妥协时，他也就不会总是用这种方式来表达诉求了，重要的是妈妈要教给他更合理的表达诉求和宣泄情绪的方法，这样孩子的情绪才会有正确的反应模式。

还有一些孩子在不开心的时候喜欢独处，不喜欢被打扰，可很多妈妈偏偏要在这个时候过来跟他说话，跟他互动，结果搞得孩子更加烦躁不安，情绪更加躁郁，因而出现极端的行为问题。孩子情绪低落的时候妈妈要允许他自己待一会，静一下，给他一些独处的时间，孩子也有一定的思考能力，虽然他的思维很简单，但有些事情他自己也是可以想明白的。所以，当孩子犯了错，或者不开心的时候，妈妈可以教他用独处的方式来化解自己的不悦情绪，让他回自己的房间静静的待一会儿，思考一下，等想好了就可以找妈妈来交流。

这样的方法一个是可以避免孩子在情绪高峰的时候，因为妈妈的指责导致行为激化。另一个是给孩子自己承担的机会，让他自己有能力去思考一下自己的行为到底错在哪儿？这样的方法基本3岁以上的孩子就可以用，因为只有让孩子通过他自己的思考认知的错误孩子才会记忆深刻，不大会再犯这样的错误。让孩子独处思考还可以给孩子养成良好的处理坏情绪的习惯，让他自己跟自己对话，还会锻炼他判断是非的能力，训练他的逻辑思维，提高他语言表达能力，这是一种特别好的教养，更是一种可以终生陪伴孩子的好习惯。

如果孩子喜欢用摔东西、搞破坏来发泄自己的情绪，妈妈一定不可以觉得无所谓，这是一种特别不好的行为习惯，一旦过了矫正期，就会给孩子带来终生的影响。

想要孩子不养成这种坏习惯的唯一办法，就是在孩子第一次发生这种行为时，就告诉他这是不被接受的，而且，妈妈一定不要因为孩子这样做了就满足他的要求，相反在这个时候必须对孩子的行为有一些惩罚，比如让他把扔掉的东西捡起来，放回原处；比如取消原定的出行计划；再比如剥夺他一小会儿玩耍的时间。而且，一定要让他学会道歉。这样做的目的都是为了让孩子认识到这样的行为是不被允许的，是达不到任何目的的，让孩子懂得有情绪一定要通过健康的渠道来宣泄，通过正常的方式让妈妈知道，而不是胡搅蛮缠。

有了情绪喜欢搞破坏的孩子，这样的行为长期得不到矫正，会在心理上出现严重的障碍，这样的孩子长大以后行为上都会有很大问题，容易有反社会倾向，心胸狭隘，遇上挫折容易有极端行为，这是需要妈妈特别关注的行为，一定要给孩子及时矫正。

孩子的情绪表达方式也是孩子的一种行为习惯，这个习惯需要妈妈们在6岁以前就要给孩子培养好，在婴儿时代就开始培养。现在大多数妈妈都对这个问题缺乏认知，认为孩子小的时候任性一些，发发脾气无所谓，非常容忍孩子的一些不良情绪的宣泄习惯。但很多妈妈会发现，这些习惯一旦养成，随着孩子长大就会越来越让人无法忍受，实际上没有健康的情绪宣泄习惯，孩子也并不好受。很多孩子发完脾气，大哭大闹一场他自己也很累，既影响了身体健康，也让他的受欢迎程度大打折扣，在目前很多人都很讨厌的"熊孩子"当中，这样的孩子占大多数。

在我看来孩子养成了这样的习惯不能只怪孩子，主要的责任还是父母或者是妈妈没有在这方面及时给孩子好的引导和帮助。有的妈妈本身就在这方面没有好习惯，喜欢用非理性的行为宣泄情绪，因而孩子的行为也很受影响，基本上有很多孩子的不好的行为习惯都是这么来的。

有的孩子情绪不好就不喜欢说话，总是沉默，这也是一种特别不好的习惯，长期这样孩子的心理和身体都会出问题。孩子不喜欢把坏情绪说出来的原因一般有两种，一个是妈妈不接纳他的坏情绪，家庭气氛不宽松，没有给他很好的倾听，因此，他不敢或者根本就不想跟妈妈诉说。一个是他缺乏这种认知，不知道不开心的情绪是可以说出来的，因此就总是闷在心里。

像这样的孩子妈妈一个是要特别多加关注，注意观察孩子的情绪变化。一定要给孩子交流的机会，引导和鼓励孩子把不开心的事儿说出来，而且，无条件的接纳孩子，不要指责或嘲笑孩子的想法，妈妈可能常常只看到了孩子突然就做了一件什么让她很惊讶的事情，却没有注意到他可能已经不开心很久了。只有这样孩子在有了不好的情绪时才有勇气和兴趣与妈妈分享，妈妈才可以在第一时间了解孩子的情绪和想法，及时做出判断，给予孩子正确的引导和教育，让孩子养成合理的情绪宣泄的习惯。

④让孩子学会控制自己的情绪

我们每个人在生活中都会产生各种情绪，有快乐的情绪，也有不开心的时候，尤其对于孩子来说谁也无法保证他一直是开心的。由于孩子的思维比较简单，因此，他的情绪不稳定程度要比大人大，我们常说"孩子的脸就像六月的天变得特快，一会阴一会晴的"，就是说孩子的情绪变化要比成年人快多了。

但是我们每个人在生活中都要学会控制自己的情绪，因为人成长的过程就是不断社会化的过程。如果一个人到了一定的年龄还不能很好的控制自己的情绪，他就无法成为一个可以被社会和他人接纳的社会人，他的社会化过程就会失败，这样的人不会拥有太成功的人生。

因此，妈妈教会孩子用正确的方式宣泄情绪很重要，而让孩子从小就懂得控制自己的情绪更重要，因为这不仅是他个人的问题，还是他与人和社会的关系问题。我们在生活中常常遇到这样的孩子，任性、情绪化，不论做什么都很随意，一切由着自己的性子来，从来不顾及场合和地点，说哭就哭，说闹就闹，情绪变化的速度特别让人受不了。

这样的孩子就是属于典型的不会控制自己情绪的孩子。我们成年以后，在社会上，在单位看到的，遇到的那些感觉人格特别不成熟的，爱跟别人乱发脾气，情绪特别容易失控的人，大多是因为在他小的时候就是这样的情绪习惯，从来不会控制自己的情绪，想怎么来就怎么来，养成这样的情绪模式，长大以后发现问题想矫正也来不及了，基本上这样的情绪习惯会持续终生。

你会发现这样的人在社会上很不受欢迎，因为他总是情绪失控，不仅会给别人带来伤害，重要的是让别人感觉他很不成熟，给人很强烈的不安全感，很少有人愿意跟这样的人相处。所以，这样的人不仅机会很少，可能连朋友也都难找到，所有的人都会对他敬而远之，宁可绕着走。

这样的人即使走进婚姻也会很不幸福，因为他的情绪化的个性会给他的伴侣带来很多让人无法忍受的折磨，这样的家庭会很痛苦，他们的孩子也会成长得很艰难，大多会以婚姻失败而告终。

所以，很多妈妈都因为溺爱孩子而不在意孩子的情绪控制能力的训练，有的妈妈容忍度几乎没有底线，不管孩子怎样闹情绪，发脾气她都会接受，并且从来不矫正孩子的这种习惯，等孩子养成这种模式了才发现有问题，往往就有些晚了。

每位妈妈都爱自己的孩子，可是爱要有方法，爱要有爱的智慧，盲目的不讲原则和科学的爱只会让孩子的个性和行为充满瑕疵，影响他未来的人生。

要孩子养成控制自己情绪的习惯要在他的婴儿时代就开始训练，不要在孩子一哭闹的时候就马上满足他。要让孩子学会等待，变得有耐心，延迟他的满足感。这样的训练会让孩子懂得他有的时候要学会控制自己的情绪，不可以随意发泄，只有这样大人才会更好地满足他的要求。

妈妈要从小就告诉孩子他有不好的情绪，可以选择正常的别人可以接受的方法来宣泄，哭闹大发脾气解决不了问题，还会招致惩罚，同时在适当宣泄的基础上也要学会控制自己的情绪。比如在公共场合，在不适宜宣泄情绪的时候，有任何情绪都要学会控制，不可以想怎么样就怎么样。

这实际上训练的是孩子的自控能力，而孩子自控能力的建设则是可以保障他一生的大工程。现在我们看到很多已进入大学的孩子，玩游戏、网购、逃课、挂科，大学生活很混乱，一点儿秩序没有。最重要的就是他们缺乏最起码的自控力，很多孩子上大学是第一次远离父母，获得自由，因此，他们对自己的情绪和行为缺乏自我控制管理的能力。这样的他们成为大学生后一点人生目标都没有，成天就是混日子浪费时间，让人看了很惋惜。

一个可以在情绪上自控的孩子，一定可以成长为一个可以控制自己行为的人，这是毫无疑问的。所以，妈妈在抚养孩子长大的过程中很重要的责任就是，要让孩子成为一个可以控制自己情绪的人，一个有自控能力的人，这样的人才是个成熟的人。

控制情绪实际上也是一种技巧，妈妈可以让孩子学会：

a.转移法

就是让孩子在有不良情绪时用迅速转移注意力的方法，暂时忘掉这种情绪，尽量保持平静。

b.分散法

让孩子在不高兴的时候去运动一下，或者听听音乐、看看绘本或动画片，用这种方式分散孩子的注意力，达到化解他不良情绪的目的。

c.交流法

发现孩子的情绪不对，妈妈要及时和他进行交流。了解他的想法，找出解决办法，让孩子通过倾诉来消化情绪。

d.冷静法

如果孩子是在公众场合情绪很难自控，妈妈要及时把孩子带离场所，找一个安静的地方让孩子冷静下来，先不要指责他，只要他能够冷静下来就可以了，经常这样做孩子就会懂得在公共场所他该怎么做。

e.惩罚法

如果孩子经常不能控制自己的情绪，妈妈必须采取一定的措施，制订一定的原则，让孩子懂得有的时候他必须学会自我控制。比如，可以在孩子一再做出这样不符合原则的行为时，给他一定的惩罚，如剥夺他的一些权利，这样的惩罚适度即可，主要的目的是为了让孩子建立制度感，了解妈妈的底线，学会自我控制。

f.后果法

由于孩子大多不太会预知行为的后果,因此他会对自己的行为没有分寸感。在这个时候妈妈要及时提醒孩子他如果不好好控制自己的情绪，会出现什么样后果，有时候孩子并不是不懂事，只是他不了解行为的严重性，如果妈妈在孩子的行为出现前，就给他告知很多可能产生对他不利的因素，大多数孩子会趋利避害，尽量不会让很失控的局面发生。

最重要的是妈妈这样做会让孩子有自己的思考力，养成这样的思维习惯，他就不会轻易放纵自己的行为和情绪，成为一个有自制能力的人。

人的很多能力实际上都来自于训练，孩子也是一样，这样的自控能力训练开始的越早，孩子的情绪控制能力就越强，他的情绪控制能力越强，行为的控制能力就越好。这样的孩子走到哪儿妈妈都会很放心，因为他不会因为情绪失控而导致行为失控，给自己也给他人带来灾难。

现在很多妈妈通过学习都提高自己与孩子相处的能力，但是应该看到有些妈妈在孩子的情绪控制方面做得不是很科学。有的妈妈一味强调自由、散养，让孩子的个性随心所欲，这样表面看上去是维护了孩子的自然个性，但同时也会带来很多弊端。

比如孩子的情绪很难自控，很多时候只要自己的要求得不到满足，就随意发脾气、闹情绪，搞得四舍不宁。有的孩子在这种随心所欲中养成了想怎样就怎样的任性霸道的脾气和个性，不论在家庭里还是在学校里都成为很难管理的问题孩子，这实际上就是家长过于放纵的后果。

有的妈妈不讲科学，对孩子过于的压抑、专制，不允许孩子合理宣泄他的情绪，不认同、不接纳孩子的不良情绪。这样的妈妈也是非常不智慧的妈妈，孩子的情绪不是你不接纳它就不存在的，所以，给孩子合理释放的机会，让孩子学会自我控制比不认同要重要得多。

孩子的情绪问题是他成长中必须处理好的问题，我建议妈妈们既不能过于放手无所作为，也不能一味地压抑控制，最好的办法是既给孩子释放的机会，又让孩子在这个过程中学会自我控制，这是一种需要训练和学习的能力，也是一种非常重要的习惯。

孩子的情绪反应模式是可以决定他一生情绪控制习惯的选择，这种模式的形成有时候很大程度上取决于妈妈对他的引导和训练，也取决于妈妈本身的情绪习惯，基本上一个有良好情绪习惯的妈妈，一定会训练出一个情绪习惯优秀的孩子。所以，我所说的情绪修炼，其实是妈妈和孩子一起的情绪训练，妈妈一边让自己的情绪控制能力越来越成熟，越来越完美，一边帮助孩子建立良好的情绪反应模式，建设他的自控能力，为他未来的人生寻求一份保障。

营造积极的情绪氛围

有一次，我应邀到一个所谓的问题孩子家里去。这个男孩14岁，本来应该马上参加中考，可孩子却已经辍学在家半年多了。孩子的妈妈一见到我就哭起来，眼泪不停地流，孩子一看非常不高兴，本来我跟他聊的还可以，这样一来孩子再也不想说话了，回到自己的房间等我离开也没出来过。

这位妈妈告诉我她是为了孩子辞去了工作，孩子的父亲工作很忙。常年出差，家里几乎都是她跟孩子在相处，可孩子近几年开始变得很不听话，学习也一落千丈，后来又迷上了网络游戏，晚上不睡玩游戏，白天就起不来，后来，索性连学校也不去了，为了这事儿她不知哭过多少次，可孩子就是对她不理不睬。

最近，孩子的父亲也很少回家，说是业务忙，让她怀疑老公是不是在外面有了外遇，这位妈妈一边说一边哭，好像世界末日一般的悲伤。

这个男孩的家让我特别记忆深刻的就是那种愁云惨雾的气氛，妈妈的眼泪让这个家里的每一个角落都散发着消极的味道，我特别理解那位不愿意回家的爸爸，妻子每天哭哭啼啼，愁眉不展，孩子一天比一天叛逆消极，这样的家庭没有快乐，充满了压力，我相信谁也不愿意在这样的家庭里待上哪怕是一分钟。

我告诉这位妈妈孩子的行为一天比一天消极，态度一天比一天倦怠，绝对是跟她的情绪影响有关。我理解她对孩子问题的焦虑，可是面对这样的问题她并不是想办法鼓励孩子，激励孩子，让孩子从网络成瘾中走出来，相反她的焦虑、悲观，每天看着孩子的那种悲苦的眼神，反而会让孩子更加厌烦妈妈的管理，为了逃避妈妈那绝望的情绪，孩子可能会更深的投入到网络游戏中去，因为他可能也只能在那其中找到安宁和快乐了。

　　所以说想要让孩子勇于进取，乐观开朗，妈妈一定要注意在家庭里营造积极阳光的气氛，让每一个家庭成员都因为妈妈向上的心态而感染积极上进的情绪，这样的妈妈才是赋有智慧的妈妈，才会是给孩子带了更好的成长环境的妈妈。

　　妈妈的情绪有时就是孩子情绪的模板，妈妈看问题很积极，遇上任何挫折都不会放弃努力，丧失信心，孩子往往也是很有韧劲，不怕挫折，勇于接受挑战，有时候愈挫愈勇。

　　妈妈很脆弱，遇上点问题就萎靡不振，打不起精神来，甚至自怨自怜，这样的妈妈不仅会让自己的家庭失去活力，缺少生机，还会让孩子也变得胆小、脆弱、经不起挫折，遇上难题容易放弃，更谈不上接受挑战。

　　我有一个朋友，他家四个孩子全是博士，有两个在国外定居发展，两个在国内事业也很成功，谈起自己的成才成长，他们最感谢的就是妈妈。他们的妈妈虽然只是一个普通的农村妇女，没读过多少书，但是他们的妈妈坚强、乐观、通情达理，特别重视家庭气氛。

　　这位朋友的父亲早年去世，妈妈带着他们四兄妹艰难度日，可是在他们的记忆力从来没见过妈妈掉眼泪，每次放学回家看到的都是妈妈开心的笑容，妈妈淡定的做饭、洗衣、干农活，生活虽然很艰苦，可妈妈总会有办法让孩子们笑出声来，这个五口之家的气氛永远是那么和谐快乐和轻松。妈妈用自己的乐观开朗让孩子们度过了人生最艰难的日子，让每一个孩子都心情愉悦的度过每一天。

　　温暖的氛围让孩子们都很恋家，虽然他们的家是当时村里最穷的，但也是村里很多人都很羡慕的，因为他们家庭成员之间很团结、很和谐、很积极。快乐美好的家庭氛围，让几个孩子长大成人以后也都非常重视自己的家庭气氛，现在他们的母亲年纪大了，但是每个孩子都渴望妈妈留在自己家里，因为有妈妈在他们就可以感觉到快乐，所有的不如意都没什么了不起，只要家人在一起，就会有幸福和快乐。

我觉得这就是一位很有感染力的妈妈，她不仅用自己积极的情绪让几个孩子都得到了成功的人生，更重要的她教会了孩子来判断人生中什么是最重要的，人生中什么是最珍贵，她用自己最可贵的品质为孩子们营造了一个温暖的家，一个充满了信心、一定会度过任何难关迎来好日子的家。是这样的情绪支撑着妈妈，也支撑着失去父亲的孩子们。走过了最艰难的时刻，这位妈妈也因此成为一个最伟大的母亲。

这是生活中真实的故事，就发生在我们身边，它告诉我们这样一个朴素的道理，妈妈在孩子的生活中不仅仅是一个抚养者，她更是一个精神的导向，是一个家庭的灵魂，孩子成长的精神支柱，这就要求妈妈要学会为自己的家庭考虑，凡事不能只考虑自己的感受，为什么很多生活中脆弱的女性一旦成为母亲就会变得很坚强、很勇敢，就是因为一种承担感，一种责任让她们迅速成熟长大，成为一个可以依赖信任的妈妈。

但是在今天的家庭里，我还是看到了太多任性、脆弱的妈妈，她们大多数时间以自己的情绪为主，高兴了什么都好说，不开心了，在外面遭受挫折了，不仅回到家里对孩子非常不耐烦，甚至还把家庭当做自己发泄不满情绪的地方，不是对老公冷漠忽视，就是对孩子抱怨指责，把家庭的气氛搞得沉闷消极，令人压抑的只想逃跑。

像这样的家庭不仅会屡屡养育出问题孩子，还会导致婚姻生活的不和谐，在我所做的不少婚姻关系咨询中，因为妈妈的情绪不稳定或者总是让家庭里充满了负面情绪而导致的夫妻关系紧张，或者婚姻失败的个案也屡见不鲜。

所以不管是对孩子的成长而言，还是对家庭的和谐，妈妈营造积极的氛围的能力都是特别不可缺少的。每一位妈妈都想要一个健康开朗的孩子，美好幸福的婚姻，而给自己的家多带来一些积极的情绪影响，少增加一些消极的不和谐因子。让自己成为家庭里的阳光，让每一位家庭成员都可以感受到你的温暖，这样的妈妈当然是孩子们最喜欢也是最需要的妈妈。

当然你可能是一位在职场上承担重要责任的妈妈，你可能是一位自己创业很辛苦的妈妈，要求你时时保持乐观积极的情绪，有可能也不太现实，可是没关系，我可以给你几个小方法，让你随时可以调整心情：

a.转换法

我曾经建议很多妈妈在家里的玄关处放一面镜子，每天妈妈回家的时候请照照镜子，看看你的脸上是不是有笑容，情绪是不是够放松。要知道你的孩子和家人已经一天或者更长的时间没有看到你了，他们希望看到的是一个情绪积极、笑容明媚的妈妈，如果你黑着一张脸就进来了，我相信所有的美好都会毁于一旦，再高大上的晚餐也会黯然失色，味同嚼蜡。

转换法就是提醒妈妈回到家以后，学会放下，把在外面的种种不愉快，种种的不开心暂时扔在你家门外。回到家里你就是孩子温暖贴心的妈妈，情绪稳定，心态积极，这会让你的孩子更加有安全感，更加愿意亲近妈妈，喜欢和妈妈说心里话。重要的是妈妈的乐观情绪可以让你的家庭流动着轻松快乐的气氛，这样的家当然是孩子和家人最愿意待的家。

b.调整法

如果妈妈最近的情绪的确不好，让家庭的气氛有些沉重，妈妈也不能对这种状态听之任之，要采取一些积极的措施来调整自己。比如跟老公交流一下想法，有些不开心的事儿不要自己闷在心里不吭气，这样情绪会越来越糟糕。

也可以找朋友聊一下天，尽量倾吐自己的内心，把负能量排解出去，找到解决问题的办法，情绪是一种很私人化的体验，它实际上是可以控制的一种内在的心理状态，只要你有强烈的想要调整的愿望和意识，采取一些合理的方法一定会尽快改善。

c.转移法

对于一个家庭来说，妈妈的情绪不好会影响包括孩子在内所有的家庭成员的心情，所以如果妈妈意识到这样的问题，一定要尽快想办法扭转，比如可以带孩子去郊游，换个环境改善心情。可以带孩子去运动，激发内心的活力，用这种方法来转移不好的情绪，妈妈让自己的心情嗨起来，家庭的气氛自然也就阳光起来。

d.控制法

我们常说妈妈是一个责任感极强的角色，担负着很多期望和要求，在现实生活中你会看到，这可不是一句空话，有时候在心理咨询时遇到那种在孩子面前很容易就情绪失控，哭哭啼啼的妈，我总是会问她，你是一位妈妈，还总是如此脆弱无助，你考虑过孩子的感受吗？你知道你的这种情绪失控的行为会给孩子带来什么样的影响吗？

　　每当这时有的妈妈就会很羞愧，有的妈妈会很不好意思。我相信任何人都会有情绪即将崩溃的体验。可因为你是妈妈，对不起，你只能选择坚强。如果你的孩子就在你身边，不管遇上什么样的事儿，你都应该学会控制住自己的情绪，不要随意宣泄，否则会带来很难弥补的后果。

　　我在儿子6岁的时候就做过这样一件蠢事儿，那天我在外面跟合作伙伴闹了很大的矛盾，分道扬镳。回到家里想到一年的心血白白浪费，我不由悲从心来，儿子在客厅看电视，我去洗手间放开水龙头大哭了一场，然后擦干眼泪走出来。

　　我当时看到孩子好像没有看出什么来，以为他根本就不知道妈妈哭的事儿，可是后来上床睡觉的时候，我发现孩子的身体一直在发抖，小手紧紧地抓着我一刻也不放，我明白是我失控的情绪让孩子恐惧了，我一时非常后悔，连忙轻轻拍着孩子的后背，跟他说"对不起"。

　　这件事很快就过去了，十几年后儿子已成年，偶然一个机会我们说到这件事儿，儿子心有余悸地说，"我当时听到妈妈哭了，已经吓坏了，不知道什么样的灾难要降临，我以为我要失去这个家了，妈妈破产了，我们不得不搬出这个房子，妈妈，我跟你说我当时真的给吓惨了，到现在想起来都后怕，有时候做梦都会梦到那个时刻，到现在也忘不了"。

　　听儿子这样说，我这个做妈妈的真的很惭愧，我打心里觉得自己的情绪偶尔失控给孩子带来这么大的伤害，是非常不智慧的一种行为。而且，这种恐惧感可以存在这么久，是我当初没有想到的。

　　其实，如果我当时能够控制一下情绪，把这件事放到孩子不在身边时再去考虑处理，可能这种伤害就可以避免了。每一个孩子都是妈妈心中最柔软的存在，我相信每一位妈妈都不希望自己的孩子受到任何伤害，哪怕是无意的也不能原谅自己，这件事至今都可能是我在儿子的成长中感到最后悔的一件事。

　　所以，成为一个妈妈，你就不再是一个人，处理情绪时一定要考虑孩子和家人的感受，有了不良情绪学会控制这是必需的修炼。

　　我的母亲就是一个很乐观的人，小的时候物质匮乏，爸爸妈妈收入微薄，又要照顾老人，又要抚养三个孩子，生活应该说是非常艰辛，但特别感谢妈妈的是，我到现在回忆往事也没有一种很艰难的感觉，没有过去的日子苦呵呵的，悲苦无依的感受，我相信一定是妈妈用她永远在微笑的表情把许多真正的困苦都过滤掉了，只留给我们虽然不富裕但却安然自若的生活。

为此，我到现在都感谢妈妈，同样是艰难的日子，她却让我们甘之如饴，没有体验到多少辛苦的感觉，没有让我们觉得生活没有希望，没有让孩子失去积极上进的乐趣。其实，我成年懂事以后，回想起当时的妈妈，她也没有刻意去做什么，她只是安静的做自己的事，上自己的班，给孩子们做吃的，但她的脸上永远是开朗的笑容，情绪永远是积极的，心里永远在给孩子们一种光明的指引，我们不宽敞的家因为妈妈的好心情天天阳光满屋，成为孩子们最喜欢待的地方，这样的妈妈当然会成为最受欢迎的妈妈。

亲爱的小伙伴们，妈妈的情绪修炼就到这儿了，看过这一章，不知道你有什么感触？不知道你有没有学到一些关于掌控自己和孩子情绪的妙招？有没有发现原来妈妈的情绪会对孩子的成长产生这么大的影响？如果你因此而受到了一些启发和帮助，并且意识到自己的情绪修炼如此重要，我将非常高兴。

Part 04

幸福妈妈的**情商修炼**

在孩子的成长中，情商比智商还重要，这是近几年流行的概念。这也是很多心理学家、社会学家经过个案跟踪研究后得出的结论。美国的心理学家很早就发现，那些所谓的社会精英、成功人士，很多人连大学都没毕业，甚至就没上过大学，可这一点也没有妨碍他们在各自领域的事业成功。

更重要的是这些事业成功的人，往往他们的婚姻和生活也很成功，这是他们的人生也很成功。专家们在对这些人的经历仔细研究后发现，论智商他们不是最高的，可论管理情绪、人际交往、经营情感和生活，这些人都有着自己独到的智慧和能力，可以让自己方方面面都表现得很完美。因此，他们常常是最受欢迎的人，也正因如此，他们很容易就找到合作者，找到发展的机会和领域。

所以，他们被公认为是情商很高的人，而情商也越来取代智商成为评价一个人是否有成功潜质的标准。孩子的情商从哪里来?有人说这是一种天赋，也就是天生的能力。有人说情商是后天可以培养的，实际上我认为，孩子的情商天赋很重要，后天的培养激发更重要。

在孩子的生命特质中没有一样东西是先天而不能改变的，同样也没有一样东西是后天不可培养的。情商说到家就是一种掌控情感与生活的能力，对于孩子来说，这种能力是完全可以培养造就的，情商有时候就在孩子的生命特质之中，需要父母用心去挖掘和激发。

想要孩子情商高，妈妈的情商修炼很重要，而妈妈的情商实际上是可以和孩子一起成长的，妈妈可以在陪伴孩子、抚育孩子的过程中不断提升自己情绪管理的能力，情感的表达能力，和与孩子相处交往的能力，我们常常觉得做了妈妈的女性更有魅力，更能够打动人，其实就是因为妈妈的高情商让她看上去如此美丽迷人。

你会和孩子一起"玩儿"吗

我一直觉得在妈妈的情商修炼中很重要的一个环节其实特简单,那就是陪孩子玩儿,看到这里可能很多妈妈都会说,"陪孩子玩儿多大点事儿啊,谁不会啊?"可是,在我看来很多妈妈真的并不懂得如何陪孩子玩儿。

实际上现在很多妈妈已经意识到陪孩子玩儿的重要性了,于是我们在家庭里,会看到一边玩着手机一边陪着孩子的妈妈。在公共场所,会看到一边用Ipad看电视剧,一边陪着孩子玩儿的妈妈。还有的妈妈一边在电脑前加班,一边陪孩子,可以说在我看来,这些只能叫作孩子陪着妈妈玩儿,而不能认定为是妈妈陪着孩子。

我认为的妈妈陪着孩子玩儿,那是一种完全的投入,没有手机、没有Ipad、没有电脑、也没有电视剧。只有妈妈和孩子在一起倾心投入的游戏,或共同来完成的一个手工作品,抑或是她们一起在做的一件有趣的事,这里面除了妈妈和孩子再也没有什么,这应该才算是妈妈对孩子真正的陪伴吧!

实际上妈妈陪着孩子一起玩儿,可以给孩子带来很多收获,不仅会让孩子增长智慧,最主要的是可以激发孩子的情感能力,培养孩子的感知力,让孩子体验自己的情感历程。

妈妈陪孩子玩儿实际上也是分年龄段的，也就是不同年龄段的孩子应该有不同的"玩儿"的模式，这一般是根据孩子的接受力和感知力来设计的。

1.0～3岁的孩子

这个年龄段的孩子正处在咿呀学语的婴儿期状态，他的肢体活动和大脑活动的训练一样重要，但这个年龄段的孩子思维能力不强，尤其是逻辑思维不发达，因此，不能带他玩一些比较复杂的东西。因此，这个年龄段的孩子大多喜欢玩积木、拼插的乐高玩具。

妈妈带这个年龄段的孩子玩儿，最重要的任务是陪伴，你不需要帮助他，也不需要非让孩子按你的想法去玩积木，有的妈妈总觉得孩子做的不好，想替孩子去做，这样的做法非常不科学，一是不利于孩子手眼协调能力的锻炼，而是会影响孩子的创造力。

为什么说0～3岁的孩子在玩儿的时候妈妈完全放手让他自己玩儿很重要，因为这时候正是孩子认知自己的能力，感知未知事物的阶段，妈妈的任何替代都会影响孩子的感知能力和情感体验能力的成长。

妈妈的干预还会严重影响孩子创造潜力的激发，孩子在玩耍的过程中是一个调动自己想象力的过程，比如他可能认为苹果是方的、小汽车是圆的，妈妈千万不要控制孩子的想象力，尊重孩子创造力的培养，比一定要告诉他苹果是圆的重要得多。

这才是孩子玩耍中的乐趣，因为他可以创造，可以任意设计自己的世界，得到自己想要的作品，这也是孩子从玩耍中得到的成长，这也是玩耍给孩子的生活带来的意义。

对于0～3岁的孩子来说，妈妈陪他玩儿最重要的价值在于陪伴，这个年龄段的孩子是建立与妈妈的情感联结和安全感最重要的时期。因此，妈妈的关注和陪伴是激发孩子的情感体验，与妈妈的关系更密切很重要的过程。

常常看到这个年龄段的孩子被妈妈带去参加早教课，有的妈妈会把孩子带进教室交给早教师就不管了，自己到外面去看电视剧或者玩手机游戏，这是很不好的习惯。要知道这个时候孩子会有很多第一次：第一次学说话、第一次叫妈妈、第一次自己走路、第一次动手玩玩具、第一次玩积木、第一次做出自己的作品，如果妈妈不在孩子需要的时候陪伴在孩子身边，很可能就会错过许多孩子的第一次。

最关键的是，孩子在玩耍当中的情感体验没有人来引导他是很可惜的，早教师要面对很多孩子，对你的孩子来说她就是任务观点，再有责任感的早教师也不会比妈妈更好的陪伴孩子，更谈不上引导孩子。因此，把孩子的玩耍时间给交给早教师显然是一种很得不偿失的选择，不值得妈妈们去选择。

想要孩子从小就是一个情感丰富，动手能力超强，并且想象力发达，很有创造力的小朋友，妈妈对他的陪伴很重要。因为只有你才会对孩子最用心，只有你才更懂得自己的孩子，你会在孩子做得很好的时候亲吻他，你会在孩子学会了新技能时拥抱他，会在孩子高兴时告诉他把快乐和大家分享，孩子的情商实际上就是在这样的陪伴中慢慢提升的。

2.3～7岁的孩子

这个年龄段的孩子开始从婴儿期进入幼儿期，他的语言表达能力开始变强，思维能力也开始发达，逻辑思维开始萌芽，对于幼儿期的孩子来说，他开始通过玩耍来了解世界，认知自己，认知他身边的人。因此，这个时候妈妈陪孩子玩儿的最主要的责任是互动，通过和孩子互动来让孩子认识他的生活。

幼儿期孩子的玩耍主要是通过游戏，孩子在这时开始有了角色感，因此妈妈可以通过带着孩子玩游戏来互动，一方面可以让孩子在游戏里认知自己，另一方面可以让孩子通过游戏来认知别人和世界。孩子在这个时候有了很完整的语言表达能力，他也很喜欢和妈妈用语言和行为互动，这也是一种非常好的情感交流，对孩子的情感能力提高很重要。

妈妈可以和孩子玩这样的几种游戏：

①主题游戏

主要是以一个有主题的故事为主，围绕一个具体的故事来和孩子展开互动，比如说从童话故事里找一个小故事，妈妈和孩子来演绎，相互来叙述表演，这样的游戏既锻炼孩子的思维能力，也锻炼了孩子与妈妈的互动能力，还可以提高孩子的理解能力，是对孩子非常好的情商训练。

②角色扮演游戏

这种游戏就是要妈妈和孩子甚至还有爸爸扮演不同的角色，有不同的互动，比如说妈妈和孩子可以扮演森林里的小动物，而爸爸可以扮演猎人，他们一起在大森林相遇，通过交流互动后成了好朋友，大家开心的在一起野餐、唱歌、后来，爸爸又为了保护小动物而受了伤，妈妈和孩子扮演的小动物又来帮助爸爸，这样的角色扮演游戏，既可以让孩子学到友善和接纳，又可以懂得帮助人的重要性，如果爸爸妈妈都参与到这样的游戏里，用这样的方式与孩子互动，孩子的成长一定是飞速的。

角色扮演游戏是非常好的让孩子认知自己、也认知他人的途径，是很容易激发孩内在情感的游戏。

③合作游戏

这种游戏就是让孩子和其他孩子在一起合作去完成一个游戏，当然如果妈妈可以参与更好。这样的游戏常常会让几个孩子协同完成，妈妈也可以作为组织者参与其中。合作游戏会让孩子体验合作的重要性，学会彼此妥协与容忍，也学会协同作战的重要性。

孩子在这样的游戏中可以体验到集体情感，体验到大家在一起的快乐，这实际上也是一种孩子的行为社会化的模拟，妈妈也可以在这样的游戏中很清晰地看到自己的孩子性格特质，是开放的还是保守的；是外向的还是内向的；是喜欢帮助人的还是自私的，这些特征都可以在这样的游戏里看得比较清楚，妈妈可以根据自己孩子的特点来进行教育引导。

在这样的游戏中，孩子的情感特质也会流露得非常明显，情感丰富的孩子更加热情活泼，情感相对淡漠的孩子会表现得退缩、安静。所以，妈妈想要了解自己的孩子，一定要多组织一些合作游戏，多几个孩子来参与，这样既好玩又会让孩子们在合作中培养情感，懂得合作的重要性，也观察孩子的情商指数。

在合作游戏里最会组织大家的、最会跟别的小朋友互动配合的，特别懂得照顾别人情绪的孩子，一定是那个情商指数不低的孩子，通过陪孩子玩这种游戏，妈妈一定会获得孩子更多的接纳和欢迎。

④虚拟游戏

这样的游戏以虚拟想象为主，训练的是孩子的想象能力和创造力，妈妈可以跟孩子就任意一个话题展开想象，陪孩子玩游戏。在孩子的幼儿期，他的无意想象经常出现，有意想象也越来越多，通过他自身的经验和大人的描述出现的再造想象，还有孩子通过自身的生活经历而来的创造性想象，都可以作为孩子的游戏内容。

这样的游戏不仅特别开发孩子的智力，还训练孩子的想象能力，提升孩子的情感表达能力。如果妈妈用心在这方面启发引导孩子展开想象的翅膀，孩子不仅会玩得很开心，迷上这种虚拟游戏，还会引发他对别的技能的兴趣，开发孩子对各种事情的兴趣。

比如有的孩子就在想象中对画面感有了兴趣，因此而喜欢上了绘画。有的孩子通过这种游戏对音乐产生了兴趣，开始喜欢上了某种乐器。实际上，对艺术的兴趣和爱好，在很大程度上提升了孩子情商培养的力度，一个能画出美丽大森林的孩子，和一个可以弹奏出美妙乐曲的孩子，有谁会怀疑他们的情商呢？对艺术有着异乎寻常的品位，懂得在自己的生活中寻找乐趣，这无疑是高情商人士的显著特征。

妈妈陪着孩子玩儿的关键期就在这个时期，我说过六岁以前是孩子养成各种习惯的重要时期，情商培养也是这个年龄段的孩子重要而又不可错过的环节。妈妈在孩子的幼儿期主要通过和孩子可以互动的各种游戏来陪伴孩子，一方面可以提升与孩子的亲密度，另一方面有助于开发孩子的情商指数，让孩子更早的学会人际交往、情绪控制和合作交流的能力，而这都是可以带来高情商的训练。

3.7～17岁的孩子

这个年龄段的孩子开始进入青春期，从形式上看的确已经不太需要妈妈陪他玩了，因为他开始读书，有了同学和朋友，生活上也开始独立，思维上有了自己的想法，如果他和妈妈相处得不好，他都不会喜欢妈妈陪着他。

正是因为有太多的妈妈开始以为孩子不需要自己的陪伴了，因此就很少安排陪伴孩子的时间，结果造成孩子与妈妈的情感疏离。如果妈妈再是一个专制型的妈妈，不懂得尊重与接纳自己的孩子，那么这种时候孩子与妈妈的关系就会紧张起来，很多亲子矛盾就会发生在这个时候，不少问题孩子也是这样产生的。

一直认为妈妈对孩子的陪伴完全不应该随着孩子的年龄增长而越来越少，相反应该越来越多。因为孩子越大随着他身体的发育和对生活的思考，他遇到的问题就会更多，他的情感会更脆弱，孤独感增强，这个时候如果妈妈不跟他保持一种频繁的交流和互动，他就会在情感上疏远妈妈，变得内向封闭，不爱与外界沟通。很多孩子到了青春期性格大变，成为我所说的"沉默少年"，其原因就是因为他跟父母的关系疏离。

而妈妈的陪伴不仅会减轻孩子的孤独感，还会让孩子保持外向的性格，愿意与人交流沟通。那么孩子大了，妈妈如何陪他玩儿呢？这个时候由于孩子的身体条件和思维都逐渐成熟，妈妈和孩子一起玩的事情当然可以很多，只是这时妈妈和孩子的关系已经由幼儿期的互动为主变成了合作。

也就是对于青春期的孩子来说，妈妈的陪伴重要的不是形式而是内容，这就是说妈妈和他在一起做什么都可以，只要是他们共同喜欢的就可以。比如说妈妈可以跟孩子一起运动，打打球、跑跑步。妈妈也可以跟孩子一起郊游、远足，一起去买买菜、一起看望朋友，这些活动对于孩子来说只要他喜欢都可以让他参与。

这时候妈妈和孩子实际上是一种合作关系，妈妈陪孩子去做他喜欢的事情，孩子陪妈妈做一些能令妈妈高兴的事情，这当然也是一种玩耍。这种合作不仅会让母亲与孩子之间加深了解，还会大大提升他们之间的情感依赖，很多时候妈妈会有一种孩子慢慢长大后就不需要妈妈的感觉，而妈妈尽量多安排时间与孩子合作去做一些事情，就会让孩子感觉妈妈很需要他。

孩子进入青春期以后往往觉得自己长大了，不喜欢总跟妈妈一起行动，甚至有些孩子都不喜欢跟妈妈出现在同一个场合，因此，朋友请吃饭等等活动通常看不到孩子的身影。像这样的孩子据我了解不是跟妈妈关系紧张，就是在家里叛逆的谁也不喜欢跟他相处。

但是孩子出现了这样的问题，一定不可以怪孩子，有时候妈妈的陪伴对孩子来说也是一种习惯，从小就有这种习惯的孩子一般进入青春期也不大会有问题，而小的时候就缺乏妈妈陪伴的孩子，会在青春期格外敏感、孤独，更加抵触妈妈。妈妈们想要孩子的成长更加顺利，一定不要放弃每一个陪伴孩子的机会，因为孩子的成长是一个不可逆的过程，过去就过去了，再也不会回来。在孩子进入青春期后，他更加需要你的陪伴。因为青春期的孩子情绪容易冲动，极易发生极端行为。所以，你的陪伴不仅可以使你了解孩子的想法，还可以温暖孩子孤独的心灵，给孩子倾诉的机会，让他有了烦恼懂得寻求妈妈的帮助，这样孩子的行为才有保障，才会让妈妈放心。

这个年龄段的孩子妈妈陪他做什么都不重要，重要的是妈妈陪伴他的时间，以及和他在一起的这个过程会让孩子倍感关注和重视。因此，他在情感上也会和妈妈拉近距离，懂得理解妈妈、接纳妈妈，甚至体谅妈妈，所谓的孩子开始长大成人的感觉其实就发生在这个过程中。经常在妈妈陪伴下的孩子你会发现，他真的变得很懂事儿、体贴、细腻，知道站在对方的立场上考虑问题，不那么自我与自私，很懂得分享，这样的孩子情商指数真的会比你想象中更高。

你是一位会陪孩子玩儿的妈妈吗？这个问题看上去很简单，但却有很多细节需要妈妈掌握，不同年龄段的孩子有不同的需求，妈妈也要根据孩子的成长阶段来调整自己的陪伴方法，给予孩子最科学和贴心的陪伴。这个过程实际上就是提升孩子的情商潜力，开发孩子的情感能力，让孩子成为高情商、高感知、高接受力的人，这是每个优秀人士必备的人格特质，也是孩子经营成功人生的最佳保障，这是妈妈的情商修炼，更是孩子的情商修炼。

让孩子拥有一种情怀

前不久，我一个朋友的女儿交了一个男朋友，小伙子哈佛毕业，学金融财经，也算是一位年轻的海归才俊，条件委实不错。可过了没几天，朋友的女儿见到我，说起这件事来，她很不以为然，露出根本不想继续交往的念头。

朋友的女儿也是海外归来，在一家银行工作，属于品貌俱佳但年纪不小的那种女孩。问她为什么不想继续交往，她遗憾地说，这个男孩很聪明，确实不错，可他们交往了一段时间后，她就发现这个男孩很无趣，属于既没什么爱好，也没什么技能，更没有什么艺术品位的人。

为此女孩很无奈，她说："我不知道他妈妈是怎么培养他的，那么无趣的一个男人，我既想不出怎样才能跟他共度一生，也无法想象他做了我孩子的父亲该是多么无聊的一件事，因为他实在太没有情趣了。"

无独有偶，不久前遇一85后男孩说起他那90后新妻有些无奈，两个人相亲认识，一见钟情不久举行了婚礼。可婚后没多长时间男孩发现妻子所有的兴趣爱好都在购物采买上，不是日入一名牌包包，就是天天挂在淘宝上，除了花钱买各种衣服鞋帽，好像就没有别的爱好了。

他说想去国家大剧院听听歌剧，妻子说票钱太贵还不如给她买双凉鞋呢。他说去看看画展，妻子说老公太能装，看画展有什么意思，还不如去逛逛大悦城，两个人结婚一年多来，为了爱好和兴趣的事儿天天吵架，男孩觉得妻子太俗气，一点情趣也没有，跟她一起生活，他的责任就是赚钱供她消费，这样的日子男孩是真的不想过下去了。

其实，我在婚姻关系的心理咨询中也经常听到这样的故事，妻子嫌老公缺少乐趣，老公认为妻子没有情趣，在这样的婚姻中我发现，小夫妻通常不太会为了物质吵架，却几乎都在指责对方是一个没有意思的人。

这个现象的发生实际上就跟我们现在父母对孩子的教育方式有直接关系。在我们身边几乎所有的父母都把孩子的学习成绩当作唯一的培养目标时，我们培养出来的孩子就有可能是一架专门用来应付考试的"机器"，他除了标准答案可能对什么都不感兴趣，也可能什么都不懂，这样的孩子不可怕吗？我认为很可怕。

因为生活里有很多东西是标准答案解决不了的，人生的经历中也不仅仅只有考试这一个过程。我们都知道生活是多彩的，人生里的无限可能同时还包含着无限的享受。我特别希望妈妈们考虑这样一个问题，在你把孩子培养到可以上哈佛，可以上北大的同时，问问你自己，你的孩子除了考试他还会什么？你的孩子长大以后会成为一个有趣的人吗？他是否是一个有情怀的人呢？

我一直认为在过去的年代，我们为了生存不得不牺牲很多人生的享受，去放弃很多在大多数人看来不实用的东西，比如艺术、品位、情怀。可现在的孩子生活环境真的有了很大改变，物质的丰富也给他们带来了更多的享受，可我特别觉得现在的孩子们在他们父母的带领下，又很快进入到了另一个页面，那是一个充满了物欲，唯消费至上，只有奢侈品和炫耀的行为可以满足的境界。

正是这样的行为，让今天的很多孩子到了欧洲不愿意去博物馆，只想去奢侈品店血拼。到了国外，对他们的异域文化视而不见，只喜欢在景点拍照然后发朋友圈炫耀，行为浅薄而又缺少品位，令人感到遗憾。

也正是这样的行为使今天的孩子让人感到无趣，因为说到见识，他给你聊的是国外的奢侈品有多便宜，说到品位，他给你说国外的女孩有多开放，说到情怀，他彻底傻掉，然后问你，情怀是一种什么东西？这样的孩子可能是学霸，也可能是高考状元，但在经营有声有色的生活上，我估计他不会有太多的能力。

处理的婚姻关系问题多了，我越来越觉得一个幸福的婚姻没有物质不行，但只有物质更不行。一个好的家庭关系靠的是情趣、智慧，甚至是情怀才能维系得很成功。因此，我在这里特别提出这样一个概念，那就是妈妈培养孩子拥有一种情怀很重要。

情怀，我理解的意义就是一种让你的生活更加有情趣，更加有意思，更加快乐的能力，它实际上也是一种情商，它有与生俱来的基础。比如说有的人天生就比较浪漫，富有诗意。但大多数的人还是需要后天的培养与激发，尤其是在人生初期。

为什么说培养孩子有一种情怀妈妈很重要呢？这主要是因为在孩子的成长阶段，妈妈对孩子的陪伴时间可能更长，妈妈的感情更细腻，感觉更敏锐，情感更丰富，她与孩子的交流可能更直接和频繁，因此如果妈妈是一个有情怀的人，她给孩子的影响可能会更深刻。

情怀的培养说到底就是一种情趣的引导，一种可以把平庸的生活打造得很有诗意的能力，这需要孩子不仅具备艺术的品位，还要具备更多的创造力，培养这样的孩子妈妈可能需要付出更多的智慧和努力，拥有更多的准备。

如果你从来没有在这方面尝试过，我可以给你这样几个提升孩子情商，开发孩子情怀的方法：

①在孩子小的时候，就经常给他读诗歌

前不久，我接触了这样几位妈妈，她们在孩子很小的时候，就选择给孩子读诗歌，为了给孩子找到既适合他们的理解能力，又很有意境和美感的诗，她们特意成立了一个妈妈读诗会，每周一次在一起讨论该给孩子读什么样的诗听。

每晚的睡前时间是妈妈们给孩子踊读诗歌的固定时间，坚持了几年以后，她们都发现孩子的情感表达能力和感知能力有很大改变。孩子的好奇心也大大增长，问妈妈问题的频率和深度都有了很大提升，最让妈妈们惊讶的是，孩子的语言表达也变得很有诗意，看问题的角度与众不同，孩子的内心世界变得越来越丰富。

我觉得诗歌本身就是一种情怀的浓缩，它的意境和美感都是普通文字所不能替代的。因此，多跟处于成长阶段的孩子读诗，一方面培养孩子对美的感受能力，一方面让孩子懂得一些诗歌的情怀，这是特别好的一种艺术品位熏陶。

②在孩子小的时候，就经常带孩子听音乐

音乐本身就是一种非常有情怀的艺术形式，因此，它所给人带来的感染和共鸣是很多别的东西无法替代的。让音乐成为你家中不可缺少的一种陪伴，一个在钢琴声中长大的孩子，一定会有更优雅的外表和行为，音乐会给孩子带来高雅的享受和情操，是开发孩子情怀最简便易行的方法。

音乐还可以锻炼孩子的想象力，妈妈可以带孩子一边听音乐，一边让孩子去想象音乐所传达出来的画面，哪是流水的声音，哪是森林的波涛声，哪是小雨在亲吻着花朵，哪是柔和微风穿越绿色的草坪，这些画面的想象会让孩子更加喜欢音乐，也更能激发内心的情感。

③在孩子小的时候，就多带他参观画展

很多父母周末的时候，倾向于带孩子去饭店吃吃喝喝，商店里逛逛，实际上对于孩子来说这些项目更适合大人。我比较建议妈妈在有时间时，多带孩子接触一些艺术，比如说画展、雕塑展、工艺品展，有的妈妈会说孩子还小，他理解什么叫艺术吗？

在欧洲有一句话叫作"孩子是天生的艺术家"，说的就是孩子俱有天生的艺术品位。这一方面是因为他的思维没有被现实的东西约束，一方面也因为孩子的个性是开放的，因此，他的创造力是最强的。

让孩子多接触一些有品位的艺术，不仅会让他从小就具备一定的艺术鉴赏力，还会让他激发内心对生活的热爱，让他学会感知生活里的美，发现生命里的美，从而更加热爱生命。

艺术作品可以启发孩子的想象力，让孩子的思维更加广阔，更加有活跃，为什么画家的孩子大多最终还是成了画家，就是因为他从小在艺术的氛围里被熏陶，他的眼界和思维方式都是不一样的，因此，他成年后可能最擅长的也会是艺术。

④在孩子小的时候，就多带孩子阅读

现在很多妈妈都很喜欢给孩子阅读绘本，认为图文并茂，又很漂亮，孩子很喜欢，要知道看绘本就像让孩子看电视一样，会影响孩子的想象力。在孩子小的时候，对外界的认知并不固定，因此他的思维多是发散式的，如果让他看具象的东西太多，他就会很早就形成一种固定的思维模式，这会严重影响他想象力的发挥。

我们看到孩子大了以后他越发不喜欢创造，就是因为他的想象力在这种固定的认知中越来越被限制，他已经不想也不敢去创造新的东西了。这也是我们看到很多孩子在小的时候都有天才的潜质，可长大了以后却都很平庸的缘故，从这个意义上说，有时候把孩子的创意才能扼杀了的不是别人，正是他的父母。

我建议妈妈们带着孩子一起阅读，少看绘本，尽量多找一些有着优美的文字的文学书籍来读给孩子听。这一方面可以让孩子在文学的语言里展开想象，训练孩子的想象和理解能力，另一方面给也激发孩子的好奇心。

我有一个朋友，她孩子5岁的时候就可以认识三千多个汉字，基本上阅读都是自己来，有时候看完了新书她还可以把故事讲给妈妈听，就是因为她喜欢读书，妈妈又没有那么多的时间陪她读，后来妈妈教会了她查字典，再后来她又自己学会了识字，动力只有一个，那就是她太喜欢阅读了。

所以，给孩子阅读文字书会让孩子对认字产生很大的兴趣，而看绘本的孩子则只会对画面感兴趣，就像孩子看多了电视就不喜欢动脑子一样，习惯看绘本的孩子也会失去天然的想象力，这会直接影响孩子的学习兴趣，让他养成无论什么都只想要现成的答案，不喜欢思考的习惯。

阅读本身也会让孩子的情感调动起来，而且喜欢阅读的孩子大多勤于思考，凡事有自己的想法，喜欢提问题，而看绘本的孩子就不太会。

思考力本身也是一种创造力，我特别推崇孩子的思考力培养，它不仅是一种情怀，更是一种能力，勤于思考的孩子通常都很有作为，能够发现更多的机会，哪怕是可以创新生活的机会都是很棒的。

⑤在孩子小的时候，多带着孩子出去门旅行

现在有很多妈妈都喜欢在长假的时候带着孩子出去旅游，到各景点去看看，我特别不赞成这样的方式，中国人旅游的三部曲就是排队、照相、买东西，如果是带着孩子回回走这三部曲，我就认为是很浪费时间和金钱。

因为这样的旅游对孩子来说一点意义也没有，我认为想让孩子长见识，开阔眼界，激发情怀，就要多带孩子出门旅行，因为跟旅游相比，旅行更悠闲一些，更从容一些，更随心所欲一些。

你可以提前和孩子讨论好他想去哪儿，或者你希望与孩子分享哪些美丽的风景，我特别希望你可以带孩子去那些不是人云亦云的地方，一些有个性、很独特的地方，在这样的地方从容的待上几天，而不是跟着旅行团一天跑十几个景点照相。

因为只有这样你们才可以发现那些不一样的美，找到那些别人找不到的秘密，这是你跟孩子的分享，也许可以给他带来一生都忘不掉的震撼。而且，这种旅行的方式，会提升孩子的品位，让孩子真正享受大开眼界的乐趣，经常安排这样的旅行对孩子来说就是与美丽大自然的对话，与古老建筑的对话，与不同国家文化的对话，这种感受会让孩子的心灵大不一样，也会让孩子看问题的角度和视野不一样。

从小就有机会到处走走看看的孩子，一个是会懂事很多，懂得照顾别人，再一个会特别大气，见多识广，谈吐不凡，对孩子的成长非常有帮助。

还有就是最重要的，这样的孩子情感会更加丰富，因为有对不同的人文历史有所了解，他的情怀会非常广阔，这样的孩子长大了一定会成为一个很有趣的人，一个有见地、有眼界的人。

⑥在孩子小的时候，经常与孩子分享你的情怀

我见过有的妈妈不管孩子多大，她都愿意跟孩子分享一些生活琐事，家长里短，搞得孩子很俗气，尤其是有些女孩，她的妈妈喜欢八卦，天天追星，这些女孩也就变得很俗气，每天谈的不是穿衣戴帽，就是明星隐私，让人感觉很没有品位。

有的男孩妈妈喜欢聊东家长西家短，而且从来不回避孩子，因此男孩也变得很无聊，谈吐俗气，这样的妈妈当然不会培养出有情怀的孩子，他们的孩子也当然不会创造出太多的生活情趣。

妈妈一定要在有了孩子以后学会为了孩子而改变，因为你的水平决定了你的孩子的水平，你混的圈子决定了你的孩子将来混的圈子。因此，远离那些过于俗气的人吧，尝试着优雅一点，有品位一点，不为了别的，为了你的孩子不那么俗气得让人接受不了。妈妈可以和孩子经常分享一些有情怀的故事，比如你以前看过的一本书、一个电影、一部话剧，通过对这些艺术作品的分享让孩子感受你的情怀，也激发属于他自己的情怀。

妈妈也可以在夏天的星空下，和孩子一起看看星星，在仰望星空的那一刻与孩子分享你的感受，这是一种非常浪漫的情怀，会让你暂时脱离现实生活，这样的行为会让孩子认识到生活中还有很多可以享受的乐趣，从而提升孩子的感知能力。

妈妈也可以和孩子分享你曾经爱过的人，那种炽热的感觉，那种忘情的感受都可以是很美的瞬间，这是一种动人的情怀，会让孩子感知爱是一种什么样的温度，也让孩子懂得真爱有多么珍贵。

这实际上都是一种情怀的分享，是妈妈和孩子之间很重要的感情交流。经常和孩子一起分享情怀的妈妈一定是有个颇有情怀的妈妈，而你的孩子也一定会成为一个很有情怀的人。

也许有的妈妈会说，情怀有这么重要吗？事实是这样的。如果你想有一份很有品位的生活，如果你不想你的生活很乏味，如果你很想生活在惊喜中，如果你期盼着生活天天与众不同，如果你想要一个有创造力的伴侣，情怀就很重要。为什么现在很多婚姻到了一定程度就再也维系不下去了，客观因素很多，但主观上婚姻中的每一个人都可能会因为缺少情怀、缺少创新生活的能力而使婚姻死气沉沉，直到再也无法坚持下去。

从这个角度来说，培养孩子拥有一种情怀，实际上就是在给孩子培育可以经营幸福婚姻的能力，给孩子储存可以让他时时为自己的生活进行创造的能量，这是一种特别的能量，是孩子可以驾驭幸福的保障。

我为什么一直在提醒妈妈这些事最好在孩子小的时候，做得越多越好，那就是因为孩子越小他的感受力就越强，他的情怀就越容易被激发和培养。孩子大了以后，会受世俗生活的干扰太大，心理的纯粹度下降，感知力和感受力都会很受影响，而且容易形成一定的思维模式，一个是你很难改变他，再一个他也很难改变自己。

让孩子拥有一种情怀，让他成为一个有趣的人，也是可以让孩子终生都可以享受到人生快乐的一种能力，懂得情怀的人处处都可以发现美，找到爱，看到人生的风景，找到生活的快乐。所以，当一个人经历了人生的跌宕起伏，还能笑看云起云落的时候，人们常常会说他是一个很有情怀的人，实际上情怀就是一种对生活的热爱，对人生的眷恋，对未来的希望，如果妈妈把这样的能力带给了孩子，你就等于给孩子的快乐买了保险，他既会成为一个活得很有热情的人，也会成为一个可以给他的家庭带来快乐的人，这是可以肯定的。

为家庭生活带来创造性

经常听一些妈妈说自己的生活很没意思，每天三点一线，单位、学校、家，每天洗衣、做饭、陪孩子学习，生活完全剩下了本能的操作，我就觉得这样的妈妈很危险。因为，乏味的家庭生活最终导致的可能就是大家的厌烦，甚至是对婚姻的厌倦。

这些年什么出轨、小三现象频出，甚至居高不下的离婚率已经说明了问题，那就是家庭生活的陈旧和缺乏创新，可能是导致家庭解体、婚姻破裂很重要的原因。抛开这里面很多客观的因素，如果你是一位妈妈我相信你生命中最不能承受之痛当属家庭的解体了，这不仅会对你的生活造成打击，更重要的是会毁了孩子的生活。

所以，妈妈们不仅要学会培育孩子，还要有能力保护自己的家庭和婚姻，这其中学会创新自己的家庭生活很重要。很多妈妈会说我也很想让生活与众不同，可是又要上班又要照顾孩子，哪有那么多的精力和时间，我也一直认为妈妈的确很辛苦，可妈妈辛苦是因为你想要的多，你要一个健康聪明的孩子，要一个和谐的家庭，要一个温柔忠诚的老公，还要那么多那么多的幸福，因此要的多必然付出的就要多，不过这不也正是妈妈的享受所在吗？

做一个善于创新生活的妈妈并不难，重要的是你要有这个意识和心情，不能只满足于一日三餐，按部就班的节奏，想让你的孩子觉得他的家是一个有活力的家庭，你的老公觉得他的家是他最喜欢待的地方，你就不能是一个懒妈妈、笨妈妈，天天靠本能来打发生活，别人离不开你是因为你与众不同，你要成为这样有本事的妈妈，你的婚姻和家庭才可以得到保障。

想要成为一个可以创造与众不同生活的妈妈，你的情商修炼很重要，你的智慧决定成败，其实只要肯动脑子每一位妈妈都不笨，怕就怕那种懒得为自己的生活动脑子用心思的妈妈，这样的妈妈不仅做不好妈妈，可能连自己的婚姻都守不住，人生失败是必然的。

想要创造自己的生活就是要妈妈重视家庭生活的节奏，不要总是被生活推着走，你要带领生活往前走，往快乐的方向走，有时候这并不需要太多的金钱，只是需要一些情怀与智慧。

我特别欣赏这样的妈妈，不管工作有多忙，她总会找出一些陪伴孩子与家人共度时光的机会，周末她不会宅在家里追韩剧，她会带着孩子、陪着老公去野外呼吸新鲜空气，去感受春天的新绿，夏天的艳红，秋天的金黄，冬天的雪白，去跟着美食地图追寻美食。

假期她会提前做好旅行计划，去向往的地方感受不同的风景，带着孩子去看世界，也给自己长见识的机会。旅行不仅是家人在一起最美好的时光，更是让孩子成长得更快的一种方式，有的妈妈就会发现，每一次出门回来，孩子仿佛就更加懂事儿了，旅行是孩子的成长，更是家庭的成长。

我的微信朋友圈里就有不少这样的妈妈，她们晒娃儿晒美食晒美景晒心情晒自己对生活的创新，每天都有新的节奏，每天都有新的DIY，让孩子与老公应接不暇，这样的妈妈不仅是勤奋的妈妈，还是有足够情怀的妈妈，在与大家的分享中每天都有对生活的创意，这样的妈妈当然是足够"嗨"的妈妈，家庭保卫战最大的赢家就是她，最大的受益者当然是我们的娃儿。

平衡好工作与家庭的关系

每年的"三八"妇女节是我最忙的时候，因为要辗转很多地方做讲座，这么多年来去了很多单位，有机关厂矿，也有私企高科技企业，尽管场合不同，但邀请方坚持的主题始终只有一个，那就是女性如何平衡工作与家庭的关系。

每次在讲座中我发现这也的确实是很多妈妈关注的问题，尤其是现在女性在职场也有很多机会，生活的压力让妈妈们也不得不拼命工作的当下，又要带娃儿又要工作出色，实现自我价值对很多妈妈来说真是一种挑战。

这种现实给很多妈妈带来了纠结，让她们倍感压力。我一直认为工作与家庭并不是一对矛盾，那些容易为这个关系的平衡伤神妈妈们，往往是因为把工作与家庭的关系对立了起来，这实际上也是一种生活的智慧，属于情商范畴，也是妈妈应该加大修炼力度的地方。

我总是在这样的讲座上问大家，你想要什么？是的，当你成为一个职场妈妈，想明白你最想要的是什么，对你来说是比较重要。因为，只有你想明白了最想要的是什么，你才可能对付出、对舍得不那么纠结，你想要的很完美，你必然要付出完美的代价，你追求个人实现，必然要放弃很多。

妈妈们有时候可能最纠结的是要什么，我希望你思考的是这样一个问题，生命中究竟什么是最宝贵的？什么是你需要用一生来为它负责任的？这样的问题你找到答案，你的选择应该就会不再纠结了。

关于工作和家庭关系的平衡，我认为有这样几个关键点你需要把握：

①分清哪个角色对你来说更重要

女性一旦成为妈妈就会因为责任需要同时扮演很多角色，但是希望把每个角色都想扮演好几乎是一个不可能完成的任务。因此，简单一些，分清A、B、C角儿，为你看重的那个角色多投入一些，或者阶段性投入，这样你可能会更加轻松一些。

②学会分身术

工作的时候你是职场超人，请学会忘我。在家庭里，你是温柔辣妈，对孩子温柔，对老公火辣，分分钟搞定家务那些事儿，这样的你想不成功都很难。

③学会调动资源帮助自己

有时候你可能的确会处于一个各种压力叠加而来的时期，请用你的好人缘把身边可以调动的资源都调动起来，帮助自己渡过难关，这是你的社会资本，你要学会利用，就会事半功倍。

④不管生活多忙乱，心情不要乱

只要心情不乱，你的情绪就不会乱，所谓静能生慧，很多无法搞定职场与生活的妈妈首先是因为情绪乱了，找不到足够让自己应付的方法，实际上你只要镇定下来，方法总比困难多。

⑤保持沟通的频率，寻求孩子与伴侣的理解

有的妈妈真的很忙，有时无法兼顾，实际上这真的不是事儿。有时候家人不接纳你是因为他们不够理解你。我知道有的妈妈会天真的认为，你在为工作忙碌，出发点也是为了这个家好，家人应该自然就理解你。事情不是这样的，有很多事你需要做些什么来让家人和伴侣理解你。

你可以跟孩子聊聊天，让他知道最近你在忙什么，你可以跟伴侣分享一些你的想法，让他们知道你虽然很忙，但是却在时刻关注着他们，再忙也不要让你的爱失去了温度，没有温度的家庭当然不会有人喜欢。

⑥为自己设定一个目标，规划未来很重要

我一直觉得女性成为妈妈是人生的一大转折，未来是更好还是更糟全在自己的目标和规划。而且，最可怕的是，有的妈妈她的未来目标里缺少对孩子的规划，这是一种很没有责任感的态度，因为当孩子来到这个世界，他和妈妈的关系至少要有十几年的联结，而他的未来成为什么样的人，关键就在这十几年。

所以妈妈的规划里一定要有孩子这个目标，你的目标应该也是孩子的方向，很多妈妈之所以在家庭和工作的关系里纠结，就是因为她的目标不明确，对未来也缺少规划。我发现在所有出现危机的婚姻里，几乎都有这样一位不知道自己的未来目标，也很少和伴侣规划将来的妈妈，这是一种很不妙的信号。我常说人是活在希望里的，如果一个家庭里缺少了这样的希望，就像每一天早晨都见不到太阳，这样的日子沉闷而又无趣，如果有机会没有人不想要逃跑。

所以，请不要在家庭出了问题时总是认为是别人的责任，有可能是妈妈欠缺了这样的智慧。所以，记得随时为自己的生活设定一个目标，不管是远期的还是近期的，规划好你们的未来，这是一种吸引力，让家庭里的每一位成员都感到希望就在不远处，一起往前走，就可以找到幸福，这样的妈妈即使再忙，也会让孩子和家人很踏实，因为他们懂得你的目标，那个目标里有他们的希望，这是他们支持你勇敢往前进发的动力源泉。

⑦停止抱怨，赶快行动

我在心理咨询中接触太多因为搞不定工作与家庭的关系而不停抱怨的妈妈，看到她们的情绪如此不稳定，心情如此紊乱，我觉得她们都犯了同样的错误，那就是抱怨太多，行动太少。我常常认为当你无法忍受一种生活时，抱怨是最解决不了问题的一种行为，它除了让你更不开心，觉得情绪更低落，基本带不来什么实质性的改变。

因此，想要摆脱目前的不妙处境，只有一个选择最有效，那就是尽快行动，想好了你要的是什么，你就去做，别问结果只享受过程。有时候也许你的一个选择就会改变很多事情，要求别人很多，不如自己做一个改变，这个世界上唯一可以带来变化的就是行动，而行动就是取舍，取你该取的，舍你该舍的，生活中很少有两全其美、忠孝两全的事儿，如何考量全在你的价值观了。

幸福妈妈的情商修炼走到这里也要告一段落了，这些关于如何和孩子一起玩儿，如何让孩子拥有一种情怀，如何创新自己的家庭生活，如何让家庭和事业的关系得到平衡的智慧，实际上都反映了一个人的情商水平，可以说这些选择都可以算做是情商给你出的难题。

　　如果你的情商足够高，这些都不是问题，而如果你的情商真的有差距，这也正是一个修炼的机会。有的妈妈觉得做妈妈是最容易的，因为生一个孩子你就成了妈妈，但现在看来，这样的认知显然不够。我一直认为孩子生很容易，教养却很难，生殖只需要生理上没问题就可以了，而教养孩子却是一项大工程，需要调动全方位的资源和智慧。

　　如果你对孩子的未来期望值很高，如果你希望自己的孩子成为一个不同的人，如果你渴望孩子的快乐和幸福得到足够的保障，妈妈就请尽快开始自己的情商修炼吧！也许你已经是一个情商很高的人，你可以让自己的孩子情商更高。如果你对自己的情商水平并不满意，你可以用这些方法来提升自己，训练自己，当你可以让你的孩子和家人越来越感受到家庭的温暖，你的老公看你的眼神越来越炽热的时候，你的孩子处处受欢迎的时候，告诉你，你的情商真的好高哦！

Part 05

幸福妈妈的**居家生活修炼**

幸福妈妈的家居生活修炼是我的幸福妈妈五项修炼中的最后一步，也是很重要的一步。

2015年春节后，我接触的第一件婚姻关系咨询就是这样一对小夫妻，他们都是85后，孩子两岁，结婚三年，准备离婚。

据两位小夫妻介绍，导致他们离婚重要的原因就是两个人谁也不会做家务，本来家里的父母还来帮他们带孩子、做饭，但是妻子跟婆婆相处得非常困难，最终导致老人撤离。妻子的父母属于只顾自己生活的人，不喜欢插手他们的生活。结果，两个人自己带了一年的孩子就感觉再也过不下去了。

我跟他们谈过以后，感觉最主要的原因实际上还是出在孩子的妈妈身上。因为，她的状态完全不对，都做了妈妈了，她还是一副小女孩的感觉，不仅在家里什么都不会做，就是对孩子也是相当粗心。孩子的爸爸是一个单位的小负责人，工作很忙，可就是这样每天回到家里，也要先给妻子孩子做饭，再收拾家，每天疲于奔命，很快也就对婚姻相当失望，准备放弃了。

这位妻子跟我说的理由是，她是独生子女，从小就没干过家务，带孩子就更没干过，因此，她不会干是自然的，她抱怨自己的老公过于计较，对她不宽容，也觉得婚姻带来的压力太大，因此，也想要放弃。

这就是现在的婚姻为什么如此脆弱的主要原因，因为每个人在婚姻遇到问题时，想到的都不是如何通过改变和调整来改善现状，他们完全在用一种消费者的心态在面对婚姻，那就是我消费了，感觉不合适、不舒服了，我就要像换产品那样换人，哪怕付出再大的代价都不在乎。

这也是现在单亲的孩子如此之多的根本原因。每一对夫妻都不会为了孩子的成长多想想，是不是会有更好的方法来解决他们的问题，有太多的夫妻情愿以牺牲孩子的生活为代价，只是为自己找一个解脱，我认为这样的爸爸妈妈真的很自私。

所以，我希望妈妈们在自己的家居生活上也用一些心思，多掌握一些技能，多做一些修炼，有时候有些事情看上去无所谓，但真到了关键的时刻就可以力挽狂澜，就像我前面说的那位妈妈，如果她可以稍稍承担一些自己的生活，不仅可以给孩子带来完整的家庭，还会让自己的婚姻更稳定，生活更享受。妈妈的家居生活修炼，实际上就是让妈妈们学会更好的经营自己的生活，这也是一种人生的智慧。

培养你和孩子的独立性

现在的孩子不独立是普遍存在的诟病，其中很重要的原因就是因为妈妈和孩子的界限不清，妈妈对孩子包办太多，孩子对妈妈依赖太严重，这样的模式长期下去，就会导致孩子养成依赖型人格，离开了妈妈他寸步难行。

妈妈想要孩子从小就建立独立的人格习惯，必须从建立独立的生活习惯开始培养，很多事情要让孩子自己去承担。现在在很多家庭里是这样的循环，80后依赖他们的爸妈，80后的孩子依赖他们的爸妈，家庭里的每个成员都缺乏独立的意识，独立的生活，大家的生活掺杂在一起的结果就是，每个人都欠缺承担意识，每个人都认为他的生活应该对方来负责任。

这也是很多80后的婚姻关系很脆弱的重要原因。所以，让孩子和妈妈都学会独立，是这个阶段的家庭里最重要的选择。首先妈妈要放手，让孩子增加承担的机会，孩子的责任感实际上都是在承担中建立的，一个孩子是否健康的最显著的标志，就是他责任感的体现。现在有很多妈妈谈到孩子总是抱怨，认为孩子的责任感很差，让他们很失望。其实，孩子责任感缺失的背后，并不是孩子的原因，而是妈妈管得太多。

所以，在孩子三岁以后，妈妈就应该有意识的训练孩子的责任感，让他做自己能做的事情，训练他的独立意识，如果孩子不从小建立独立的习惯，等他成年基本上就很难改变了。

现在很多孩子结婚成家以后还喜欢父母跟在身边，对父母的需求远远超过对伴侣，最重要的原因就是，他们离开了父母就无法生活。他们不仅习惯了父母无微不至的呵护和照顾，还习惯了父母的随和和顺从。因为这一代小夫妻大多数是独生子女，他们很少会喜欢分享，也不喜欢为了别人去改变自己，这让他们跟伴侣的相处十分困难。

过去的婚姻里，伴侣之间相互迁就和服从是因为他们相互需要，要一起带孩子生存。现在的独生子女每一位身后都有父母强大的支持，而且重要的是父母是不求回报的，这大大加剧了他们对父母的需求。降低了他们对伴侣的需求。因此，80后的婚姻才会像现在这样看上去如此难以维系，如此很容易就解体。

已经成年的孩子还这样依赖父母，离不开父母，这样的现象可能是中国独有的，这反映了一个严重的问题，那就是中国孩子的独立性显然已经丧失到无以复加的地步，这是一个很危险的处境，会让中国的孩子越来越无能，不仅生活无能，还会爱无能，一个人如果连伴侣之爱都不能维持，这样的人你能说他是健康的吗？

想让你的孩子将来成为一个健康的人，一个可以很好的经营好自己的生活，有责任意识，能够维持好自己的家庭生活，和自己的伴侣维系一份良好的关系，让孩子学会独立是必需的，否则后患无穷。

孩子的独立一定是建立在妈妈的独立之上的，有懂得独立的妈妈才会有更加独立的孩子。如果你就是一位离了父母无法健康生活的妈妈，那你的孩子也很难真正的独立。

其实，独立就是一种习惯，只要妈妈注意到这个问题，刻意在孩子的成长中引入这个习惯的培养和训练，给孩子独立承担他生活的机会，激发孩子的责任意识，独立的孩子就不难出现。

照顾好家人的胃

　　我从来不认为妈妈一定要学会做饭才可以照顾好家人的胃，也不认同那句传统的，"女人要抓住男人的胃就抓住了男人的心"。我觉得这些观念太老套，太不逆袭，不适合当下的这种生活现实。

　　实际上我认为世界上最好的厨子都是男人，最好的裁缝都是男人，最好的理发师也都是男人，为什么厨房就一定要留给女人？真心觉得男人做饭更有艺术感，味道更足，因为他们有魄力也有鉴赏力。所以，厨房留给他们可能更理想一些。

　　但是，我认为你可以是一个不会做饭的妈妈，但不可以是一个不会吃的妈妈。据我的经验，男人做饭的热情往往来源于他有一个爱吃的妻子。而孩子对吃的兴趣也是因为他有一个吃货妈妈。

　　所以我建议你学一学我在家里的角色，我不会做饭但我很会吃，也很爱吃，我在吃的这个问题上跟我在工作的问题上风格是一样的，那就是我超级爱动脑子，爱思考，想起吃的问题，我的用力程度一点也不亚于写作。

　　所以我在如何吃，吃什么更健康，吃什么更有营养，对孩子和伴侣的身体更有好处的问题上从来不含糊，创意跟我在工作上一样多。还有我虽然不喜欢动手，但喜欢动脑子，我的先生喜欢动手但不像我这样爱动脑子，我们两个正好互补，巧妙地避开了各自的缺陷。

关于吃的问题上我们的志同道合让我们之间的其他分歧都显得不那么重要。在我家里多年的传统就是我负责照顾大家的胃，先生负责实现我的创意，这让我们家的餐桌不仅丰富而且营养，不仅花样繁多而且口味丰富，众口可调，因为天天吃得很开心，所以，孩子和家人都很少闹情绪，家庭气氛很和谐。

为什么对于家居生活来说，吃如此重要？这是因为人的食欲是一种重要的情绪调整剂，人的饮食活动不仅是一种情感交流的重要手段，还是一种心理的安慰剂。因为食欲的满足会给人的精神带来强烈的满足感，尤其是在人情绪紧张、身体疲劳、压力巨大的时候，饱食一顿美餐很快身体的激素水平就可以恢复正常，情绪就可以得到平复，心里会感到很舒服，心情就会很愉悦。

所以，吃的问题看似是一个身体问题，实际上它是一个不折不扣的情绪问题。凡是能够照顾好孩子和家人胃的妈妈都是最快乐的妈妈，因为她的家人都很快乐。所以，那句话应该改为"抓住了家人的胃就抓住了家人的心。"

想要解决好家里的餐桌问题，妈妈要学会动脑子、搞创意，在这方面用点心，我最欣赏那种妈妈出创意爸爸下厨动手的家庭组合，这样的组合往往最牢固。如果爸爸不爱动手也没关系，妈妈可以让他出创意，自己来操作，这样的妈妈更受追捧。

这实际上也是一种生活热情，一种创造生活的能力。你见过萎靡不振的吃货妈妈吗？爱吃的妈妈通常都很有活力，虽然她们可能有点体重，但你只要注意运动就没有问题。我一直觉得做妈妈注意每天餐桌的质量是一种责任，因为它不只是一个吃的问题。而是你的家庭生活水准和品位的象征，一个讲究吃的家庭一定是一个幸福美满的家庭，这是一种心情，一种气氛，而这其中妈妈起了很大的作用。

我认识的一对小夫妻，两个人都在投资公司工作，赚钱很多，可是很忙，他们的孩子从小就寄宿，平时孩子回家他们就出去吃，两个人下班回来就泡面，谁都懒得做饭，这样的家庭真不会让人觉得有什么重要的，这样的婚姻也让人很疲惫，后来两个人在孩子上小学的时候离了婚，妻子出国发展，男人再婚，孩子只能长期跟着奶奶，据说过得很不开心。这样的家庭经济上一点问题都没有，可他们还是不快乐，找不到幸福，最后只能分离，可怜的是孩子失去了完整的家，我觉得妈妈的责任很大，她既没有照顾好自己的家，更没有照顾好家人的胃，所以，结局一点也不意外。

当一家人在餐桌上都找不到快乐与开心的时候，这个家就很难说有什么吸引力了，这是生活的法则。照顾好家人的胃实际上就是在关照你的家人，爱你的家人，这是一位妈妈最巧妙的领导艺术，会让你的孩子和家人都愿意与你配合，当你的餐桌经常都会给家人带来惊喜的时候，妈妈的角色一定是成功的，你会成为最幸福的妈妈，你的孩子成年后也会成为他的家庭的幸福因子。

为家庭做好理财计划

　　前不久，给一对年轻的夫妻做咨询，他们都受过很好的教育，有着不错的收入，家庭也没负担，本来两个人是大学同学，感情基础也不错，可是两个人却闹着要离婚。我跟他们聊过以后，发现他们两个没有根本性问题，只是在一些生活琐事上没有安排好，而且，最重要的是，他们的孩子马上要上小学了，可是家里一点积蓄也没有，因为孩子择校要花一笔钱，小夫妻因为经济上的紧张情绪而烦躁，关系进一步恶化。

　　我发现这位妈妈是一位典型的月光族，虽然她和老公的收入都不低，在同龄人当中都算高的，可由于不善理财，也从来不在财务问题上做规划，小夫妻是有多少花多少，挣多少花多少，从来不想为以后做一些准备，可孩子大了以后需要钱的地方越来越多，他们还是这样在钱上没有计划，自然就给生活造成了很大的压力。有了压力他们又不善于用合理的方法去化解，只是吵吵闹闹，因此，彼此都感觉到了伤害，婚姻也濒临崩溃边缘。

　　后来在我的建议下，这位妈妈开始改变自己的行为，尤其是在经济上，我建议他们，虽然他们还年轻，但是孩子入学以后需要的经济支持会越来越多，家庭压力也会越来越大，他们一定要在经济上有一个很好的规划，即让自己的生活质量不受影响，又能够解除一些后顾之忧。

如果妈妈原来就是月光族，那么在结婚有了孩子以后，一定要改善自己的这种习惯。单身的日子无所谓。你只需要为自己负责，但成立家庭以后，你的责任就很重要，财务没有规划，收入月月光的行为会给你的家庭和婚姻带来很大的风险。当然这样的理财规划最好是夫妻二人一起商量来进行，不仅是一个情感交流的机会，还是为自己的家庭设定一个未来目标和奋斗路线的过程。夫妻之间越多有这样的沟通说明你们的感情基础就越牢靠，我一直认为妈妈和爸爸之间有共同目标的家庭会是很稳定的。

其实家庭的理财规划也很简单，妈妈只需要把夫妻的收入放在一起，然后把所有供房供车的费用安排好，把家人的健康保险安排好，让家庭里留出足够的生活用度，给自己留出零用钱，剩余的就可以把它储蓄起来，或者做一些可以增值的理财项目，这样一个是可以让家庭有一些结余，另一个也是家庭抗风险的指数大大增加。

据我了解，现在很多80后的婚姻不稳定，家庭生活不和谐，很多来自于经济的原因。其实这一代孩子大多受过很好的教育，收入没有太大问题，又是独生子女，父母不仅一直在帮助他们，甚至还可以帮他们买房买车，论经济条件他们真的不是最差的，可为什么他们的婚姻还是很受经济问题的困扰？小夫妻还是很容易为金钱吵架？

我一直在思考这个问题，后来我发现，应该有这样几个原因，一个是因为现在的确是物质丰富的时代，各种东西应有尽有，是很大的诱惑。再一个是这一代孩子是在中国人消费观念发生极大转变的年代里成长的。因此，他们都有极强的消费欲望。而且，由于每一个家庭都是一个孩子，因此，这些孩子在成长的过程中通常是被满足惯了的，因此，他们不会像他们的父辈，有什么欲望会克制，他们是喜欢就要想办法得到。

因为消费的习惯已经在他们的生活里养成，因此，他们对花钱没有概念，基本上是处于挣多少花多少的阶段，由于父母也没有负担，自己又年轻，有很多机会赚钱，生活中注意积累的概念他们基本没有，这也造成了他们在成立家庭以后的困惑。有了孩子，小家庭的开支急剧增长，要是还是原来的消费习惯，肯定会给生活造成紧张局面，经济一紧张人的情绪就会烦躁，夫妻之间难免不相互抱怨、指责，由此矛盾升级，就会造成很多冲突。

还有的是小夫妻之间习惯不同，尤其是凤凰男和都市女的结合问题就更大，凤凰男常常是从中小城市甚至是农村进入大城市的，因此，他的经济基础和消费习惯可能与都市女完全不同，如果在经济的问题上两个人没有很好的沟通和协调，每个人都要坚持自己的行为习惯，那么这个婚姻的解体是早晚的事儿。

因此，家庭的理财一定是婚姻中最重要的环节，也是妈妈需要格外关注的行为修炼。其实，想要把这件事安排好，真的不需要太多改变，妈妈只要注意和爸爸商量沟通，一切为了小家庭的前景去做就好了，尤其是有了孩子以后，孩子的培养、教育支出是一个很大的压力，如果家庭里没有足够的基础做保障，那是很让人抓狂的。

妈妈的理财能力还关系到家庭的财务升值保值的问题。建议妈妈在这些方面进行一些学习，掌握一些理财技巧，既可以增进家庭的财务升值，又可以为自己的生活多一些保障，这是很聪明的做法，值得妈妈们去尝试，这也是妈妈的家居生活修炼中最重要的一个方面。

常常听一些妈妈发牢骚，好像自己的生活里除了吃苦受累，一心一意的付出就没有别的了。还有些妈妈对自己的生活很不满意，认为自己干的多，享受的少，想起来就很委屈，这样的妈妈通常是不快乐的妈妈，幸福感好像离她也很遥远，可是自己总是感觉不幸福的妈妈会让孩子体验到什么是幸福吗？

我一直不赞成做妈妈就应该苦呵呵，妈妈是一个多美好的角色，孕育了生命，又培育了生命，把那么一个懵懂的孩子养育成为一个很优秀的人，一个可以体验生命的神奇的人，一个可以创造奇迹的人，这样的一个妈妈为什么会不幸福我想不通。

我自己一直是一个很幸福的妈妈，我的孩子天资并不特别，但他很懂得努力，16岁就出了两本小说。我从来没管过他的学习，自己开心就好，他是以国际学生第一名的成绩毕业于国外名校，我从来不要求他什么，他能够做自己就好，他懂事、体贴，善于站在对方的立场上考虑问题，善良而又勤奋。

扪心自问，我在孩子的成长中真的没有做过什么特别的事情，只有一点我很关心，那就是孩子是否快乐。我注重他精神上的感受，关注他的幸福感，这是因为我不想做一个苦苦的妈妈，我要做一个快乐的、幸福的妈妈。

因为关注自己的幸福，我特别重视孩子的幸福，因为我知道妈妈的心和孩子是相连的，孩子不幸福妈妈当然会痛苦。因为我重视孩子的快乐，所以我从来不勉强他去做任何他自己不喜欢的事，我尊重他的选择，只要是他喜欢的我就算不支持也会接纳。

实际上最重要的是我喜欢带动孩子享受生活，因为我喜欢享受生活所以我觉得这是人的幸福感的源泉。我觉得如果你到现在为止都觉得做妈妈是一个苦差事，我相信你一定是很久没有享受过你的生活了。

我认识很多这样的妈妈，一旦做了妈妈就变得很克制，好的生活也不舍得享受，什么机会都要留给自己的孩子。我想说这样的妈妈真的很傻，人生很短，如果你什么都要留给自己的孩子，那你这辈子算是白活了，重要的是如果你不是一个会享受生活的妈妈，那你的孩子、你的家人又有什么可以享受的机会呢？

曾经在央视看过这样一个公益广告，就是一位妈妈在自己的孩子面前告诉孩子，等你长大了妈妈就可以享受了。后来这位妈妈又在孩子的孩子面前说，等你长大了奶奶就可以享受了。再后来孩子的孩子长大了，妈妈老了，路已经走不动了，她还可以享受什么呢？不知道。

所以，这个广告的主题其实就是在提醒妈妈们，要懂得享受自己的生活，在幸福和快乐的这个问题上不需要等待，只需要行动。我建议所有的妈妈们都要多给自己安排一些享受的机会，并且，让你的家人跟你一起行动起来，不是明天，也不是未来，就是现在。

不管是一顿美食，还是一次旅行，抑或是看一场电影，去森林公园散散步，去健身房练练瑜伽，为自己的身体做一次美容，这都应该是一种享受，妈妈学会了享受，情绪会变得很快乐，当然她与孩子的相处就会更快乐。

我的很多享受是和家人在一起，孩子喜欢打篮球，我就会和他一起到球场，他打球我跑步，我们遥相互望，相互加油，感觉很快乐。我喜欢看电影，经常带动全家去看电影，我说看电影就是在做梦，从纷乱的现实生活中抽离出来半日，坐在电影院里做做梦，体验一下不同的人生也很美。

看完电影家人一起去喝咖啡，然后激烈的讨论，这个过程很好玩儿，我乐此不疲，感觉人生很值。家人在一起开心聊天真的是很有幸福感的一件事。

有一次，我听一位妈妈说，她已经很久没有跟她的孩子和家人坐下来聊天了，我很惊讶，怪不得那位妈妈看上去如此疲惫，因为在我看来，跟家人在一起聊天是一种很好的相互了解和放松自己的享受方式。

　　在很多中国家庭里，妈妈不仅仅要做孩子的培育者，还要做家庭的凝聚者，把你的父母、你的爱人、家人聚到一起，这是一个亲情的纽带，是孩子成长最好的背景。妈妈要做家人团结的和谐因子，给每一位家人温暖的关注，陪伴每一位家人，只要家人安好，你多做一点又如何，享受和家人在一起的美好。

　　最重要的是，妈妈的这种凝聚能力会传递给孩子，让他懂得什么是家人？什么是家庭？很多人都说，独生子女往往都没有家人的概念，这是一个很让人不忍卒读的信息。我觉得只要妈妈可以把家人凝聚在身边，让每一位家人的情感都可以传递给孩子，独生子女也一样可以有家人的概念，没有亲兄妹，可以有表哥表妹，只要他们懂得家人在一起如何包容接纳，如何亲密相处，他们就是家人，就是温暖的延续，只不过这一切需要妈妈的传帮带。

　　如果有假期，就让我们去旅行，到很远的地方，享受不一样的人生，这是妈妈犒赏自己一种很好的方式。如果你的孩子已经大了，别让他只照顾自己的箱子，把行程交给他，让他自己去做攻略，做规划，然后你就只做那个跟着前行的妈妈就好了。这样不仅你很享受，孩子也很享受，因为你给了他自我实现的机会，你们在相互成就着彼此，而这是妈妈的幸福感最重要的源泉。

　　我所说的享受生活，就是要妈妈们享受生活里的每一个机会，把很多付出看成是快乐的得到，把很多经历当作是一种享受。因为再没有像妈妈这样有意义的职业了，每一天都有收获，每一年都收获成长，你留给孩子的每一份爱都是种子，它会在孩子的生命开出花朵，让世界为他叹为惊止，蔚为奇观，这样的角色除了幸福还能找到什么感觉我不知道。

　　所以，不开心的妈妈，总是感觉到累的妈妈一定是不会享受生活的妈妈，放下那些焦虑，放下那些情绪，要知道你不开心你的家庭里没有人会开心，你的幸福就是家庭的幸福，因为你是家庭的幸福代言人，赶快在享受生活的路上跑起来，你跑得越快，你的孩子就越开心，跑得越快，你的孩子就越健康。

　　我希望妈妈每天都请问一下自己，你开心吗？你对自己的生活满意吗？你带动自己的家人享受生活了吗？你今天享受自己的生活了吗？

如果你的答案是让你满意的，我相信你一定是一个方方面面都很Ok的妈妈。如果你无法回答这些问题，或者无法有满意的答案，对不起，我认为你太需要静下来想一下了，究竟什么样的生活是你想要的？你为什么无法让自己满意？如果你真的很想体验幸福的感觉，那你可能真的需要改变一下了，因为幸福的能力一定是自己给的，而不是从天上掉下来的或者别人给你的。

人们常说，幸福不是毛毛雨，不会自己从天上掉下来。相信做个幸福的妈妈也是一样，不付出一定的努力，不坚持一定的修炼，幸福再美好也不一定属于你。好在我们是妈妈，我们有共同的理想在闪耀，孩子就是我们的理想，只要孩子的人生能够闪耀，妈妈的修炼再辛苦也是值得的！更何况这真的是一次幸福的修炼，因为每一步都会让你和孩子走得更近，每一步都是你和孩子对幸福的分享，妈妈的修炼对孩子来说是让他的人生走得更高的台阶。但对妈妈来说却是人生的一次旅程，走得越远，妈妈体验到的幸福就会越多。所以，亲爱的妈妈们，想做一个感到幸福的妈妈，就从这本书开始启程吧！